国家社会科学基金教育学一般课题"3~6岁幼儿道德情绪发生心理机制及其培养研究"（BBA160047）

3~6岁幼儿道德情绪发展特征及教育启示

冯晓杭 ◎著

科学出版社

北 京

内 容 简 介

立德树人，从娃娃抓起。本书从道德情绪研究的视角，对 3~6 岁幼儿道德情绪进行系统的研究。基于长期在幼儿园进行的观察、访谈与问卷调查，笔者揭示了 3~6 岁幼儿道德情绪产生的事件类型，道德情绪发生时幼儿的外在动作、言语、表情等行为特征，他人行为对幼儿道德情绪的影响，以及道德情绪与道德的关联。本书为开展幼儿道德教育提供了有意义的启示。

本书可供从事幼儿教育研究的学者，从事学前教育的一线工作者，以及对幼儿道德与幼儿情绪发展感兴趣的普通大众参考。

图书在版编目（CIP）数据

3~6 岁幼儿道德情绪发展特征及教育启示 / 冯晓杭著. —北京：科学出版社，2023.6
ISBN 978-7-03-074428-9

Ⅰ.①3… Ⅱ.①冯… Ⅲ.①品德教育-教学研究-学前教育 Ⅳ.①G611

中国版本图书馆 CIP 数据核字（2022）第 252187 号

责任编辑：孙文影 高丽丽 / 责任校对：杜子昂
责任印制：赵 博 / 封面设计：润一文化

科 学 出 版 社 出版
北京东黄城根北街 16 号
邮政编码：100717
http://www.sciencep.com
北京建宏印刷有限公司印刷
科学出版社发行 各地新华书店经销

*

2023 年 6 月第 一 版 开本：720×1000 1/16
2024 年 3 月第二次印刷 印张：13 1/2
字数：246 000
定价：**99.00 元**

序

3～6 岁幼儿道德情绪理解的发展是一项富有挑战性的研究课题。2019 年夏天，在长春听晓杭讲她的研究，既感受到了她对这个主题的极大热情，也对她在研究中始终秉承将心理学的理论与实践紧密结合并具体落实到行动研究中留下了深刻的印象。

《3～6 岁幼儿道德情绪发展特征及教育启示》是对 3～6 岁幼儿的道德情绪（moral emotion）系统研究的总结，其中对诱发幼儿的情绪事件类型，情绪发生时幼儿的外在动作、言语、表情特征等进行了细致的描述和分析，为了解和掌握幼儿道德情绪的发生、发展提供了翔实的第一手数据，具有一定的学术价值与应用价值。

浏览全书，我学习到了很多。我们实验室——北京大学比较与发展心理学实验室也涉猎过道德情绪和亲社会行为的关系，但我们是整体性地将道德情绪作为道德认知的补充来讨论的。看晓杭的这本著作这么细致地对道德情绪进行分解、梳理和论述，给了我很大启发。下面就说说我从该书学习到的东西和对晓杭进一步工作的建议。

在以往更侧重道德认知发展的基础上，考察道德情绪及其作用，可以为道德教育提供数据基础。道德情绪是指个体根据社会规范或行为准则对自己或他人的行为进行评价时产生的与个人或社会利益有关的情绪。当行为违反社会规范、损害他人利益时，个体便会产生诸如内疚、羞耻等负性道德情绪；当行为符合社会规范、有利于他人时，个体便会产生自豪等正性道德情绪。

道德情绪既能促进个体道德行为和道德品格的发展，也能阻断不道德行为的产生。道德情绪通常是"自我意识的情绪"，因为个体对自我的理解和评价是这些情绪的主要成分。道德情绪也提供了一种动机力量，让人"去做好的事情，并且避免做坏的事情"。道德情绪既包括羞耻、内疚、尴尬、自豪等单一情绪，也包括由单一情绪构成的混合情绪。从道德情绪的效力而言，道德情绪可以分为克制欲望的焦虑等消极情绪，具有自制性；激发与指导道德行为的赞赏等积极情绪，具有自发性。道德情绪在幼儿 3 岁左右开始萌芽，随幼儿年龄的增长而不断发展并趋于成熟。幼儿基于对道德情绪，如自豪、内疚、尴尬、羞愧等的不断认识和理解，逐渐在情绪、认知与行为之间建立稳定的相互联系，这使他们能够在适当的情境下表现出相应的情绪和行为，并能根据自己和他人的情绪、认知来管理和调节自己的行为。因此，对 3～6 岁幼儿道德情绪开展研究，对其道德的培养具有重要意义。掌握幼儿道德情绪的发展特征，将道德情绪教育作为幼儿早期德育教育的出发点，可以从小培养幼儿形成良好的道德意识，为良好道德行为的建立打好基础

我建议晓杭的进一步工作可以从两个方面推进：一是在分解这些道德情绪并积累丰富的实证数据的基础上，进一步整合、提炼道德情绪的不同层次，综合概括道德情绪的特点及其与道德行为的关系；二是由于学前儿童的道德认知也处于快速发展阶段，可以进一步考察道德情绪和道德认知的关系及其交互作用。当然，这些工作可能需要更多的积累，不过已经有了这么好的基础，继续坚持，一定会有更多有意义的发现。

晓杭加油！

苏彦捷

于北京大学

2022 年 8 月 20 日

前　言

FOREWARD

国无德不兴，人无德不立。育人之本，在于立德铸魂。

党的二十大提出，落实立德树人根本任务，培养德智体美劳全面发展的社会主义建设者和接班人。作为一名教育工作者，我一直在思考，对于幼儿来说，如何开展道德教育呢？这是一种挑战！然而，从道德情绪教育入手开展德育教育将是一种可行且有效的方式。2011年，我承担的课题"学前儿童道德情绪发展现状及其教育模式研究"获得吉林省教育科学"十二五"规划立项；2016年，我主持了国家社会科学基金教育学一般课题"3~6岁幼儿道德情绪发生心理机制及其培养研究"；2019年，我主持了中国教育学会一般课题"3~6岁幼儿情绪理解的策略指导与训练研究"。这些年，我一直在探索和从事关于幼儿道德情绪与道德教育的研究。

基于以上项目研究成果，我完成了本书的写作。本书结合我国社会的发展现状，探讨了3~6岁幼儿道德情绪发生的内在心理机制，以帮助3~6岁儿童从情绪教育中理解什么是道德，理解为什么要做一个有道德的人，这对于促使儿童建立良好的道德意识有重要作用。

全书共有11章。第一章为道德情绪概述，介绍了道德情绪的概念、分类、功能及影响因素。第二章为3~6岁幼儿道德情绪发展特征相关研究，分别从定义、功能、情绪理论方面对快乐、悲伤、羞耻、自豪、内疚、尴尬、生气、害怕8种情绪进行了相关研究。第三章至第九章对3~6岁幼儿的快乐、悲伤、羞耻、自豪、内疚、尴尬、生气、害怕情绪的发展特征进行了介绍，根据每一种情绪的发展，分别从各自情绪引发的事件类型、情绪发生时的外在行为特征、该情绪与道德的关联程度等方面进行介绍。第十章从他人行为对3~6岁幼儿道德情绪的影响进行了阐述。第十一章为3~6岁幼儿道德情绪研究对教育的启示，一方面阐述了道德情绪研究对幼儿园教育的启示，另一方面阐述了道德情绪研究对幼儿教育的启示。

总体上，本书从三个层面对快乐、悲伤、羞耻、自豪、内疚、尴尬、生气、害怕8种情绪进行了分析与论述。第一，从不同情绪的定义、功能、相关情绪理论层面进行阐述；第二，基于幼儿园第一手实证研究数据，分别对 8 种情绪的具体特征进行分析与阐述，包括情绪引发的事件类型，情绪发生时幼儿的外在言语、动作、表情、行为特征，情绪与道德的关联程度，以及他人行为对 3～6 岁幼儿道德情绪的影响；第三，提出了幼儿道德情绪研究对幼儿教育的启示。

本书的数据来源于课题实践幼儿园，均为第一手资料，翔实地从情绪发生的外在行为特征对 3～6 岁幼儿道德情绪进行了科学论证，对幼儿道德情绪发生时的言语、动作、表情进行分析，对引发情绪的事件进行归类，方便读者掌握幼儿道德情绪发生、发展的规律，从而有效地开展道德情绪教育。感谢参加课题研究的一线幼儿园的老师和可爱的孩子们！

作为耕耘在一线的心理学研究工作者，我一直在努力将心理学知识与实际相联系，并服务于社会。由于时间和能力所限，本书难免存在一些疏漏和不足，希望读者批评指正。

冯晓杭

目　录

CONTENTS

第一章

道德情绪概述

第一节　道德情绪概念

《心理学大辞典》指出，情绪是指有机体反映客观事物与主体需要之间关系的态度体验（林崇德等，2003）。情绪包括以下两个方面：从出生就伴随个体发展的基本情绪，如愤怒、厌恶、恐惧、快乐、悲伤和惊讶；在成长过程中不断学习、整合而形成的复杂情绪。本书研究的道德情绪属于后者。

关于道德情绪概念，国内外研究者有不同的界定。海特（Haidt，2003）认为道德情绪是个体根据社会规范或行为准则对自己或他人的行为进行评价时产生的与个人或社会利益有关的情绪。埃克曼（Ekman，1993）认为道德情绪最大的特点是具有一定的社会属性和群体服务性。周详等（2007）认为道德情绪是个体根据一定的道德标准评价自己或他人的行为和思想时所产生的一种情绪体验也即道德情绪是人对客观事物与自身道德需要之关系的反映。道德情绪又称为自我意识情绪。艾森伯格（Eisenberg，2000）认为道德情绪就是自我意识情绪，因为它主要由个体对自己的理解和评价构成。路易斯（Lewis，1997）认为自我意识情绪是在对自我的认识和不断反思的过程中产生的一种情绪。特蕾西和罗宾斯（Tracy，Robins，2004）认为自我意识情绪是一种特殊的情绪，自我在其中起着重要的作用。俞国良和赵军燕（2009）提出，自我意识情绪是人们在社会交往中根据一定的价值标准评价自我或被他人评价时产生的情绪，也是个体根据道德自我认同标准，比较不同情境下的行为或行为倾向时产生的情绪。道德情绪与自身的认知和评价是密不可分的。它是一种多元化的情绪，能够体现自己的内外世界之间的关系，如果两者处于一种和谐的状态，那么产生的就是正性道德情绪，如自豪等；如果两者处于一种矛盾的状态，将会产生负性道德情绪，如内疚、尴尬等。

第二节　道德情绪分类

道德情绪有很多种分类方式，具体如下。

根据情绪的指向不同，艾森伯格（Eisenberg，2000）把道德情绪分为自我意识情绪（如内疚、羞耻）和移情，而坦尼等（Tangney et al.，2007）在艾森伯格的分类的基础上又增加了指向他人这一类别，其中，自我意识道德情绪主要由自身的体验引发，不是通过看到他人的行为而产生的。陈英和等（2015）的研究表明，自我意识情绪主要包括内疚、羞耻、尴尬和自豪，这4种情绪都由情绪产生者自身的行为引发，以个体的自我理解和评价为基础。海特（Haidt，2003）的研究将道德情绪分成谴责他人的情绪（如憎恶、厌烦等）、自我觉知的情绪、对他人不幸产生的情绪以及赞赏他人的情绪4种类型。鲁道夫（Rudolph，2013）将道德情绪分为行动者道德情绪和观察者道德情绪，前者指向自己，如自豪、内疚和羞耻等，而后者则指向他人，即从观察者的角度对他人事件产生的道德情绪，如同情等。王云强（2016）依据情绪的指向及其性质的区别，将道德情绪分为正负自我意识情绪、正负性他人指向道德情绪。

根据道德情绪的不同功能，有研究者（Rudolph，Tscharaktschiew，2014）将其分为积极道德情绪和消极道德情绪两种。积极道德情绪就是指自身在体验到积极的美德或善良的行为时产生的情绪，如自豪；消极道德情绪则是指当自身经历了不好的体验时产生的情绪，如内疚、羞耻等。周晓林和于宏波（2015）将道德情绪分为亲和性道德情绪（agreeableness moral emotion）和攻击性道德情绪（aggressive moral emotion）。亲和性道德情绪的功能是促进个体产生亲社会行为，如内疚；攻击性道德情绪则会导致个体产生攻击性的社会行为，如嫉妒等。

海特（Haidt，2003）将道德情绪分为4种。①谴责他人的情绪，包含轻蔑、愤怒和厌恶三种情绪。在人类进化史上，个体逐渐形成了互惠利他主义，即个体应当同其他具有合作历史的个体合作，并避免与那些曾经有过欺骗行为的个体来往甚至惩罚他们。当互惠利他主义遭到侵犯时，个体的消极情绪就转换为谴责他人的情绪。例如，轻蔑是指轻视他人及道德优越的情绪，其诱发因素是声望和地位的差别，在等级社会中，轻蔑情绪代表对"不值得"更强烈的感觉（如愤怒），而在非等级社会则表示他人不符合标准（即已获得的地位或声称所具有的威望）；愤怒是由于不公正待遇或目标阻碍引发的一种保护自尊的道德情绪，其诱发因素有目标阻碍、挫折、保护自尊、背叛、侵犯和不公正待遇（对自己或朋友）等；

厌恶是由核心厌恶（味觉厌恶）进化而来的道德情绪，其对象为物理实体或道德对象，其诱发因素可以是物理实体（如身体玷污），也可以是道德对象（如等级下层对上层的玷污、兽行等道德侵犯）。②自我觉知的情绪，主要包含羞耻、尴尬和内疚三种，而且羞耻和尴尬往往同时出现。由于个体具有群体归属的需要，为了避免在群体中受到消极情绪的对待，自我觉知的情绪发生了进化。③对他人不幸产生的情绪。这是通过了解他人的不幸经历，观察到他人的痛苦和悲伤而产生的情绪，这一类情绪中只有同情这一种道德情绪。④赞赏他人的情绪，其中最主要的就是感激。这种情绪是由于他人对自己做的有益行为，从而使自己产生的对他人的温暖和友好的感觉。

有研究者从情绪归因的角度将道德情绪分为由可控因素引起的道德情绪和由不可控因素引起的道德情绪（Rudolph，Tscharaktschiew，2014），其中，可控因素主要指个人的努力程度等，会引起内疚等道德情绪，而不可控因素主要指自身的能力等难以由自己控制的因素，会引起羞耻等情绪。坦尼等（Tangney et al.，2007）也提到了类似的道德情绪的分类方式，将其分为自我意识的道德情绪和关注他人的道德情绪。自我意识的道德情绪是受自我反思和自我评价激发的，而关注他人的道德情绪来自于观察到他人做出了令人称赞的行为，这类情绪会推动观察者做出同样的行为。

第三节　道德情绪功能

道德情绪作为情绪的重要组成部分，对个体的发展有重要影响。良好的道德情绪状态有利于个体的心理健康发展。道德情绪的具体功能主要包括以下五个方面。

一、反馈功能

道德情绪是关于个体对于自己的评价和认知的情绪，它必然就会对个体的行为是否合乎社会规则进行反馈，这种反馈能够激励个体产生相应的积极道德行为，所以个体的自我意识会间接影响个体的行为。不同的道德情绪会对道德行为产生不同的影响。内疚和可信的自豪（authentic pride）都能够促进道德行为，而羞耻和自大的自豪（hubristic pride）有可能对道德行为产生损害。马尔蒂和翁格利（Malti，Ongley，2014）发现，在道德情境中，积极道德情绪是一种可使积极行为增加的奖励性或者促进性因素。当行为与道德规范一致时，个体会因为对自己的道德行为感到满意而开心；当个体体验到消极的道德情绪时，自我认知和评价难以与道德规则相符合，个体就会想办法转向符合社会道德的行为，通过某种行为来弥补自己的过失。相反，如果个体体验到积极的道德情绪，说明两者相符，那么就会使个体产生更多的该种行为，进而使自身的自尊等积极品质得以提升，人际关系也会得到进一步改善。

二、影响个体的社会性行为

道德情绪对于个体行为的产生、发生的频率和抑制有重要的影响。艾森伯格（Eisenberg，2000）认为道德情绪既能促进个体道德行为的发展，也能阻断不道德行为的产生和发展。国外学者查普曼等（Chapman et al.，1987）发现，小学幼儿对故事情境中内疚情绪的归因与其随后的帮助行为呈正相关。万杰利斯蒂和斯普拉格（Vangelisti，Sprague，1998）的研究发现，内疚能避免个体出现不道德行为，产生道德行为，而且伴随内疚的负罪感能增加人们的亲社会行为。奥特霍夫（Olthof，2012）发现，消极道德情绪可以预测 10 岁和 13 岁儿童的亲社会行为。有研究者（Gummerum，2010）发现，3～5 幼儿在快乐的损人者游戏中的消极道德情绪自我归因可以显著预测其在独裁者游戏中的分配行为。拉加图塔等（Lagattuta et al.，2010）发现，那些对任务进行积极道德情绪归因的幼儿愿意牺牲自己的利益去帮助有需要的人。因此，我们可以相信这种积极奖励性的情绪体验会促进利他的亲社会行为。

三、影响社会适应

已有相关研究显示，羞耻和内疚情绪对受到损伤的自我具有修护和保护作用。适度的羞耻和内疚情绪体验能够使个体产生亲社会行为，从而保护自我，但是如果体验过度则会适得其反。同时，自豪和尴尬会促进个体与他人之间的社会适应性行为的发生。另外，也有相关研究发现尴尬情绪会抑制个体帮助他人动机的产生，因为个体的这种情绪多数是因为自卑和能力不足而产生，从而影响个体帮助他人的信心，进而影响个体的人际交往及适应性行为。同时，尴尬在遵守规则和避免排斥方面具有积极的意义。

四、调节作用

克雷布斯（Krebs，2008）认为，道德情绪是道德形成机制的重要组成部分，在个体的道德准则和道德行为之间起着调节作用。一方面，自豪、感戴等积极情绪能激励个体尽量做社会认可的事；另一方面，内疚感和羞耻感等消极情绪也可以迫使个体停止那些不道德的行为。胡布纳等（Huebner et al.，2009）将道德情绪的这种调节作用具体划分为 4 个方面：①不道德行为会导致个体产生耻辱、羞耻、愤怒或厌恶等道德情绪；②道德情绪会导致个体行为发生改变，例如，厌恶情绪会使个体尽量避免做令他人受伤害的不道德行为，而内疚情绪则可能导致自我惩罚，即对不道德行为的一种自我否认；③道德情绪强烈地影响着道德判断；④从道德行为的起源来看，个体早期的道德行为一定包含某种情感动机。

五、影响道德发展

当个体认为现实的道德自我与已有的道德标准不符时，就会促使自我意识情绪的产生，此时个体会得到重要的即时反馈，这种反馈具有道德净化的作用。它能够促进个体在道德层面对自己的理想自我进行检测和再评，并促使个体向符合道德标准的方向发展。笔者认为当个体侵犯他人利益或出现过错时，产生的羞耻情绪会起到自我道德净化的作用，促使个体审视自己的过错，并进一步调整自己的行为以达到心理平衡（冯晓杭，2012）。坦尼等（Tangney et al.，2007）的研究发现，内疚能够正向预测道德行为，反向预测犯罪等非道德行为。也有研究指出，内疚这种道德情绪不仅能促进道德品格和行为的发展，还能阻止不道德品格和行为的产生与发展（何华容，丁道群，2016）。

第四节 道德情绪影响因素

道德情绪在对幼儿道德发展产生重要影响的同时，也受到很多因素的影响。首先，个体的特质，如人格因素以及生理方面的因素，会对道德情绪产生重要影响。其次，个体的道德情绪是个体对于事件的评价和认知共同作用的结果，所以个体的认知能力也会对个体的道德情绪产生影响。最后，外部环境因素对道德情绪也有重要影响。

一、生理因素

关于幼儿道德情绪与性别之间的关系，沃尔特和伯纳福德（Walter，Burnaford，2006）的研究指出，在犯过情境中，女孩通常比男孩更多地体会到内疚和羞愧等消极情绪。李占星等（2014）的研究发现，在损人情境中，6岁的女孩对于他人快乐情绪的判断能力比6岁的男孩要高。罗斯等（Roos et al.，2011）的研究发现，女孩比男孩更容易体验到消极道德情绪。然而，有研究发现某些道德情绪不存在性别差异，道德情绪也在很大程度上受社会文化因素的影响，所以需要综合考虑性别对道德情绪的影响。

二、人格因素

马尔蒂等（Malti et al.，2016）发现，道德与人格之间存在显著相关，人格会影响一个人的外在表现，这种外在的表现会影响和改变一个人在外部环境中的行为，人格中有关自我内在的部分与道德情绪之间有着明显的联系，马尔蒂等对人格和道德情绪判断之间的关系做了一个系统的研究，结果显示，人格系统中的宜人性部分能够明显地影响道德情绪判断，而且进一步的研究发现，15～21岁的青春期个体在宜人性和责任心人格维度上的得分均与他们的道德情绪判断模式存在显著相关。史密斯等（Smith et al.，2010）对比了4岁幼儿对悔过型和不肯悔过型的损人者的情绪判断与归因。结果出现了快乐的损人者现象，大多数幼儿预期不悔过的幼儿高兴，预期悔过的幼儿难过，即幼儿更倾向于将不悔过型的损人者的高兴反应归因为获利，而将悔过型的损人者的难过情绪反应归因为损人行为不对或者对他人的伤害。科昌斯卡等（Kochanska et al.，2002）的研究发现，当一个幼儿很容易感受到恐惧时，他的内疚情绪会更多。刘文等（2004）系统地划分了幼儿的气质，其中受到社会抑制较多的幼儿会有较多的内疚情绪；当幼儿的专注力较强、受社会抑制较多时，更容易出现尴尬情绪。另外，除专注力外，如果幼儿的情绪体验强度较高，那么其体验到的羞耻情绪水平也会较高。

三、认知评价

大量研究表明，认知评价（cognitive evaluation）会影响情绪体验。美国心理学家阿诺德（Arnold）提出的情绪的评定-兴奋说是早期情绪认知理论的代表，这个学说使得评价这一概念与对情绪的认知取向定义紧密地联系起来。该学说认为，刺激情景并不直接决定情绪的性质，从刺激出现到情绪产生要经过对刺激的估量和评价过程。情绪产生的基本过程如下：刺激情景—评估—情绪。这表明人类的情绪情感不是直接由客观的情绪刺激物引起的，而是取决于人对刺激物的认知。评价过程不仅决定了人们是否能体验到情绪，还影响了人们的情绪体验的具体状况。沙赫特和辛格（Schachter，Singer，1962）的实验证明，认知因素（即对身体生理状态变化的认知解释）是影响情绪经验的主要原因，情绪状态是认知过程、生理状态和环境因素在大脑皮层整合的结果，其情绪唤醒模型的核心部分是认知。拉扎勒斯（Lazarus，1982）的研究认为，认知活动不仅是情绪产生的充分条件，也是情绪产生的必要条件，认知评价是所有情绪状态构成的基础和组成特征。也就是说，离开认知活动的情绪是不存在的。情绪反映的三个方面，即身体状态、外在行为表现和主体经验，都需要将认知评价作为一个必要的先决条件，即认知评价先于情绪唤醒产生。

埃尔斯沃思和史密斯（Ellsworth，Smith，1988）认为，评价导致情绪发生，情绪反过来也会影响进一步的评价。由于评价在本质上是相当复杂的，往往会出现许多复杂的情况，于是情绪发生的先后顺序就可能由清楚变得笼统。

他人评价会对自我评价产生影响，进而对自我认知产生相应的影响。他人的态度是自我评价产生的最直接来源，在与他人相处的过程中，人们会从他人的评价中发现自己的特点。他人评价这面镜子，并不是指某个人的某一次评价，主要是指从对自己有影响的、与自己关系较为密切的人一系列的评价中概括出来的某些稳固的评价。个人常常是根据他人对自己的评价与态度来评价自己。英国著名的社会学家库利（Cooley，2017）指出，自我概念是他人反馈的函数，人是在他人眼睛中看见自己的。当人总是能够感觉到自己被他人温柔、热情且尊重地对待，那么他的自我价值感就很高，会更加自信；相反，则会感到自卑、自我怀疑。幼儿最初的自我价值感来自父母无微不至的关怀和照顾，最初的能力感与其动作的发展和对环境的"控制"有关。安全感、归属感、成功感等会直接影响幼儿的自尊、自信。教师对幼儿关爱、肯定、信任、尊重的态度及为幼儿提供的机会等，都有利于提高幼儿的自尊、自信水平；反之，不考虑幼儿之间的个体差异，要求所有幼儿完成同一难度的任务，必定会使一部分幼儿产生挫败感，降低他们的自尊、自信水平。

四、情境因素

幼儿发生道德情绪时的情境对于幼儿也有着十分重要的影响。一方面，部分不好的道德情境有时反而能够对幼儿的社会行为起到良好的促进作用，虽然不良的情境会使幼儿产生内疚等情绪，但是这种情绪会激发幼儿做出补偿的行为，从而促进幼儿对自身的不足进行修正；另一方面，是否有别人在场也会对幼儿的道德情绪产生影响，而且家庭结构和模式也会影响幼儿的道德情绪，良好的家庭氛围有利于幼儿积极的道德情绪的产生。心理学研究发现，没有受过虐待的幼儿比受过虐待的幼儿更容易体验到积极的道德情绪，而凯莉等（Kelley et al.，2000）的研究发现，母亲在幼儿 2 岁时对幼儿的消极评价能够预测幼儿后来的羞耻情绪。罗斯等（Roos et al.，2011）研究了无人目睹、最喜欢的人目睹以及全班目睹三种情况下 4～5 年级儿童对损人者的道德情绪判断情况，结果发现，与无人目睹和全班目睹相比，当最喜欢的人目睹自己的损人行为时，儿童更容易产生羞耻情绪。由此可见，是否有对于幼儿来说很重要的人在场，会影响幼儿道德情绪的发展。

第二章

3～6 岁幼儿道德情绪发展
特征相关研究

第一节　快 乐 情 绪

一、快乐情绪的定义

从情绪心理学研究视角来看，情绪是以个体的愿望和需要为中介的一种心理活动，是个体的需要得到满足与否的反映。

快乐是一个相对广泛的概念，西方哲学家对快乐的本质有过较为深入的探索，得出了三种观点：①坦舍（Tännsjö，2007）从积极心理学的角度把快乐当作一种情绪上的愉快感；②切克拉（Chekola，2007）提出的认知观点认为，快乐是一种认知发展的结果，是个体在体验生活的过程中持有的高兴态度；③布吕尔德（Brülde，2007）总结得出综合观点，认为快乐是一种复杂的心理状态，包括认知和情感，通过认知层面以一种积极的方式总体评价个人的生活状态和体验到的快乐情绪。快乐是个体心理需求得到满足时感受到的情感状态，伴随对生活的长时间满足和兴趣，并能一直保持这种快乐状态。幼儿的快乐亦是如此，当幼儿的需求得到满足时，会产生快乐的心理状态。

二、快乐情绪的分类

对于快乐情绪，有不同的分类方法，从生物学上可以将其分为生理的快乐和心理的快乐，从哲学概念上可以将其分为物质的快乐和精神的快乐。一般采用亚里士多德主义的方式，将快乐情绪区分为伴随身体、生活等活动的肉体的快乐，以及伴随着人们获得外在沉思、交往等活动的灵魂的快乐，这也是道德哲学中一种相当普遍的观点。肉体的快乐又可以被称为必要的快乐，通常指与人的触觉、味觉的活动相联系的那些快乐，即与马斯洛的需要层次理论中的生理需要有关。灵魂的快乐包含人们出于爱好而追求外在事物并获得时的快乐感，可以被称为爱好的快乐。同时，快乐包含与视听觉潜在力量充分实现的活动相联系的快乐，可以被称为审美的快乐。另外，快乐还包括实践的快乐、沉思的快乐。

快乐还可分为正常的快乐和不正常的快乐。正常的快乐是指这种活动与实践未受到阻碍时伴随而来的快乐，"未受到阻碍"是指在实践过程中未受到挫折，或者是正常活动或实践未受到外部限制。不正常的快乐则是在不正常的发展状态下出现的。在这种状态下，活动是出于某种反常的习惯，或者为解释某种正常情况下不存在的障碍。不正常的快乐又可以分为两种：产生于反常生活习惯的快乐和产生于严重匮乏或紧迫需要的快乐。

三、快乐情绪的功能

快乐是最基本的积极情绪，对婴幼儿的身心健康有积极影响。身体健康发展是心理健康发展的前提，而良好的情绪状态又能够促进幼儿身体机能的正常运行。相关研究表明，情绪体验的过程能促进机体产生一系列良好的变化，因此快乐情绪能够促进身体健康发展，同时会促进神经系统的形成和完善。所以，在幼儿成长阶段，关注幼儿的快乐情绪有利于其身心发展。

快乐有三种功能：支持应对压力、减缓压力、恢复消耗的能量。幼儿还未完全具备调节情绪的能力，如果长期处于消极情绪状态，很有可能会出现某种心理上的问题，所以成人应尽快帮助幼儿调整消极情绪。快乐不仅能使个体在面对压力的挑战时放松心态、缓解消极情绪，而且持续的快乐体验更有助于提高幼儿的社会交往能力。

另外，快乐情绪还能促进幼儿认知的发展。孟昭兰（1997）的研究发现，积极情绪，如兴趣、愉快对认知活动起着支持和促进的作用。幼儿能从成就感中体会到快乐，大人的表扬能让他们获得自我肯定，有利于促进其自我评价水平的提高。

四、快乐情绪的理论

对于普通人快乐情绪的出现，存在两种对立的观点：快乐情绪的心理发生说和快乐情绪的生理发生说。它们的分歧在于快乐情绪的发生究竟是心理因素发生作用在先还是生理因素发生作用在先。心理发生说认为，快乐情绪的出现在于环境经验刺激了情绪，是心理因素在先使得快乐情绪产生，而后才会有生理反应，例如，一个人创业赚了一大笔钱，感到很开心，因为知道钱对自己有很大的用处，所以外部事物要经过人的感受才会产生情绪，这种感受是心理过程。生理发生说认为，环境刺激的存在使得我们的生理发生了改变，然后才产生了快乐。

帕菲特（Parfit，1986）提出了三种理论，即享乐主义理论、欲望实现理论、客观主义多元理论。享乐主义理论认为，美好的生活与快乐的生活是一致的，而对于美好生活的理解，就是感觉过得不错。对于一个人来说，具有积极价值的就是快乐的经验，而具有消极价值的就是不快乐的经验。欲望实现理论认为，如果一个人拥有了自己想要的生活，就会感到快乐，积极价值就是个人的欲望得到满足，而消极价值就是个体产生反感的情绪。欲望实现理论并不是一种心理状态理论，因为欲望是否真正得到满足部分取决于当时的环境。客观主义多元理论认为，除了快乐或幸福，还有一些其他客观的价值观能够使一个人的生活变得更加美好，而不依赖于自己对此事的看法，而拥有美好的生活就是让这些客观价值观得到体现。这些客观价值观包括知识、与现实的接触、友谊、爱情、个人发展或有意义的工作等。

五、快乐情绪的相关研究

心理学家最初研究了婴幼儿的社会性微笑。约 5 周大时，婴儿就能区分各种刺激，尤其是在婴儿听到大人的声音或看见大人面对他的时候会特别快乐。这个阶段的婴儿已经出现了社会性微笑。但是，不到 3 个月大的婴儿对人的社会性微笑是不加区分的，他们对每个人的微笑都是一样的，此时是无差别的微笑。从 4 个月开始，婴儿处理刺激的能力逐渐增强，开始能够区分熟悉的人和陌生人，有差别的微笑开始出现，婴儿对熟悉的人比对陌生人笑得更多，这是社会性微笑的进一步发展。

虽然幼儿最初的快乐情绪与其生理需要满足直接相关，随着年龄的增长，3~6 岁幼儿的快乐情绪不仅来自生理上的满足，还有可能来源于"成就感"，即幼儿在某件事上体验到成就感，就会产生快乐情绪。3~4 岁开始，幼儿依恋同伴的程度和建立友谊的欲望有明显的增长，这都有利于促进幼儿快乐情绪的发展。

第二节 悲 伤 情 绪

一、悲伤情绪的定义

悲伤是人类最早经历的情绪之一，至今人们对悲伤仍没有一个统一的定义。有研究者（Stroebe M，Stroebe W，1991）认为，悲伤是对失落的一种情感反应，表现为一系列心理症状和生理症状。

一生中，人总是不断地成长与发展，而成长与发展的过程中会存在"获得"和"失去"，"获得"会使人产生快乐、积极的情绪，而"失去"则会使人产生悲伤、消极的情绪。幼儿的悲伤情绪则指幼儿直接或间接地因为情感寄托的对象发生改变、愿望落空、失去喜欢的事物等而产生的失落、沮丧的感受。

二、悲伤情绪的分类

悲伤有正常悲伤和病态悲伤之分，一般而言，依悲伤行为是否在常态的悲伤范围内而定。如果悲伤者过了正常的悲伤情绪期仍旧出现不良反应，例如，退缩等，并且采取不健康的心理防御机制，这都是不健康的适应模式。如果个体选择喝酒或滥用药物来面对自己的情绪而导致悲伤情绪激化，阻碍了悲伤情绪的调节，就是比较严重的病态悲伤。

根据悲伤的表现方式，可以将其分为生理的悲伤、认知的悲伤、情绪的悲伤、行为的悲伤。生理的悲伤出现时，人会有空腹、胸口闷的感觉，对环境的变化过度敏感，以及肌肉无力等；认知的悲伤出现时，人会产生不相信、困惑、集中于悲伤的事件等反应；情绪的悲伤出现时，人则会产生忧郁、忧愁、痛苦、罪恶感与愤怒等反应；行为的悲伤则体现在睡眠失常、食欲反常、心不在焉、不参与社会活动等方面。

悲伤还可以分为习俗性悲伤和预感性悲伤。习俗性悲伤发生在某种事件之后，是我们常见的悲伤类型，例如，当没有达到自己理想的成绩时则会心情低落。预感性悲伤是个体预感到某种即将发生的事件而产生的悲伤，即在事件发生之前就会产生悲伤，体现了对事件结果的预测，也就是在事件发生之前预测达不到自己想要的效果或者是害怕会有更糟糕的后果而感到悲伤，例如，孩子想出去玩，打算请求父母同意，但是想到可能会被拒绝而感到悲伤。

三、悲伤情绪的功能

虽然悲伤是一种消极情绪，但是根据伊扎德（Izard，1991）的情绪分化理论，悲伤属于基本情绪，具有重要的生存和适应价值。它主要表现在悲伤发生时，个体可能会因为体验到自身的悲伤，使得自己明白所处环境对自己的利弊，从而刺激自己产生改善当前处境的动机，通过改变行为去重新达到平衡。例如，当经历亲人去世时，我们在悲伤的同时可能会意识到这件事将给自身带来多大的影响，并且重新确立目标，调整自己的状态，明白当下自己应该做哪些事，通过适当的调整重新达到平衡。

悲伤具有重要的社会功能。悲伤发生时，个体察觉到事情已经脱离了自己的掌控，需要他人的帮助。并且，一般的悲伤是正常的情绪反应，它对于幼儿的亲社会行为具有积极的促进作用，幼儿由自己的悲伤体会到他人的悲伤，从而促使幼儿做出帮助他人缓解痛苦的行为，产生共情的心理状态，有利于建立和谐的人际关系。因此，悲伤可能会促使个体向他人求助，进而提高自身的社交能力。

悲伤情绪虽然有很多积极功能，但是高强度的、持续的悲伤情绪对个体的身体和心理具有极大的危害。如果个体总是受到悲伤情绪的困扰，则可能会影响生活的各个方面，不能与人正常相处，逐渐感到孤独、失望。悲伤还可能会导致个体思维狭窄，不仅会影响生活质量，而且对身心健康有危害，长此以往，还可能出现严重的身心疾病。幼儿的心理处于高速发展阶段，容易受外在因素的干扰，所以教育者应该采取积极的措施帮助幼儿正确应对悲伤，促进幼儿各方面的发展。

四、悲伤情绪的理论

根据莱文森（Levenson，2003）的核心情绪理论，悲伤最初由原型事件引发，在不断经历的知觉事件中，原型满足了丧失的条件，就会刺激悲伤情绪的产生。丧失的目标会因对个体的重要程度或个体类型不同而变化，丧失的目标可能是一个人、一个地方或一个未能实现的愿望，或者是一个对个体有价值的物体；丧失的主体可以是他人、团体而非个人，前者如家人亡故，后者则可能是公众人物去世；丧失的时间可以是过去、现在或将来。人们可能会因为缅怀往事、为童年时光的逝去而悲伤，但也可能为并未发生的、自我想象中的丧失而感到悲伤。丧失有可能是短期的，如亲子间短暂的分离；也可能是永久的，如亲人的去世。

伊扎德（Izard，1991）的情绪分化理论认为，与其他消极情绪相比，悲伤时人的紧张度更低。人们很容易产生悲伤情绪，而它也经常与诸如愤怒、恐惧和羞愧等情绪交互作用，从而形成复合情绪。伊扎德还认为悲伤属于人类在漫长的进化过程中演化出来的一种基本情绪，对个体具有重要的生存和社会适应价值，它表现为在悲伤发生时，个体可能会因为感受到悲伤情绪而激发改善自己处境的动机并且会重新考虑确立目标，重新达到生活的平衡。格罗斯（Gross，2002）的情绪产生过程理论认为，悲伤体验是对情绪线索评价的结果。伊扎德（Izard，1991）则认为，悲伤体验的产生依赖于面部肌肉的活动，即情绪事件作用于个体，激活了情绪先天的预成程序，传出的信息作用于模式化的面部肌肉活动，面部肌肉活动产生的感觉反馈信息进入边缘皮层区，使得情绪进入意识，从而产生最终的悲伤情绪体验。

五、悲伤情绪的相关研究

哭是新生儿与世界交流的最重要方式，虽然新生儿一出生就有情绪表现，但是最初的情绪反应大多是先天性的，是遗传本能，且与幼儿生理需要是否得到满足直接相关。初级情绪是个体对事件最本能的反应，是基本情绪，悲伤就是一种初级情绪，首次出现的时间为婴儿3～4个月大时。随着婴儿与母亲情感联结的进一步建立，在6～7个月大的时候，幼儿会因分离焦虑而产生悲伤情绪，并且拒绝分离。

研究表明，3～6岁幼儿的情绪表现存在显著的年龄差异，大班幼儿比小班幼儿更倾向于掩饰悲伤、愤怒等消极情绪；而幼儿在面对父母、同伴或教师等不同在场者时，又会表现出不同的情绪，且幼儿的人际支持、年龄、在场者三者存在交互作用，比如，当父母和同伴在场时，幼儿会出现更多的生气情绪；当教师在场时，幼儿会出现更多的悲伤情绪。

第三节 羞 耻 情 绪

一、羞耻情绪的定义

羞耻是一种重要的自我意识情绪，不同的理论学派对羞耻有不同的定义。在关于幼儿羞耻的研究中，一些观点认为年幼的幼儿在表达羞耻情绪时还伴有负罪感。羞耻情绪与内疚情绪的含义容易混淆，所以研究者对羞耻情绪的界定有所不同。有研究认为个体会由于人际原因感到羞耻。路易斯（Lewis，1971）曾在 *Shame and Guilt in Neurosis*（《神经症中的羞耻与内疚》）一书中对羞耻进行了定义，认为羞耻是直接对自我进行的评估，个体强调的是"坏的自我"。韦纳（Weiner，1985）从归因的角度对羞耻进行了定义，认为个体由于自身能力不足而将消极的行为结果进行自我归因时产生的指向整体自我的痛苦体验即为羞耻。弗格森和帕特森（Ferguson，Patterson，1998）认为，羞耻情绪是一种消极情绪，主要由一些与自我相关并且引起他人反感的特殊事件引起。弗洛伊德强调羞耻是个体自我和本我冲突的结果。

现有研究关于羞耻的定义已经达成了较为一致的看法：当个体的行为属于不光彩的，或个体意识到自己的行为不正确、存在缺陷时，被自我或他人见证并消极评价时，会产生羞耻情绪。个体在产生羞耻情绪时通常会感到困窘、无价值，并伴有低下头、捂脸、脸红、流泪或转移注意等行为。

二、羞耻情绪的分类

关于羞耻的研究主要有三种取向：①特质取向（idiosyncrasy tropism），认为羞耻是人格的一部分，是一种相对稳定的情感倾向；②状态取向（attitude tropism），认为羞耻是一种不稳定的特质，强调羞耻是由一些情境引发的特定情绪；③类型取向（type tropism），认为个体在一些特殊的情境中会显现出某种程度的羞耻易感性，并可以据此将羞耻分为不同的类型。

在类型取向分类中，一些学者认为羞耻是一种具有明确的领域特殊性和特异性的情感，是个体对某些特定的行为或者个人产生的持久的羞耻感（如外貌体征、家庭水平、教育水平、种族差异等），因此可以将羞耻分为不同的类型，如特质羞耻、能力羞耻、家庭羞耻、种族羞耻、身体羞耻（在躯体化障碍中，身体羞耻感可能更广泛地集中于羞耻感受，以回应身体上的外观缺陷，这种躯体上的羞耻感也多与自我意识有关）等。

三、羞耻情绪的功能

首先，羞耻情绪作为道德情绪的重要组成部分，对个体的道德发展和自我成长起着激励和促进作用。例如，个体侵犯他人利益或出现过错时产生的羞耻情绪会起到自我道德净化的作用，促使个体审视自己的过错，并进一步调整自己的行为，以达到心理平衡。

其次，羞耻感可以提高个体的自我觉知能力，促使个体增强对自身不足的觉知，完善自我，发展自我，使自我向更高层次发展。尽管对于特定个体来说，羞耻情绪主要由个体的私人体验构成，但羞耻情绪的产生和诱导却能对自我发展起到重要的促进作用。当个体的社会地位和身份受到威胁时，会使个体产生羞耻的情绪，个体为了避免受到更大的伤害会努力完善自我，以追求自我满足。

再次，羞耻感对个体行为起着约束作用。羞耻感作为一种促使个体道德意识不断完善的动力机制，可以减少个体的违规或不道德行为的发生。

最后，羞耻感对于增强个体良知发挥着重要作用。孟子曾说："无羞恶之心，非人也。"（《孟子·公孙丑上》）个体感知到羞耻情绪后，会知道有所不为，促使个体向善，为实现"理想我"奠定情感基础。

四、羞耻情绪的理论基础

羞耻作为自我意识情绪的一个重要因素，自 20 世纪 90 年代开始逐渐被国外心理学家所重视，得到了大量研究。对羞耻情绪主要有以下几种理论分析与研究。

（一）精神分析理论

弗洛伊德（Freud，1977）认为羞耻是一种阻止性驱力的重要力量，羞耻和内疚同样是由于自我和超我的相互关系产生的。它作为性本能的一种重要防御方式，与同一性、自恋和自我感觉有关。弗洛伊德还认为，羞耻在潜伏期发展较快。他在性学三论中提到：在潜伏期这一阶段，会形成一种阻碍性本能发展的心理力量，正如堤坝阻止了水的奔流，这些心理力量包括厌恶感、羞耻感、伦理及道德方面的理想要求。这些心理力量会使幼儿变得文明化。因此，人们认为教育产生了这些心理力量。总之，他认为羞耻的产生与过分压抑无意识的冲动有关，尤其是对暴露和偷窥的压制。

（二）情绪归因理论

埃里克森（Erikson，1968）认为，羞耻最早表现为一种羞于见人或者是无地自容的状态。不断发展起来的渺小感促进了羞耻的产生，这种感觉是在幼儿身体可以站起来以及自我能够意识到大小和力量的对比时发展起来的。

情绪归因理论认为，个体对失败做特定归因会产生羞耻情绪。特蕾西和罗宾斯（Tracy，Robins，2004）提出的自我意识情绪归因模型认为，羞耻情绪的发生主要是因为个体对诱发情绪的事件做出了内部稳定且不可控的自我归因，并且这些诱发情绪事件与自我认同的目标无法实现有关。

路易斯等（Lewis et al.，1992a）认为，羞耻的产生与自我认知有关，羞耻本质上阻止的是自我而不是自我的行为，以服从标准和规则。路易斯等（Lewis et al., 1992a）在羞耻发展认知归因模型中强调，对自我归因不同就会引发不同的情绪，消极自我归因方式会引起羞耻。他认为个体体验到羞耻必须具备三个认知条件。①个体具备自我意识或自我反省的能力。②个体需要将习得的知识按照一定的标准、规则和目标进行内化。当标准被个体内化时，个体可以对他人的反应进行预期，从而评价自己的行为，体验到羞耻。③对事件产生的原因是做内部归因还是外部归因。整体自我归因指向整体自我，而具体自我归因指向具体品质或行为。

羞耻发展认知归因模型认为，羞耻是由个体对失败的整体自我归因引发的，这种情绪本质上是一种对不受欢迎、没有价值或有根本缺陷的整体自我的体验。自我意识的发展使个体体验到羞耻，而个体不同的性格特质和社会能力导致个体对羞耻的体验产生了差异。

（三）功能主义理论

功能主义理论强调从进化的角度和社会适应的观点来研究羞耻。羞耻作为一种适应情绪，符合进化的观点，是心理进化的产物，是一种社会化情绪。功能主义理论强调了羞耻感产生之后他人评价对个体自我认知的重要性。该理论认为羞耻体验对于个体的人际交往和行为有指导作用。巴雷特（Barrett，1995）提出了羞耻感的机能主义发展模型，认为羞耻体验的主要目的是通过个体习得的社会准则以及服从他人来获得他人的肯定，以维护自尊。功能主义理论认为羞耻有三个功能：一是行为调节，指的是通过远离自我来减少评价暴露；二是内部调节，强调关注社会准则和自我归因；三是社会调节，指的是在与他人交往的过程中获得尊重。随着幼儿认知水平的提高和社会性能力的发展，2～3 岁幼儿理解了更多的标准和规则，自我评价能力不断提高，发展出更好地应对情绪反应的方法和能力。该模型认为羞耻体验和自我发展之间存在双向关系。具体而言，是指通过个体的内部调节功能，将羞耻指向个体本身，促进自我评价的发展，有利于自我意识的发展，同时自我意识的发展也会对个体的道德行为和人际关系产生重要影响。

（四）客体关系理论

20 世纪 40 年代，由克莱茵（Klein）等提出的以精神分析理论为基础的客体关系理论逐渐得到发展。客体关系理论认为，羞耻的作用是通过抑制持续的兴趣和快乐，从而抑制人的行为，也就是说提醒个体避免自己的行为引发他人的拒绝，并且羞耻是在积极情感之后被激活的。他们认为羞耻情绪是在婴儿早期就出现的一种可以被直接体验的情感（竭婧，杨丽珠，2009）。

纳坦松（Nathanson，1992）、考夫曼（Kaufman，1989）和斯科尔（Schore，1996）提出了整合模型，把依恋理论、情感理论以及婴儿发展方面的研究整合在一起。纳坦松（Nathanson，1992）认为，从个体出生开始，羞耻就由婴儿联结感阻断引发。羞耻是一种"内驱力辅助"情感，即它能在一定程度上减弱或减少与基本需要相联系的积极情感。纳坦松（Nathanson，1992）采用"冷面"（still-face）实验来说明 2.5～3 个月的婴儿就有原始的羞耻感。"冷面"实验的程序如下：在父母与幼儿进行面对面的交流时，父母突然由有反应转变为无反应，当观察到父母无反应时，婴儿的反应通常是将脸扭到一边，并出现痛苦的表情。这一实验证实了羞耻感的产生可由亲子联系的中断而引发的观点。

斯科尔（Schore，1996）的调节理论认为，羞耻可以先于言语发展（最早在10～12 个月），比如，当母亲忽视婴儿的需要或者误解婴儿的需求时，就能促使婴儿产生羞耻感。随着幼儿的不断成长，这种重复的、与羞耻感有关的体验的表象记忆存储在大脑中。一旦羞耻感内化，记忆中与羞耻有关的情感、需要或动机的体验都可以引发羞耻感。

一些研究证明，羞耻与依恋之间存在一定的关系。格罗斯和汉森（Gross，Hansen，2000）的研究也发现，羞耻情绪的发生与安全型依恋关系呈负相关，与恐惧型和先占型依恋关系呈正相关，与拒绝型依恋关系无关。

五、羞耻情绪的相关研究

自我意识是一种多维度、多层次的复杂心理现象。自我意识是对自己身心活动的觉察，即自己对自己的认识，具体包括认识自己的生理状况、心理特征以及自己与他人的关系。关于自我意识的研究早在 18—19 世纪就存在。随着科技的不断进步，心理学界对于个体的自我意识发展有了更深刻的了解。研究者通过阿姆斯特丹（Amsterdam，1972）等的"点红实验"来研究婴儿的自我意识发展。在 15～24 个月大的幼儿没有觉察的情况下，研究者给幼儿鼻子上涂上一个红点，观察他们在照镜子时的反应。如果幼儿在照镜子后能够发现自己鼻子上的红点并试图用手涂抹红点，则标志着幼儿出现了自我意识。结果表明，24 个月大的幼儿几乎都会选择抹掉镜子中自己鼻子上的"红点"。一般认为，羞耻情绪在幼儿出现自我意识之后才会出现。

纳坦松（Nathanson，1987）认为，早在 2.5 个月大时，个体就产生了原始状态的羞耻感。因贝格和特洛尼克（Weinberg，Tronick）在使用面部表情编码系统来考察 2.5～3 个月婴儿的面部表情时，并没有得出这一结论，他们认为婴儿产生的情绪更多的是愤怒和悲伤。斯科尔（Schore，1991）认为幼儿最早产生羞耻情绪是在 10～12 个月。他认为在依恋关系形成过程中，如果母亲忽视或误解婴儿的需要，会使婴儿产生羞耻，并认为羞耻感的体验对于其进入下一个发展阶段是必需的。吕福松（2005）通过对学前幼儿羞耻感进行研究发现，幼儿在 2 岁时已经能够表现出脸红、垂下眼等羞耻体验的标志性动作。竭婧和杨丽珠（2006）采用情境故事法研究了 10～12 岁儿童对羞耻情绪的理解，发现 10～12 岁儿童能够理解羞耻感，但在理解程度上有年龄差异。竭婧（2008）认为幼儿羞耻感大致在幼儿 38 个月时产生；3～5 岁快速发展，此时是幼儿对羞耻感的理解力的加速发展期。

第四节　自 豪 情 绪

一、自豪情绪的定义

积极情绪与某种需要的满足相联系，通常伴随愉悦的主观体验，并能提高人的积极性和活动能力。自豪情绪为积极情绪的一种，是指当积极事件或成功事件发生时，个体将注意指向自我，对事件的结果进行积极的自我表征，体验到的一种愉悦情绪。作为一种自我意识情绪，自豪情绪由后天发展而来，研究者分别从个体度和社会关注角度对自豪情绪的产生进行了归因。

综合而言，自豪感是指个体认为自己的行为能够对社会产生有益的结果，或评价自己是一个有社会价值的人时产生的情绪。

二、自豪情绪的分类

自豪是一种正性自我意识情绪，产生于个体正性的自我评价。虽然自豪往往被定性为亲社会情绪，然而以往对自豪情绪的研究表明，自豪也有对错之分，因此不同学者对自豪进行了不同的分类。

特蕾西和罗宾斯（Tracy，Robins，2007）将自豪分为可信的自豪和自大的自豪。二者都伴随着对事件结果的积极评价，但在归因方式上有所不同。可信的自豪将行为结果归因为个体内部不稳定的、可控的因素，是对特定的行为进行归因，它能够提升个体的社会标准，遵守社会规则，并促进个体亲社会行为的增加；自大的自豪则将行为的结果归因于个体内部稳定的、不可控的因素，与个体夸大自我的偏向、和对他人的歧视呈显著正相关。坦尼等（Tangney et al.，2007）认为，自豪包括两个维度：一是个体对整体自我的自豪，即 α 自豪；二是个体对特定行为的自豪，即 β 自豪。

三、自豪情绪的功能

自豪情绪和自我意识情绪一样，主要是服务于个体的社会需要。自我意识情绪规范着人们的行为，使其在工作上兢兢业业，做出符合社会道德规范的行为，用恰当的社会适应方式与他人建立和谐、友好的人际关系，并获得一定的社会地位。自豪情绪的产生，恰恰说明了个体对自我的正确认识，能够对自我进行恰当的评价，这可能是个体感受社会地位的一种方式。由此可见，自豪情绪具有以下功能。

（1）自豪愉悦的主观体验能促进个体亲社会行为的发展，提高个体的成就动机（Tracy et al.，2010），同时可以扩大个体的视觉注意范围。

（2）自豪的外显行为能向他人传递成功的信息，提高其社会地位，并被他人接受（Tracy et al.，2010）。众多学者对二者进行了研究，得出 33～37 个月的幼儿在完成具有一定难度的任务后，开始体验到自豪并产生相应的行为。自豪作为一种社会适应性情绪，对个体发展至关重要，所以值得我们深入探讨。

（3）自豪具有强化利他行为的功能。当所做的事情被社会认可时，个体便开始建立起一个积极的自我形象，为了保持他人的尊重，个体会继续以利他的方式帮助别人，努力追求自我价值，以维护自己在同伴中的地位和良好人际关系，从而减少了侵犯行为的发生。有研究表明，幼儿对自身自豪情绪的理解对同伴接纳和利他有显著的预测力。

（4）自豪体现了自我意识的情感功能，包括四个方面：维护人格完整、促进心理健康、提高社会适应水平及加工过滤信息。

（5）自豪对动机的坚持性具有调节作用。自我效能不同，自豪感的效应也不同，尽管在完成任务的初始阶段会付出一些代价，但在自豪的驱动下，个体能够对任务产生坚持性行为。

四、自豪情绪的相关研究

情绪表达是幼儿社会性发展中的重要内容。幼儿恰当、合适的情绪表达有利于良好同伴关系的建立，个体通过继续努力去追求自我价值，以维护自己在同伴中的地位和良好的人际关系。个体情绪表达的内容、方式和对象选择的不同决定了他人回应方式的不同，对人际关系有一定的影响。多使用积极情绪与人相处，有助于促进人际和谐。自豪作为一种积极情绪，在个体早期发展过程中也具有重要作用。研究表明，在生命最初的9个月里，婴儿已经可以表达出大多数的基本情绪。自豪感直到接近4岁时才会出现，它不仅仅是简单的人类情绪的反应，更是对他人是如何看待自身的一种反应，比如，在感受到成功的体验后，幼儿会表现出自豪的情感。在2.5岁的时候，幼儿开始关注在成就上的责任，在完成一项任务的时候，他们会寻求注意以及表现出强烈的自豪感（例如，玩游戏过关），并且与他人做比较。然而，理解自豪能力的年龄晚于体验自豪感的年龄，一般出现在4～7岁。其他一些相关研究发现，儿童直到9～10岁才能对由自我成就引发的自豪感做出适当的归因，即儿童对自豪感的理解和掌握在9～10岁完成。在漫长的生命历程中，良好的情绪帮助个体在社会生活中得以生存，获得一定的社会地位，被他人接受，这是个体能够生存和繁衍的关键。良好的自豪情绪成为个体增强和保护同一性的工具。

第五节　内 疚 情 绪

一、内疚情绪的定义

对于内疚的界定，国内外的学者有不同的看法。最早详细描述内疚概念的心理学家是弗洛伊德，他认为所有的内疚都可以追溯到性失调和性紊乱。但是现代心理学对内疚的定义有了很大的不同，认为内疚包括三个主要的要素：伤害或过失性等错误的情景；痛苦、局促不安等负面情绪；反省、道歉等弥补性行为。

内疚是指一个人的所作所为对他人产生了伤害性的影响，并认为自己对此负有责任时产生的一种带有痛苦、自责体验的情绪（施承孙，钱铭怡，1999）。奥夫曼（Hoffman，1982）认为，内疚是个体的行为危害了别人，或违反了道德准则而产生良心上的反省，并对行为负责的一种负性体验。有研究者从情感和认知成分的角度出发，将内疚定义为在人际交往中个体根据道德自我认同标准认知自我，评估事件后果，并将其归因于内部自我而产生的情绪（俞国良，赵军燕，2009）。本节主要是探讨3～6岁幼儿的内疚，主要借鉴于瑛琦（2013）对内疚的定义，即内疚是指当幼儿知道自己做错了事情或伤害了别人时会感到局促不安，同时倾向于向受害者道歉或采取某些措施来弥补自己犯下的错误时产生的一种自我意识情绪。

二、内疚情绪的分类

研究角度不同，研究者对内疚的分类也不同。张琨等（2014）将内疚分为人际内疚（interpersonal guilt）、替代性内疚（vicarious guilt）、群体内疚（collective guilt）、虚拟内疚（virtual guilt）。人际内疚是基于个体的道德标准产生的一种有利于社会交往的情绪；替代性内疚是指个体并没有违规行为或造成实质性的伤害，而是当与个体有较高社会认同或亲密关系的人做出了违规行为后，个体产生的内疚；群体内疚是人们在其所属内群体对外群体做出了不道德伤害时，基于群体成员身份而体验到的一种伴随痛苦、自责的消极情绪；虚拟内疚是个体在即使什么也没做，或与伤害事件只存在间接关系的情境下产生的内疚体验，原因是个体觉得自己违背了自身认同的内在道德规范。董傲然（2014）从内疚相关事件的角度出发，认为幼儿内疚包括违反规则和伤害他人两个方面。

奥夫曼（Hoffman，1982）等将内疚分为违规内疚与虚拟内疚。违规内疚是当个体对他人造成了直接的伤害，或者是他的行为违反了社会道德准则，个体就会产生违规内疚。在日常生活中，尽管人们实际上并没有做伤害他人的事情，或所作所为并没有违背公认的社会道德规范，如果他们以为自己做了错事或与他人所受到的伤害有间接关系，也会感到内疚，从而自责，奥夫曼将这种内疚称为虚拟内疚。

三、内疚情绪的功能

（一）内疚对亲社会行为的影响

有研究发现，内疚能促进幼儿亲社会行为水平的提高。一方面，在他人需要帮助时，自己因为某些原因没有帮助到对方，会产生内疚，进而出现一些补偿性行为或者是利他性行为；另一方面，当个体的行为出发点是好的，是为了帮助他人而结果却很糟糕时，个体也会产生内疚情绪，此时个体会调整行为，做出恰当的亲社会行为。

（二）内疚对道德发展的影响

当今社会，道德受到越来越多的关注，道德问题突出，提高公民道德感和道德观念至关重要。内疚作为道德情绪的一种，对于个体形成良好的道德观念具有重要作用。坦尼等（Tangney et al.，2007）的研究指出，内疚倾向与道德行为呈显著正相关，并与犯罪行为、危险行为呈显著负相关。内疚对个体的行为起到了制约作用，内疚不会影响个体对道德自我的认同，只是对自己的不当行为进行反省，并感到自责、懊悔，最终对自己将来的行为产生积极影响。内疚除了能促进道德品格和行为的发展，还能阻止不道德行为的产生和发展。另外，在同一情境中，容易产生虚拟内疚的人，其道德水平可能更高。

（三）内疚对人际交往的影响

许多研究证实，情绪具有人际功能。比如，情绪能够促进长期的社会团结和互惠的发展。在交往活动中，当个体因为自己的言行而对他人带来伤害时，会产生内疚感，此时个体会通过补偿性行为来取得他人的谅解，内疚感会在一定程度上会促进补偿性行为的产生，促进个体与他人关系的改善。另外，内疚感的情感体验是关系发展和加强社会联系的重要组成部分，那些经历过内疚的人会被激励以建设性的方式对待他们的伴侣，特别是那些他们过去曾伤害过的人，从而改善人际关系。表达内疚可以降低受害者的痛苦感受。

四、内疚情绪的相关研究

自我意识在个体18～24个月大时出现，随着幼儿的成熟和发展，自我意识情绪开始萌芽、发展。在出现错误行为的实验情境中（如把娃娃弄坏了），33个月的幼儿会表现出内疚情绪反应。内疚水平随着年龄的增长而升高，3～4岁是幼儿内疚情绪缓慢发展的时期，4～5岁是幼儿内疚情绪发展的关键时期。幼儿对于内疚情绪的理解出现得较晚，国内已有的有关内疚情绪理解的研究表明，儿童即使到9岁还不能很好地理解内疚情绪。

科昌斯卡等（Kochanska et al.，2002）的研究发现，在22～46个月大时，幼儿在犯错后体验到的不安的程度、倾向道歉的程度以及对他人错误的敏感度都会有所增强，其中，在母亲提及犯错的后果后，主动认错并弥补过失的幼儿比那些没有认错的幼儿以后犯错的次数要少。马斯科洛和费希尔（Mascolo，Fischer，2002）认为，到了3岁左右，幼儿开始在他人评价的基础上形成自己的行为准则，如果自己的外在行为与内在准则不符，则会产生消极的自我意识情绪，如内疚和羞耻。5～9岁儿童对违规行为可以做出消极的道德评价，他们具备产生内疚情绪的认知能力，但不能进行道德情感推理，即不认为违规者会产生内疚情绪。10～12岁儿童已经能够理解许多成人表现出来的内疚情绪。

第六节　尴　尬　情　绪

一、尴尬情绪的定义

1872 年，达尔文（Darwin，1872）在《人类和动物的情绪表达》（*The Expression of Emotion in Man and Animals*）一书中指出："幼儿在 3 岁左右就会出现自我意识、害羞、内疚和羞耻等情绪伴随着意识的出现产生。它们不仅仅是简单的人类情绪的反应，更是对他人如何看待我们自身这个问题的一种反应。"

尴尬的现代研究起源于"现代尴尬研究的鼻祖"——戈夫曼（Goffman，1956）。他指出交往中的主体会根据所处场合的规则来约束自己的行为，如果交往中所有个体的行为都与这些规则相一致，则交往能够顺利进行，如果个体行为与假定规则产生差异，尴尬就会产生。20 世纪 70 年代以前，很多学者认为尴尬不是一种独立的情绪，只是一种较低程度的羞耻，直至 1992 年埃克曼（Ekman）提出情绪分类理论，尴尬才作为一种独立的自我意识情绪被看待。埃德尔曼等（Edelman et al.，1987）把尴尬描述为一种社交恐惧，并且通常是让主体不舒服的一种心理状态，对社交互动有很严重的破坏作用。

米勒（Miller，2000）认为，尴尬产生于个体了解在某种情境中他的形象要与特定的公共形象和角色符合。在真实情境中，如果个体的想法、行为角色与他理想中的形象背道而驰，个体会认为自己的这种失败或者失误被其他人觉察到，在旁观者面前没能保持自己理想的形象，因此会产生不期望的社会评价，这种评价会导致尴尬情绪的产生。

"尴尬"一词在《现代汉语词典》中有两种定义：一种解释是行为神态不正常，即窘态；第二种解释是处境困难，难以应付（中国社会科学院语言研究所词典编辑室，2019）。国内外学者对尴尬有着不同的定义，本节采用的定义为：尴尬是一种与自我意识相关联的情绪，是个体在人类群体交往中面临（潜在）负面社会评价就会出现的一种不良情绪。这种情绪会促使自己来缓解不适感。同时，这种情绪涉及社会评价，从而会影响个体的亲社会行为。

二、尴尬情绪的理论模型

关于尴尬产生的经典理论模型主要包括自尊丧失模型、社会评价模型、个人标准模型、戏剧理论模型、违背他人期望模型、关注中心模型和非意愿显露模型。

（一）自尊丧失模型

自尊丧失模型认为，当个体在某种情境下通过揣测他人对自己的评价认为自己不如他人，尊严受到打击时，就会产生尴尬情绪。尴尬是个体感到丧失自尊时的瞬时状态，并对自我感到失望。这里的自尊是指他人对个体自身价值的评定，出现在公众场合中（Edelmann et al.，1987；Modigliani，1968）。

（二）社会评价模型

社会评价模型是一个比自尊丧失模型更综合化的模型。在这个模型中，尴尬较少来自评价的差异，而更多地依赖于评价者是谁。如果个体受到预料之外的他人的评价，有研究者认为无论是消极的评价还是积极的评价，都会导致个体产生尴尬情绪（Manstead，Semin，1981）。这个模型也强调了旁观者在诱发个体尴尬中所起的重要作用。

（三）个人标准模型

个人标准模型认为，个体并不能完全知晓他人是如何评价自己的，所谓的旁观者评价都是通过个体自己的想象和预测而进行的解释。个体关心的是自己在社会情境中的表现是否符合理想的社会自我，当二者出现偏差时，就会产生尴尬情绪。巴布科克（Babcock，1988）认为衡量是否产生尴尬情绪的标准依从于自我评价，而非普遍性的规则。

（四）戏剧理论模型

西尔弗等（Silver et al.，1987）认为，上述几种理论模型存在很大的局限性，无法完全解释一些常见的尴尬现象。于是，基于戈夫曼（Goffman，1959）社会交往中戏剧化自我表现的观点，西尔弗等（Silver et al.，1987）提出了戏剧理论模型，认为生活就像是表演舞台，但是个体不能始终如一地扮演某种角色。帕罗特等（Parrott et al.，1988）将尴尬情绪置于一个人际互动情境中来探讨，认为尴尬是一种社交情绪。该模型认为，个体已经为自己建立了社会角色图式，个体参照这个图式评估自己的社交行为是否得当。当个体处于具体的社交情境时，会基于自己的角色产生一种符合自身形象的期待，而尴尬事件使得个体的表现违背了自身的期待，当个体产生这种角色冲突时，这种社会角色的紊乱导致个体无法按照以往的社会角色图式进行活动，正常的社会交往关系会被破坏，从而引发尴尬情绪。

（五）违背他人期望模型

违背他人期望模型认为，当个体的表现已经违背或有可能违背他人的期望时，个体会理解或预期他人产生的消极评价，由此导致尴尬情绪。该理论模型与社会评价模型有相似之处，二者都强调他人评价对于尴尬情绪产生的作用。但是与社会评价模型不同的是，违背他人期望模型认为，由于个体产生这样一种观念——自己的行为可能会违背观察者对自己的期望，受到这种观念的困扰，个体不确定他人对自己的行为存在何种预期，从而会导致尴尬情绪的产生。

（六）关注中心模型

萨宾等（Sabin et al.，2000）提出了关注中心模型。该模型认为，只有在个体处于他人关注的中心时，才会产生尴尬情绪，即便此时个体没有丧失自尊、违背他人的期望或者社会角色模式。但是该模型却不能解释所有尴尬产生的原因，因为有些人愿意甚至追求成为他人关注的中心。

（七）非意愿显露模型

罗宾斯和帕拉韦基奥（Robbins，Parlavecchio，2006）提出了非意愿显露模型。该模型认为，当个体需要违背自己的意愿，被迫暴露于公共场合或者公开情境中，并且受到别人评价性的审视，而且这种评价性的审视不是个体想要的，当个体认为别人正在对自己做出出乎意料的评价时，就会产生尴尬情绪。这个模型提取了尴尬的核心内容：个体想要隐藏的东西被揭露。与之前的理论模型相比较，非意愿显露模型能够很好地从整体上对尴尬现象进行解释。当其他模型不能解释某种情境时，就可以用非意愿显露模型来解释。

上述关于尴尬的几种理论模型都描述了尴尬的不同方面，但是强调的都是违背和旁观者，这是尴尬产生的两个必要因素。违背是尴尬产生的基本条件，违背了自己的理想观念、违背了约定俗成的规则、违背了他人的期望或者是违背了自己的意愿而暴露在他人面前，都会导致尴尬的产生。旁观者就是实现感受到尴尬情绪的条件，由于有旁观者或者自己臆想的旁观者，这种尴尬就变成了现实。

三、尴尬情绪的功能

在现实生活中人们会在最大限度上规避尴尬的产生，由于对尴尬及其表情，如脸红、不舒服、紧张、愚蠢、自卑、无力等的消极看法，早期理论通常认为尴尬情绪会破坏社交行为，但是最近一种相反的观点占据了主导，认为尴尬的作用不是破坏，而是适应，或是对社会互动的调节。尴尬是一种典型的社会情绪，与基本情绪不同，社会情绪需要考虑别人的状态、感受及社会规范，在社会中具有重要作用。

（一）保护生物进化繁衍

米勒（Miller，2000）从生物学的角度指出尴尬可以促进生物繁衍。通常情况下，尴尬的表情会向周围人传递一种信息——我不是故意的，进而可以保护自己免受责备或者伤害。夏基（Sharkey，1992）的研究发现，人们有时故意表现出尴尬是为了达到某种想要的结果。

（二）促进亲社会行为发展

费因伯格等（Feinberg et al.，2012）的研究表明，尴尬的表情有非常重要的社会功能，展示出尴尬表情的被试被评价为更有亲社会性，并能获得更多的信任。尴尬的表情通常代表了歉意和妥协的姿态，有助于应对棘手的社会情境，在人际交往的动态方面能引起显著变化。观察者认为尴尬表情是一种亲社会的和想要维护社会关系的信号。米勒（Miller，2001）的研究发现，如果有人打碎了被试一样心爱的东西，他们会更愿意原谅那些表现得很尴尬的人。违反规定的幼儿如果表现出尴尬，父母对他们的惩罚就不会那么严厉。通常来说，人们更愿意与那些在做错了事情之后会表现出尴尬的人交往，因为觉得这样的人是可以亲近的，并且相比较而言，人们更愿意帮助会表现出尴尬的人。

（三）维护面子

戈夫曼（Goffman，1956）认为，在西方文化之中，个体有维护面子的需要，特别是在交往中产生尴尬情绪之后。他的观点是这种维护面子的需要会使人们尽可能地表现自如，并且会主动避免那些会引发尴尬的情境。很多实验表明，尴尬情绪产生后，人们会有维护面子的需要。布朗（Brown，1970）让成人被试吮吸橡皮奶头并让被试牢记这个情景，以引发其尴尬情绪，然后让被试选择在公开场合描述他们的这一行为或者不描述，描述可以获得最多的报酬，不描述则获得的报酬较少。维护面子被定义为牺牲一定的实际报酬，以避免在公共场合尴尬或者丢脸。结果表明，大多数人会选择较少的报酬以避免尴尬。

（四）识别面孔

面孔识别是生活中一项重要的社会认知功能，它能使人们对这个人的熟悉程度、情绪状态、社会地位、性别、年龄和种族等有一个正确的认识，从而有助于促进人们的社会交往和环境适应。近年来，面孔识别一直备受研究者的关注。人们开始思考尴尬者的面孔识别是否与正常人有明显差异。达尔迪和阿里斯（Dardy，Harris，2010）的研究考察了尴尬对人际知觉特别是面孔加工的影响。有研究者认为，社交恐惧和尴尬相似，先前研究社交恐惧的研究者发现社交恐惧的个体倾向于避免消极的反馈，比如，愤怒的眼睛。尴尬与社交恐惧对面孔加工的影响不同。达尔迪和阿里斯认为，这是因为社交恐惧和尴尬引发的动机状态不同。

（五）通过幽默缓解气氛

霍尔（Hall，2011）的研究表明，当个体在社交中体验到尴尬时，通常会使用幽默来缓解气氛，这有助于保持面子或者重新控制窘境。幽默在人际交往中的作用是不可低估的，幽默的言行能使社交气氛轻松融洽，融洽的气氛可以使交往顺利地进行下去。

四、尴尬与其他道德情绪的差异

尴尬、羞怯和内疚都包含于自我意识情绪范畴之中，且都具有消极的情绪体验，有相似之处。20世纪70年代以前，人们几乎普遍认为尴尬不能算作一种独立的情绪，只不过是羞怯的低程度表现。但是越来越多的研究表明，尴尬与羞怯、内疚存在几个方面的不同。

（一）诱发事件的差异

坦尼（Tangney，1995）研究发现尴尬事件多是一些生活琐事，是突然发生的、意料之外的，常常是不可以控制的外因导致的事件；羞怯事件多半是可以预料的，往往是人们公认的事情，是具有一定规范和道德属性的事情；内疚则通常与道德的违背相联系，更多是因为个体自身的行为违背了社会规则和道德产生。

（二）归因主体的差异

莫迪利亚尼（Modigliani，1968）的研究表明，尴尬、羞怯和内疚的诱发事件可能存在交叉重叠，其主要差异源于主观解释不同。尴尬情绪的产生多数是由于自我意识的加入而产生尴尬的体验。评价的焦点不在于自我，而在于发生了什么事情。羞怯是针对核心自我的，个体需要对此事负责。内疚产生的主要来源是个体对事件的责任感。

（三）主观感受的差异

与羞耻和内疚不同，尴尬是一种很轻微的负性情绪，突然发生，短暂存在。路易斯（Lewis，1971）指出，尴尬与羞耻的一个明显差异就在于体验的强度。尴尬的个体多会自我解嘲，认为他人也会对自己的行为感到好笑，而感到羞耻的个体则希望他人不要嘲讽自己。在内疚情绪发生时，个体会同情受害者，关注其受伤害程度，并希望通过坦白、道歉等行为减轻自己内心的压力。

（四）旁观者的差异

尴尬是在社交窘境中产生的，与个体的公众形象有关。一个人的时候，个体几乎不会产生尴尬的情绪，旁观者越多，个体就越容易产生尴尬。个体在陌生人的面前很容易产生尴尬，在熟悉或者亲密的人面前很少会感到尴尬，但是与之相反，在熟悉或者亲密的人面前更容易产生羞怯和内疚的情绪。

五、尴尬情绪的相关研究

情绪研究者通常认为，人类在刚出生时就有令人震惊的体验快乐或者悲伤的能力，之后一些基本情绪，如害怕、生气、高兴和惊奇在刚出生的几个月内会很快出现。幼儿的情绪既与先天因素有关，也与环境有关。婴儿没有自我概念，新生儿不知道自己是男孩还是女孩，无法把谁、是什么的概念结合在一起，因此也无法认出镜子里的自己。现象学研究认为，自我意识是在童年早期逐步出现并发展起来的。尴尬在自我意识出现后产生。基于大量的观察行为表情研究结果，研究者认为，在童年早期，尴尬的出现要早于羞耻和内疚，说明尴尬中的"自我"与羞耻和内疚中的"自我"是不同的。在自我意识情绪发展模型中，根据尴尬的性质及产生时间的不同，路易斯（Lewis，1997）将其分为评价性尴尬和显露性尴尬。

当个体将自己的行为与既定的标准、规则或目标相比较而得出消极评价的结论时，就会产生尴尬。路易斯（Lewis，1997）指出，在成就情境中，当幼儿在规定时间内没有完成任务时，就会产生评价性尴尬。

显露性尴尬没有评价的成分，当个体成为别人关注的中心时，就会产生显露性尴尬。路易斯等（Lewis et al.，1992）的研究发现，年龄较小的幼儿在各种显露情境中都会产生尴尬情绪，例如，家长要求幼儿在公开场合跳舞、表演或者出乎意料地被人关注。米尔（Mill，1996）指出，即便是在没有做错事的情况下成为众人的关注目标，个体也会产生尴尬情绪，比如，老师突然当着全班同学表扬你，在他讲话的时候，全班同学盯着你看。据路易斯等（Lewis et al.，1992）的研究，这两种不同类型尴尬的发生是有顺序的，显露性尴尬早于评价性尴尬，在个体1.5～2岁时就会出现，而评价性尴尬比较清晰地出现是在个体出生后第三年。幼儿4岁时，在自我评价能力出现后，两种类型的尴尬同时存在，且由不同的情境引发。

莫迪利亚尼（Modigliani）和布卢门菲尔德（Blumenfeld）将尴尬的发展分为原始尴尬阶段和成熟尴尬阶段。原始尴尬阶段是根据斯金纳（Skinner）的观点提出的。斯金纳认为，幼儿经常受到惩罚会引发胆怯或尴尬行为（转引自Bennett，1989）。所以，原始尴尬反映出了幼儿在环境中的学习，在这种环境里，幼儿如果违反社会规则，将会被要求做出解释或者会遭到嘲讽。莫迪利亚尼和布卢门菲尔德指出，在这个阶段，幼儿还无法意识到违反行为对其公共形象的影响，只会简单地认为是因为其他人的嘲笑导致了自己违反道德。大约在9岁之前，儿童的尴尬都处于这个阶段。相反，成熟的尴尬产生于幼儿内在地认识到自己行为的缺陷或是自我形象和理想形象的不符，在此阶段，幼儿能够意识到自己有缺陷的表现的社会意义，即会损害自我形象。但是，科隆内西（Colonnesi，2010）的研究表明，5岁幼儿已处于成熟尴尬阶段，能够在旁观者没有情绪反馈的情况下体验到尴尬。

桥本和清水（Hashimoto，Shimizu，1988）对5～13岁的伊朗儿童和9～12岁的日本儿童进行的比较研究发现，通过因素分析，两种文化下，都将92种不同的尴尬情境分为两大类：不受欢迎的公共行为和不期望的社交暴露。进一步可将其分为4小类：失败的公共形象、被注视、身体暴露和被批评。布斯（Buss，2000）等把尴尬描述为"社会自我出现的标志"，认为没有发展出社会自我的幼儿不会对任何事情感到尴尬。在询问3～12岁儿童的父母之后，他们认为大多数5岁左右的儿童开始体验到尴尬。布斯等询问了数百名学前和小学幼儿的父母，问他们是否注意到在过往的6个月中幼儿出现了尴尬。如果幼儿和父母提起了尴尬，或是父母观察到幼儿任何脸红、痴笑、紧张的笑或是手遮掩嘴部的动作，就认为出现了尴尬。研究表明，26%的3岁和4岁组儿童、59%的5岁组儿童、73%的6岁组儿童在过往的 6 个月中有过尴尬的反应或者行为，布斯（Buss，2000）就此认为大多数儿童在 5 岁时出现了尴尬。

塞德纳（Seidner，1988）等指出了与幼儿的情绪发展相关的两个条件，它们是体验类似于尴尬等复杂情绪的前提。第一，作为这些情绪基础的认知结构必须发展；第二，幼儿必须学会文化规则，这些规则规定了对特定情绪体验的命名。在研究中，他们让 5 岁、7 岁、9 岁、11 岁儿童以及成人报告在特定情境中的情绪体验，发现对于较年幼的幼儿来说，相对于自豪、高兴和悲伤，尴尬是一种较少受到关注的体验，这可能是由于幼儿言语能力发展存在局限，自我报告不一定能真实地反映幼儿的情绪体验。对于幼儿来说，其认知结构在不断地发展，在社会化过程中逐渐学习并使用更多规则，因此幼儿阶段的尴尬与婴儿阶段的尴尬不同，且在发展上具有一定的年龄差异。

关于幼儿尴尬发展的性别差异方面，路易斯（Lewis，1997）发现 2 岁的女孩比男孩表现出更多的尴尬，但 3 岁时无性别差异。4 岁时，在颜色匹配实验中，女孩和男孩表现出尴尬的比例没有显著差异，但是在 4 种暴露情境中男孩表现出更多的显露尴尬。布斯（Buss，2000）等使用访谈法对幼儿父母进行了访谈，发现 5 岁幼儿出现尴尬的比例无性别差异。虽然关于幼儿阶段尴尬的发展特点还存在一定的争议，但是大多数研究者都赞同 20 个月左右的婴儿会出现尴尬，而且在幼儿阶段，尴尬会继续发展。

基于社会经验，我们可以肯定尴尬具有个体差异性。与大多数人相比，某些人更容易感到尴尬，更易害羞或脸红。迪比亚斯和路易斯（DiBiase，Lewis，1997）的研究发现，婴儿尴尬情绪上的个体差异多半是由于气质上的差异导致的。与容易型气质的婴儿相比，困难型气质的婴儿在 22 个月大时更容易产生尴尬情绪。霍布森等（Hobson et al.，2006）对孤独症幼儿进行了研究，发现患有孤独症的幼儿也具有某些自我意识情绪，其表现优于人们的预想。但是孤独症幼儿是否具有尴尬情绪尚不明确，存在很大的争议。辛克（Zinck，2008）认为，缺乏心理理论的病人具有自豪的自我意识情绪，但是缺乏尴尬、羞耻、内疚等负性的自我意识情绪，因为这些情绪的产生更需要与外部标准相比较，以了解别人的想法。研究发现，尴尬与外倾性、自尊存在负相关。在社交场合中，对自己感到自信的人较少会体验到尴尬，而且在尴尬产生时会控制得很好。尴尬易感性与神经质、高负性情绪体验、高自我觉察及对他人消极评价的恐惧有密切关系。有尴尬倾向的个体对自己是否遵从社会规则的觉察性更高，更容易感受到来自同伴的压力。

第七节 生 气 情 绪

一、生气情绪的定义

生气是人类和其他动物普遍存在的基本情绪，是一种负性情绪。它往往在目标受阻的情景中出现，或者当自身或他人受到侵犯时产生。在《张氏心理学词典》中，生气又称"愤怒"，是一种强烈的情绪反应。其起因是个体遭遇强烈的刺激，诸如受到攻击、威胁、羞辱等，使个体的活动受到挫折、尊严受到伤害时表现出来的反应（张春兴，1992）。在《现代汉语词典》中，生气指因不合心意而不愉快。

一些学者认为，生气情绪产生自具体的事件过程，如李瑞玲（1993）指出，生气是一种连续的历程，包括生气的前置情境、生气激起状态以及生气反应方式。生气和伤心是幼儿人际交往中最基本的消极情绪，两者密切相关，生气和伤心可能在同一情景中出现，但两者又有区别。北山等（Kitayama et al.，2000）提出，生气是一种自我中心情绪，伤心是一种他人中心情绪。生气更关注自我、指向他人，而伤心更关注他人、指向自我。生气对他人产生威胁，与责备他人的归因相联系；伤心对他人的威胁较小，与自我责备的归因相联系。而且，年幼幼儿的生气和伤心与后期发展起来的内疚、羞愧、失望等自我意识情绪密切相关。

与强调情绪的适应功能一样，对生气情绪进行定义时，一些学者侧重生气的适应功能，如埃夫里尔（Averill，1982）认为，生气是一种冲突的情绪，它的产生原因有生理、心理及社会层面的。在生理层面，它和攻击的反应相似，并可能会影响人际关系，包含有责备的归因及报复的欲望；在心理层面，它的功能是矫正一些个体评估错误的状况；在社会层面，它的功能则是维护可被接受的标准。生气虽然是一种负性情绪，但是它促使个体抗争，从而保护自己免受伤害（Darwin，1872；Ekman，1998），所以生气是一种体现趋近倾向的情绪（Fox，1991），这种趋近倾向反映在行为上，生气可能和趋近行为相联系。

二、生气情绪的理论

（一）情绪微分理论

达尔文（Darwin，1872）早在1872年就提出，某些基本情绪的表达是天生的和普遍的。心理学家埃克曼（Ekman，1998）的情绪微分理论正是基于这个观点提出来的。该理论认为，情绪是各种不同的主观体验、内心状态、表达行为和神经化学过程的组合。在婴儿2～7个月大时，随着潜在的神经物质的成熟和环境的需求，快乐、伤心、生气等不同面部表情逐渐出现，这些面部表情是某些肌肉单元协调工作的结果。伊扎德等（Izard et al.，1995）认为，不管是局部还是完整的面部表情，都能够传达情绪的信息。

（二）情绪分化理论

与达尔文的观点不同，布里奇斯（Bridges，1932）认为，婴儿出生时只存在两种基本情绪状态：积极状态和消极或痛苦状态。卡姆拉斯（Camras，1992）认为，生气、伤心等情绪是从消极状态中逐渐分化出来的。根据情绪分化理论，婴儿在出生时能对各种刺激产生相似的反应。班尼特等（Bennett et al.，2005）发现，随着神经抑制系统的成熟、认知的发展和社会化过程，婴儿逐渐对不同的刺激产生了不同的反应，比如，手臂被束缚时会感到生气，遇到惊吓时会感到害怕。

（三）趋近-回避动机理论

趋近-回避动机理论认为动机有两个基本系统：趋近系统和回避系统。在描述趋近系统时，格雷（Gray，1987）根据个体对奖励的反应提出了行为激活系统（behavioral activation system，BAS），该系统促使个体产生目标导向的行为。具有较强行为激活趋向的个体热衷于追求奖励性的社会刺激。

德普和亚科诺（Depue，Iacono，1989）提出了另外一个类似的系统——行为促进系统（behavioral facilitation system，BFS），该系统认为在面对阻碍时，趋近行为和生气之间具有一定的功能性联结，它们能共同促进个体排除障碍。另外，与趋近系统相对应的是回避系统，或者称为行为抑制系统（behavioral inhibition system，BIS）。行为抑制系统会抑制个体的行为，促使个体关注有害刺激，增强警觉性。

三、生气情绪的功能

生气在一定程度上是消极的，它可能会导致对他人的攻击反应，如果表达不恰当，会破坏人际关系。比如，莱梅里斯和道奇（Lemerise，Dodge，1993）的研究表明，反应性攻击是个体被同伴拒绝的主要原因。在生气-伤心两可情景中，相比生气倾向的个体，4～6岁的幼儿报告更偏好伤心倾向的个体，因为他们认为生气会引发他人远离，而伤心则会引发安慰、亲近和目标恢复（何洁等，2007）。哈伯德（Hubbard，2001）、莱梅里斯和道奇（Lemerise，Dodge，1993）认为，生气是行为问题幼儿存在的一种典型情绪反应。此外，卡尔金斯等（Calkins et al.，2002）的研究发现，在婴儿期，生气等挫折情绪不利于婴儿自我调节行为（如注意转移，自我安慰）的发展。

生气属于一种负性情绪，但生气情绪的正向功能越来越受到人们的关注，生气也有其积极的方面。达尔文在著名的《人类和动物的表情》（*The Expression of the Emotions in Man and Animals*）一书中，发现了一种人类和动物都存在的现象，即当个体生气时，兴奋的头脑会给予全身能量，同时这种能力会增强个体的意志力（Darwin，1872）。布斯（Buss，2000）的研究指出，生气可以产生持续性的动力，可以促进问题的解决，还可以作为自我防卫的能量；具有信号的功能，提示个体目前的处境是不公平、有威胁和挫折的等，需要个体做出相应的反应；矫正不平衡的关系，当生气被表达出来之后，个体也许能主宰情境及事件的发展。功能主义者坎波斯等（Campos et al.，1989）认为，即使是生气、痛苦等负性情绪的表达，也有其积极意义。埃克曼（Ekman，1998）认为，当个体体验到生气时，心跳会加速，脸会变红，注意力会高度集中，而且个体会产生一种冲动与生气对抗。这种行为导向往往可以激发和维持个体产生一种较高水平的能力来排除障碍。纳比（Nabi，1999）的研究发现，生气被认为是行为的激发者和组织者。对于婴儿而言，研究者布劳恩加特-里克尔和斯特菲（Braungart-Rieker，Stiffer，1996）发现，这种生气反应可以促使照料者改变行为，或者激发婴儿通过自身的努力来实现目标。路易斯和拉姆赛（Lewis，Ramsay，2005）进一步认为，在目标受阻情景中，生气是一种克服困难的积极反应。

不同的人对同一情景可能会产生生气和伤心等不同的体验，即表现出生气和伤心情绪倾向。艾森伯格（Eisenberg，2001）的研究发现，幼儿的生气和伤心情绪倾向对其社会适应起着不同的作用，倾向于生气的幼儿表现出更多的外向性问题行为（如违纪、攻击等），而倾向于伤心的幼儿表现出更多的内向性问题行为（如社会退缩、害羞、焦虑、抑郁等）。外向性问题行为的幼儿容易遭到同伴的拒绝，这样的幼儿除了生气还会体验到较多的伤心，因为他们被同伴拒绝，感到孤独，只是在这些幼儿身上生气情绪倾向和外向性问题行为的关系更明显。

四、生气情绪的相关研究

斯坦伯格和坎波斯（Stenberg，Campos，1990）认为，1个月大的婴儿可能会产生生气的面部表情，但是这种表情无法与痛苦、厌恶等表情区分开来，到了4个月，婴儿逐渐产生稳定的生气面部表情。路易斯等（Lewis et al.，1992）的研究甚至发现，2个月大的婴儿在目标受阻情境中已经表现出生气。然而，班尼特等（Bennett et al.，2002）没有发现4个月大婴儿在手臂受束缚、陌生人等不同情境中产生生气、害怕等不同的面部表情，在12个月时婴儿才出现稳定的生气面部表情（Bennett et al.，2005）。

从个体差异角度看，一些研究仍然发现，婴儿时期的生气表达存在重要的个体差异。路易斯等对2个月和8个月的婴儿进行了间隔2个月的重复观察，发现婴儿在目标受阻情境中的生气和伤心表达具有稳定的个体差异（Lewis et al.，1992b）。也有研究发现，婴儿在4个月和12个月大时在手臂受束缚情境中的反应也具有较强的稳定性（Bennett et al.，2005）。同样，另一项研究（Moscardino，Axia，2006）表明，在手臂受束缚情境中，婴儿在2个月和6个月大时的反应具有一定的稳定性，但是该研究只涉及婴儿的声音表达和动作反应，没有考察其生气的面部表情。相比其他情绪线索，福克斯和卡尔金斯（Fox，Calkins，2000）的研究指出，面部表情是区分不同情绪的可靠指标。

此外，不管是否关注面部表情，班尼特等（Bennett et al.，2005）、路易斯等（Lewis et al.，1992b）普遍认为，随着婴儿的成长，生气情绪逐渐增多。这主要是因为随着婴儿活动范围的扩大和活动性的增强，他们对目标的需求也越来越明确，当这些目标无法实现时，他们就会因受到挫折而表现出生气。

第八节　害怕情绪

一、害怕情绪的定义

从行为方面看，害怕是指在大多数情况下，用逃避性行为呈现机体的一种内心状况，而这种逃避性行为可表现在言语、面部表情、心电图变化上。害怕这一术语可解释为机体对特殊刺激的逃避性应答。人们认为害怕是合乎理性的，是对危险情境或事物的低水平应答。

害怕是种系进化而来的原始情绪之一。发展心理学家古洛内（Gullone et al.，2000）认为，害怕是对来自想象和现实中的威胁的正常反应，也是个体适应能力的主要表现之一，以及个体成长发展所需的组成部分。从个体的生存角度来看，害怕具有非常重要的价值，它能帮助个体尽快调动身体的各种力量来避免危险刺激。对于人类社会而言，个体的情绪多数情况下是发生在一定的社会交往中，发生在社会交往中的害怕往往是由社会负性事件引起的，当个体用社会的规则来评价负性事件时，往往就会产生消极情绪，但当个体无法自觉地运用这些社会规则，而需借助他人来评价负性事件时，往往产生的就是社会性害怕情绪。

二、害怕情绪的功能

在幼儿的成长过程中，害怕情绪扮演着十分重要的角色。刚出生几天的婴儿以其和谐的适应方式对害怕进行应答，例如，婴儿听到响声、失去照顾而出现的退缩或防御性姿势、拥抱和退缩行为。1岁后的幼儿见到陌生人会害怕、存在分离焦虑，意味着这一阶段的幼儿懂得了维持人际关系，表现出对父母的依恋以及保持与他人交往的范围。其实，害怕表现的逃避性行为对生物体的发展和生存是极其重要的。在实际生活中，父母要求幼儿具备"健康的"害怕，如过铁路、面对拿着糖的陌生人、在结冰的湖面上走等，如果在上述情境中幼儿没有出现对现实的害怕，则肯定会出现适应不良的行为。此外，害怕有助于幼儿成功地处理问题，环境压力锻炼了幼儿处理问题的技能，害怕可以被看作修正幼儿处理问题的一个受应力。路易斯（Lewis, 1997）认为，害怕是幼儿一种独特的自我感觉，特别是在早期情感发展中，害怕情绪不但能促使幼儿表达情感，还能促使其进一步获得情感体验。

三、害怕情绪的相关研究

（一）年龄与害怕

在评价幼儿的害怕情绪时，年龄是一个重要参数。现今的研究中，年龄和害怕之间的关系呈分散状态。从广义上说，我们从研究中得知正常幼儿的害怕情绪随年龄的增长而减少，但是这种减少并非呈简单的直线下降。一些研究表明，儿童的害怕情绪随年龄的增长减少后，约在9岁又有增加。还有一些研究肯定了害怕情绪随年龄的增长而减少，至儿童时代中期不会再增加。害怕情绪在以后的发育阶段直至青春期后，发生率都比较稳定，而在老年时期却有所增加。在发育过程中，害怕情绪具有不同的趋向性。婴幼儿的害怕情绪发生在现实情境中，他们感知运动的不足限制了害怕的范围，较大的幼儿和学龄幼儿对虫子、吸尘器、面罩和改变个人环境的事物感到害怕，尤其是当儿童入学后，由于想象和认知的发展，害怕范围扩大，甚至包括超自然的事件，总之，从儿童时代至青春期，引发害怕情绪的事件更趋向社会性事件及与身体有关的事件。

（二）性别与害怕

很多研究认为，幼儿的害怕与性别有关，因此性别在恐惧症诊断中相当重要，但也有研究提示女孩报告的害怕多于男孩，这不一定意味着女孩的害怕情绪确实多于男孩，观察研究表明害怕情绪无明显的性别差异。女孩害怕的强度比男孩高，因此引起害怕的刺激对象也有性别差异。也有研究者认为，个体害怕的内容存在性别差异，男孩害怕的范围比女孩大一些（金星明，1992）。值得注意的是，对于女孩报告的害怕情绪多于男孩这一点，有三种可能：一是女孩确实容易产生害怕情绪，因此在诊断和治疗恐惧症女孩时，治疗师往往带有这一偏见；二是男孩不太愿意承认自己的害怕情绪，认为这是耻辱；三是父母、教师和他人也不愿意给男孩打上害怕的标记。

（三）环境和情境的变化与害怕

对待幼儿害怕，是否进行训练等，要根据幼儿所处的社会环境而定，这对于治疗者来说极为重要。此外，社会经济状况、父母文化水平也是很重要的背景因素。有研究表明，社会经济状况较差的幼儿似乎比社会经济状况较好的幼儿有更多的害怕情绪。然而，研究者在研究社会经济状况和害怕之间的关系时发现，两者可能不存在因果关系，这是因为众多的背景因素是相互关联的。现有的报道表明，由于生活环境与社会经济状况的相互关系，似乎城市幼儿比非城市幼儿的害怕及与害怕有关的问题出现得更多一些，因此上述研究结论还有待后续研究进一步考证。不过对于治疗者来说，如遇到较严重的害怕或与害怕有关的疾患，了解儿童的社会经济状况是有帮助的，但可能仅在城市的环境中需要如此。许多与当今时代有关的变量对害怕也有明显的影响。一个常看恐怖电影、经历灾难或遭受意外的幼儿会表现出更多的害怕情绪。同时，发育变化也对害怕有重要的影响，女孩月经初潮前后的焦虑可解释青少年中害怕情绪发生的显著性别差异。

3~6 岁幼儿快乐、悲伤情绪发展特征

第一节　研　究　方　法

一、研究对象

通过家长的作答了解幼儿快乐、悲伤情绪的发展特征，以及快乐、悲伤情绪的事件及行为特征。以内蒙古某幼儿园的 266 名幼儿作为研究对象，由家长填写幼儿情绪问卷。共发放问卷 266 份，回收问卷 234 份，回收率为 87.97%，其中报告快乐情绪的有效问卷有 210 份，报告悲伤情绪的有效问卷有 182 份（表 3-1）。

表 3-1　快乐、悲伤情绪研究的被试基本信息　　　　单位：人

类别	类别	小班	中班	大班	合计
快乐	总数	72	80	58	210
	男生	30	48	30	108
	女生	42	32	28	102
悲伤	总数	56	74	52	182
	男生	22	44	30	96
	女生	34	30	22	86

二、研究工具

本次研究采用幼儿情绪问卷（根据瑞士心理学家谢勒尔的问卷自编的半开放式问卷）家长版，由家长对幼儿经历的情绪事件再次回忆，然后进行相关内容的

分析，这是情绪研究中的经典研究方法之一。由3～6岁幼儿家长对幼儿的快乐、悲伤情绪进行报告，即采用他人报告法。家长作答问卷，回忆幼儿半年内曾经体验过的快乐、悲伤情绪事件。具体题目如下：请详细写出幼儿在多大的时候，具体什么时间、地点发生了什么事，快乐（悲伤）情绪发生时有哪些相关的人或物，并详细记录和描述幼儿在情绪发生时的动作、言语、表情等，即详细描述该情绪事件的起因、经过和结果等。另外，问卷还包括封闭式题目，用以了解幼儿情绪的产生与道德的关联程度，题目为"您认为幼儿体验到快乐（悲伤）事件与道德相关的程度有多大？"采用5点评分，从"不相关"到"完全相关"依次计0～4分。

三、研究程序

向幼儿家长发放问卷，对文本内容进行汇总，主要采用内容分析法对记录的幼儿情绪事件进行分析和编码。根据研究目标，依据事件的情绪类型、言语特征和非言语特征制定内容分析编码手册，培训编码实验员，对事件进行详细分析。对收回的问卷进行编码和分析，以文字符号的信息含义作为分析单元，删除没有填写和无关论述的单元。按照出现频率确定幼儿快乐、悲伤情绪发生的言语、动作、表情指标，对情绪事件类型进行举例；对3～6岁不同年龄阶段的幼儿快乐、悲伤情绪的事件类型和具体特征进行对比。采用SPSS 19.0进行数据统计分析，主要采用其中的卡方检验进行统计分析。

第二节　3～6岁幼儿快乐、悲伤情绪
事件类型及差异

一、3～6岁幼儿快乐、悲伤情绪的事件类型分析

将有效问卷中关于幼儿快乐、悲伤情绪事件的回答内容转化成电子文本，删去没有填写和与快乐情绪无关的事件。部分家长描述了多个不同的情绪事件，对其独立进行编码，最终得到快乐情绪事件225件，悲伤情绪事件182件。

（一）幼儿快乐情绪的事件类型编码

由于要求被试回答的问题中有几个是开放式的，在进行分析之前，我们先对这些回答进行编码。根据所要研究的内容和目的确定内容分析编码手册，用Excel

设置编码程序，培训编码员，进行预备编码和正式编码。编码的程序如下：①请两名不熟悉本实验研究目的和研究程序的心理学专业的学生对被试的回答进行事件类型的分类，通过他们的讨论区分不同的类别，并列出不同类别的标准；②根据这些分类标准对被试的回答进行编码，经过预备编码训练后，两人编码的一致性要达到80%～85%，才可以进行正式编码。为了检验内容分析方法中量化结果的有效性，对结果进行信度分析。本次研究采用内容分析信度公式 $R=n×K/[1+(n-1)×K]$ 进行计算。其中，R 为信度，n 为评判员人数，K 为平均相互同意度，即一致性系数，$K=2M/(N_1+N_2)$，其中，M 为两个评判员完全同意的栏目，N_1 为第一评判员所分析的栏目数，N_2 为第二评判员所分析的栏目数。以下相应的情绪内容分析方法与本次情绪分析过程相同。

经过内容分析，幼儿快乐情绪事件类型如表 3-2 所示。

表 3-2　幼儿快乐情绪事件类型的内容分析

事件类型	小班（n=81）		中班（n=84）		大班（n=60）		χ^2	p	事后比较
	n	占比/%	n	占比/%	n	占比/%			
能力型	10	12.35	11	13.10	14	23.33	0.74	0.690	NS
兴趣型	37	45.68	36	42.86	25	41.67	2.71	0.257	NS
满足型	19	23.46	22	26.19	6	10.00	9.23*	0.010	中>小=大
关系型	15	18.52	15	17.86	15	25.00	0.00	1	NS

注：***p<0.001，**p<0.01，*p<0.05；NS（no significance）表示差异不显著；因四舍五入，个别数据之和不等于100。下同

幼儿快乐情绪事件类型具体内容如表 3-3 所示。

表 3-3　幼儿快乐情绪事件类型分析

事件类型	定义	事件
能力型	希望从事有意义的，在活动中能取得完满的优异成绩，或者顺利实现某种活动的事件	去游乐场时，我们每次去都会做黏土画，小红完成作品时，会举起作品，大声说："太好了，作品完成了。"
兴趣型	出去游玩，能做自己喜欢的事情	过年的时候，爸爸妈妈带乐乐去游乐园，乐乐非常开心
满足型	自己的需求得到满足，得到了自己喜欢的东西	爸爸出差回来，给小蓝买了他最喜欢的恐龙玩具。他高兴得手舞足蹈，开心地跑到爸爸身边，说："谢谢爸爸奖励我，我太喜欢我爸爸了。"
关系型	人与人在交往中建立的直接的心理上的联系	有小朋友和小橙一起玩时，小橙会很高兴

根据数据分析结果，满足型事件在各班中存在显著差异（χ^2=9.23，p=0.01<0.05），且中班的满足型事件显著多于小班和大班。关系型事件在各班的数量一样，不存

在显著差异。在幼儿的事件中，兴趣型事件占了大部分。3～6 岁幼儿的主导活动是游戏，所以游戏类事件能使幼儿产生快乐情绪。随着年龄的增长，幼儿的主要活动逐渐从游戏转为学习，所以兴趣型事件发生的次数逐渐减少，能力型事件发生的次数逐渐增多。

（二）幼儿悲伤情绪的事件类型编码

幼儿悲伤情绪的事件类型如表 3-4 所示。

表 3-4　幼儿悲伤情绪事件类型的内容分析

事件类型	小班（n=58）		中班（n=80）		大班（n=52）		χ^2	p	事后比较
	n	占比/%	n	占比/%	n	占比/%			
失去型	15	25.86	27	33.75	19	36.54	2.98	0.225	NS
分离型	19	32.76	13	16.25	11	21.15	3.00	0.223	NS
能力型	3	5.17	9	11.25	6	11.54	1.63	0.444	NS
共情型	4	6.90	7	8.75	9	17.31	1.90	0.387	NS
满足型	12	20.69	13	16.25	0	0.00	0.04	0.841	NS
关系型	5	8.62	11	13.75	7	13.46	2.97	0.226	NS

悲伤情绪事件类型的具体内容如表 3-5 所示。

表 3-5　幼儿悲伤情绪事件类型分析

事件类型	定义	事件
失去型	人或者物的逝去、自己喜欢的东西被弄坏	在爸爸单位过完年回家发现，在游乐场带回来的小鱼死了，小小哭着说："我的小鱼。"
分离型	幼儿与某个人产生了某种情感联系后又与其分离	由于爸爸在外地工作的原因，所以小紫和爸爸分开后会特别伤心，会自己缩在被窝里大声哭
能力型	能力不足导致不愉快的结果	在 4 周岁 6 个月大时，自己想画一幅画，结果没有画好，哭了，很伤心
共情型	能设身处地体验他人的处境，从而感受到他人的情感	有一次，小月在玩耍时突然发现自己的熊宝宝身上坏了一个洞，就问爸爸妈妈这个洞是谁弄的，熊宝宝会不会疼，他表现得很不开心
满足型	自己的需求没有得到满足	购物时，自己喜欢的礼物，如衣服等因为某种原因未能得到
关系型	人与人在交往中建立的心理上的直接联系	在幼儿园，小朋友们相处时有摩擦

悲伤是由分离、丧失和失败引起的情绪反应，不管是小孩还是大人，对于每个人来说，生离死别、失落失败都贯穿整个生命历程，所以失去型事件、分离型事件在悲伤事件中占了大部分，而根据数据分析结果，小班、中班、大班之间不存在显著差异。在幼儿发生悲伤的事件中，分离型事件和失去型事件占了较大比例。此时的幼儿的关系型事件随着年龄的增长有所减少。随着年龄的增长，能力

型事件和共情型事件发生的次数逐渐增加；3～6岁幼儿的主要活动方式是游戏，也是以满足自己的欲望为前提，所以小班和中班幼儿对于不能满足自己需要的情况会感到悲伤。

二、3～6岁幼儿快乐、悲伤情绪事件类型讨论

人们之所以会对某些事情做出很强烈的情绪反应，有三点原因：①这件事对他有重要意义；②他现在的焦点在这件事上；③个人有很强烈的愿望并想从中有所成就。基于此，为了了解幼儿的情绪，可以从幼儿身上发生的事件来研究。

本次研究通过分析得出幼儿快乐情绪的事件类型有四个：能力型事件、兴趣型事件、满足型事件、关系型事件。快乐是个体的需求得到满足或实现自己的目标而出现的一种体验状态，是由需要、认知、情感等心理因素与外部诱因的交互作用形成的一种复杂心理状态，所以当幼儿的需求得到他人的回应时能感到快乐；快乐型事件又在一定程度上来源于兴趣的驱动，因为此时幼儿的主导活动是游戏，当幼儿做游戏或者参与自己喜欢的活动时会感到快乐。

幼儿悲伤情绪的事件类型有六个：失去型事件、分离型事件、能力型事件、共情型事件、满足型事件、关系型事件。幼儿快乐与悲伤的事件类型存在一定的相似之处，二者的共同事件类型有能力型、满足型和关系型，但是这些事件类型在两种情绪上具有相反的意义，例如，对于满足型事件来说，当幼儿的需求得到满足时会产生快乐情绪，若没有满足幼儿的需求，则会使其产生悲伤情绪。

第三节　3～6岁幼儿产生快乐、悲伤情绪的外在行为特征及差异

一、3～6岁幼儿产生快乐、悲伤情绪的外在行为特征分析

（一）3～6岁幼儿产生快乐情绪的外在行为特征及年龄段差异分析

根据整理的快乐情绪有效事件，以及父母填写的幼儿情绪的外在表现，笔者对幼儿的外在表现进行了筛选和提取，结果如表3-6所示。

表 3-6　幼儿快乐情绪的外在表现

类别	外在表现
动作	向上举起双手、抬头看向对方、手舞足蹈、又蹦又跳、拍手、鼓掌、拥抱他人、跑、亲吻他人、吃手、不休息
言语	太好了、真棒、谢谢，大喊大叫，模仿别的声音、评论活动、说自己很高兴、唱歌、说爸爸妈妈真是太好了
表情	大笑、微笑、脸红、做鬼脸

在言语表现中，中班幼儿的表扬类反应显著多于小班和大班幼儿，三个班级之间存在显著差异（χ^2=10.69，p=0.005<0.01）。在表情表现中，中班幼儿做鬼脸的反应显著多于小班和大班幼儿，三个班级之间存在显著差异（χ^2=6.65，p=0.036<0.05），如表 3-7 所示。

表 3-7　幼儿快乐情绪的外在表现比较

类别	外在表现	小班（n=171）		中班（n=201）		大班（n=142）		χ^2	p	事后比较
		n	占比/%	n	占比/%	n	占比/%			
动作	向上举起双手	8	4.68	10	4.98	8	5.63	0.31	0.857	NS
	抬头看对方	5	2.92	4	2.00	4	2.82	0.50	0.779	NS
	手舞足蹈	17	9.94	18	8.96	15	10.56	0.28	0.869	NS
	小动作	4	2.34	6	2.99	5	3.52	0.40	0.819	NS
言语	表扬	46	26.90	52	25.87	24	16.90	10.69**	0.005	中>大>小
	大喊大叫	17	9.94	16	7.97	14	9.86	0.30	0.862	NS
	说别的话	12	7.02	13	6.47	14	9.86	0.15	0.926	NS
表情	笑	51	29.82	62	30.85	47	33.10	2.26	0.323	NS
	脸红	3	1.75	3	1.49	3	2.11	0.00	1.000	NS
	做鬼脸	8	4.68	17	8.46	8	5.63	6.65*	0.036	中>大>小

注：手舞足蹈还包括又蹦又跳、拍手，小动作包括抱、跑、吃手，表扬包括说“太好了”“真棒”“谢谢”

（二）3～6 岁幼儿产生悲伤情绪的外在行为特征及年龄段差异分析

根据前面研究整理的悲伤情绪有效事件以及父母填写的幼儿情绪外在表现，我们对幼儿的外在表现进行了筛选和提取，详细结果见表 3-8。

表 3-8　幼儿悲伤情绪的外在表现

类别	外在指标
动作	低头、看对方、摸对方的脸、噘嘴、吃手、跺脚、拉手
言语	闷闷不乐、生气、大喊大叫、说心疼他人的话、哀求、自我安慰、自言自语
表情	流泪、做鬼脸

通过对表 3-8 进行整理，得到表 3-9。在动作表现中，小班幼儿的低头和小动

作频次显著高于中班、大班幼儿。在言语表现中，中班幼儿的闷闷不乐反应频次显著高于小班和大班幼儿。

表 3-9　幼儿悲伤情绪的外在表现比较

类别	外在表现	小班（n=158）		中班（n=136）		大班（n=96）		χ^2	p	事后比较
		n	占比/%	n	占比/%	n	占比/%			
动作	低头	61	38.61	27	19.85	20	20.83	26.72***	0.000	小>中=大
	看对方	7	4.43	6	4.41	3	3.13	1.63	0.444	NS
	小动作	10	6.33	3	2.21	2	2.08	3.70*	0.022	小>中=大
言语	闷闷不乐	9	5.70	19	13.97	9	9.38	6.20	0.046	中>小=大
	大喊大叫	9	5.70	8	5.88	4	4.17	2.00	0.368	NS
	说别的话	13	8.23	10	7.35	20	20.83	3.67	0.159	NS
表情	流泪	49	31.01	61	44.85	37	38.54	5.88	0.053	NS
	做鬼脸	0	0	2	1.47	1	1.04			

注：小动作包括摸对方的脸、噘嘴、吃手、跺脚；闷闷不乐同时包含生闷气

二、3～6 岁幼儿产生快乐、悲伤情绪外在行为特征讨论

非语言是人类在社会沟通中使用的重要手段之一，人从一出生开始就会通过面部表情和姿态表达自己的快乐和悲伤，以引起照顾者的反应，从而形成幼儿发展的轨迹。对情绪的研究需要结合来自不同方面的信息，如面部表情、身体姿势和声音语调。相比较而言，成年人更容易识别面部和身体的情绪，所以我们对家长描述的幼儿发生快乐与悲伤情绪的外在表现进行整合，最终得出快乐情绪的外在表现如下：①动作，如举手、抬头看对方、手舞足蹈（又蹦又跳、拍手）、小动作（抱、亲、跑、吃手）；②言语，如表扬、大喊大叫、说别的话；③动作，如笑、脸红、做鬼脸。悲伤情绪的外在表现如下：①动作，如低头、看对方、小动作（摸脸、噘嘴、赤手、跺脚）；②言语，如闷闷不乐、大喊大叫、说别的话；③表情，如流泪、做鬼脸。通过研究，我们能够明显看出幼儿在表现快乐与悲伤情绪时的外在表现具有明显差异。

幼儿在表现快乐的时候会毫无保留地表达自己，比如，手舞足蹈、笑，也会更希望看着对方，让对方体会到自己的快乐。幼儿在快乐时通过做鬼脸表现自己的快乐心情。悲伤是一种消极情绪，所以个体在产生悲伤情绪时一定是处于消极的情绪状态。幼儿悲伤时会闷闷不乐，不再像平时那样活泼好动，而且悲伤的产生是与分离、丧失、做事失败等消极事件有关的，相对于快乐而言，会表现得更

低沉，所以幼儿在意识到自己犯了错误时，最明显的变化就是回避，他们会拒绝和对方进行眼神交流，低头向下看是最主要的表现，甚至会躲起来，一个人闷闷不乐。在表情方面，幼儿通过做鬼脸来掩盖自己的难堪处境，流泪是悲伤最明显的外在表现，就像笑是快乐最明显的外在表现一样。

快乐与悲伤作为基本情绪，几乎出现在幼儿社会性发展的各个方面，而解读幼儿的这两种情绪有利于促进幼儿情绪认知的发展。如果幼儿了解自己的情绪反应，就能够更容易地通过情绪表达自己的目标以及需要，在生活中遇到一些问题时，也会更容易找到解决问题的方法。情绪能力会随着幼儿年龄的增长出现明显的变化，幼儿初期的情绪发展能够预测以后的情绪能表现，所以我们应着重注意幼儿初期的情绪表现，这不仅有利于提升幼儿的情绪能力，而且有利于培养幼儿的人际关系，使幼儿较少出现攻击性行为。

第四节　3～6岁幼儿快乐、悲伤情绪诱发因素研究

一、快乐情绪诱发因素分析及讨论

笔者对筛选后的快乐情绪数据进行分析，总结出表 3-10 中的 6 种诱发快乐情绪的因素。

表 3-10　幼儿快乐情绪诱发因素的内容分析

影响因素	小班（n=81）		中班（n=84）		大班（n=60）		χ^2	p	多重比较
	n	占比/%	n	占比/%	n	占比/%			
有家人的陪伴	4	4.94	6	7.14	8	13.33	1.33	0.513	NS
做自己喜欢的事情	36	44.44	35	41.67	20	33.33	5.30	0.071	NS
需求得到满足	16	19.75	20	23.81	14	23.33	1.12	0.571	NS
产生共情	2	2.47	0	0	0	0			
做事成功	12	14.81	11	13.10	6	10.00	2.14	0.343	NS
良好的人际关系	11	13.58	12	14.29	12	20.00	0.06	0.972	NS

快乐情绪的 6 种诱发因素如下：①有家人的陪伴，幼儿不管做什么事都会很开心。例如，幼儿最开心的就是在开学前一天妈妈可以一整天陪着她/他。②做自己喜欢的事。不仅是幼儿，每个人对于能够做自己喜欢的事都会产生快乐感，例如，玩游戏。③需求得到满足。不管是对内在的需求还是外在的需求，幼儿都能很好地表达，若成人能满足幼儿的需求，则能使其产生满足感。例如，幼儿看到

喜欢的玩具想买，父母同意了。④产生共情。因为他人快乐而自发地产生快乐情绪。⑤做事成功。幼儿有成就需要，他们都希望能独立完成一件事，在某方面有所成就，得到他人的肯定。幼儿此时获得的快乐一部分源自活动本身，而另一部分来自他人的肯定。例如，表现得很好受到了老师的表扬。⑥良好的人际关系。这个年龄阶段是幼儿建立友谊的阶段，同伴能够满足幼儿归属和爱的需要以及尊重的需要，同时是幼儿情感支持的一个来源。

二、悲伤情绪诱发因素分析及讨论

根据整理的悲伤情绪有效事件，对幼儿悲伤事件进行分析和整理。在"人或物的逝去"因素中，中班幼儿的悲伤事件数目显著多于小班和大班幼儿（χ^2=6.25，p=0.044）。中班幼儿处于发展抽象思维的第二阶段，开始对"逝去"有了一定的理解，特别是对有感情的东西突然地失去感到悲伤，如表 3-11 所示。

表 3-11　幼儿悲伤情绪诱发因素的内容分析

影响因素	小班（n=58）		中班（n=80）		大班（n=52）		χ^2	p	事后比较
	n	占比/%	n	占比/%	n	占比/%			
人或物的逝去	12	20.69	27	33.75	17	32.69	6.25*	0.044	中班>小班、大班
不能得到满足	12	20.69	16	20.00	0	0			
与他人分离	22	37.93	15	18.75	11	21.15	3.86	0.144	NS
产生共情	4	6.90	7	8.75	9	17.31	1.90	0.387	NS
做事失败	4	6.90	6	7.50	5	9.62	2.70	0.260	NS
不良人际关系	4	6.90	9	11.25	10	19.23	0.40	0.819	NS

悲伤情绪的诱发因素有 6 种：①人或物的逝去。他人或者动物的逝去，自己喜欢的玩具、东西破损、丢失都会导致幼儿的悲伤情绪。②不能得到满足。幼儿相对成人更愿意表达自己的需求，若成人不能满足幼儿的需求，则会使幼儿产生失落感，如幼儿看到喜欢的玩具想买父母却不同意时。③与他人分离。随着依恋的进一步发展，幼儿逐渐出现分离性焦虑，即在与某个人产生较为亲密的情感联结后要与其分离，就会很悲伤，例如，与父母的分离。④产生共情。为他人的身体健康担忧，能体会到他人的痛苦，例如，担心亲人的身体状况。⑤做事失败。幼儿觉得自己做错了事会感到悲伤。⑥不良人际关系。幼儿会因为害怕没有同伴而感到困扰，如害怕没有小朋友跟自己玩。

第五节 3～6岁幼儿快乐、悲伤情绪与道德的关系

一、3～6岁幼儿快乐、悲伤情绪与道德的关联程度

（一）快乐情绪与道德的关联程度

对幼儿快乐、悲伤情绪与道德的关联程度进行 5 点评分，0 代表"没有相关"，1 代表"有一点相关"，2 代表"有些相关"，3 代表"很大相关"，4 代表"非常相关"。

对 3～6 岁幼儿的快乐情绪与道德的关联程度进行方差分析，结果如表 3-12 所示。

表 3-12　3～6 岁幼儿快乐情绪与道德关联程度的差异分析

班级	n	$M\pm SD$	F	p
小班	73	1.82±1.33		
中班	76	1.36±1.19	2.71	0.07
大班	54	1.72±1.34		

（二）悲伤情绪与道德的关联程度

对开放式问卷进行整理与归类，对 3～6 岁幼儿的悲伤情绪与道德的关联程度进行方差分析，结果如表 3-13 所示。

表 3-13　3～6 岁幼儿悲伤情绪与道德关联程度的差异分析

班级	n	$M\pm SD$	F	p
小班	56	1.63±1.26		
中班	70	1.44±1.30	0.64	0.53
大班	51	1.69±1.14		

二、3～6岁幼儿快乐、悲伤情绪与道德关联程度的讨论

研究发现，3～6 岁幼儿产生快乐情绪的事件与道德存在一定的相关关系，并且三个班级中幼儿的快乐情绪与道德的关联程度存在差异。小班、大班幼儿体验到的快乐情绪，有些是由与道德相关的事件引起的，并且介于很大相关和非常相

关之间；中班幼儿体验到的快乐情绪与道德的关联程度相对较低。通过对幼儿悲伤情绪与道德的关联程度进行研究，三个班级之间的差异不大，其相关程度介于有些相关和很大相关之间，且三个班级不存在显著差异，这有可能是因为在悲伤情绪下，幼儿的认知加工方面更加系统化，对事件的道德判断程度相对较高。

根据皮亚杰（Piaget，1953）的发展阶段理论，前运算阶段是幼儿认知能力迅速发展的时期，随着年龄的增长，幼儿较少犯道德性错误。幼儿期是幼儿成长的重要阶段，幼儿从他律道德阶段的自我中心阶段向权威阶段过渡，能够判断是非，对正确与错误、好与坏判断的基础是行为产生的具体后果。根据角色采择的观点，3～6岁的幼儿处于自我中心观点采择阶段，在5岁时出现转折点，在道德条件显著的情况下会逐渐采用道德立场。

第四章

3～6岁幼儿羞耻情绪发展特征

第一节 研究方法

一、研究对象

我们通过家长的作答了解幼儿羞耻情绪的发展特征。本次研究以内蒙古赤峰市某幼儿园的 234 名幼儿作为研究对象，由家长填写幼儿情绪问卷，共发放 234 份，回收有效问卷 132 份，有效率为 56.41%。被试的基本情况如表 4-1 所示。

表 4-1 羞耻情绪研究的被试基本信息

被试信息	有效人数/人	平均年龄/岁	男生/人	女生/人
小班	41	3.9	19	22
中班	55	4.8	35	20
大班	36	5.8	25	11
总体	132	4.8	79	53

二、研究工具

本次研究根据谢勒尔的问卷自编半开放式问卷。本研究采用的问卷为幼儿情绪问卷家长版。由 3～6 岁幼儿家长对幼儿的羞耻情绪进行报告，即他人报告法。让家长回忆幼儿半年内曾经体验过的羞耻情绪事件，具体题目如下：详细写出幼儿在多大的时候，具体什么时间、地点发生了什么事，羞耻情绪发生时有哪些相关的人或物，并详细记录和描述幼儿在情绪发生时的动作、言语、表情等，即详细描述该羞耻情绪事件的起因、经过和结果。另外，问卷还包括封闭式题目，用以了解幼儿羞耻情绪的产生与道德的关联程度，题目如下："您认为幼儿体验到羞耻情绪事件与道德相关的程度有多大？"采用5点评分，从"不相关"到"完全相关"依次计0～4分。

三、研究程序

本次研究通过向幼儿家长发放问卷，对文本内容进行汇总，主要采用内容分析法进行问卷分析，对记录的幼儿情绪事件进行分析和编码。根据研究目标，依据事件的情绪类型、言语特征和非言语特征制定内容分析编码手册，培训编码实验员，对事件进行详细分析。对收集到的问卷进行编码和分析，以文字符号所含的信息作为分析单元，删去"没有填写"和"无关论述"的单元。按照出现频率确定幼儿羞耻情绪发生的言语、动作、表情指标，对情绪事件类型进行举例。然后，对3～6岁不同年龄阶段幼儿的羞耻情绪事件类型和具体特征进行比较。采用SPSS 19.0进行数据分析，主要采用卡方检验进行统计分析。

第二节　3～6岁幼儿羞耻情绪事件类型及差异

一、3～6岁幼儿羞耻情绪事件类型分析

本次研究发放234份问卷，回收145份，其中有效问卷为132份，有效率为91.03%。问卷无效的原因为家长所描述的幼儿情绪不属于羞耻情绪或描述不清。

（一）3～6岁幼儿羞耻情绪的事件类型编码

根据前人对羞耻情绪进行的类型取向划分，结合本次研究对幼儿羞耻情绪事件的分析，笔者将羞耻情绪事件分为4类：①生理型事件，即由幼儿本身生理问题引起的羞耻感，例如，尿床、拉便便等；②他人评价型事件，即由他人的消极评价引起的羞耻感；③自我意识型事件，即幼儿意识到自己的某种行为是错误的或者是羞耻的；④能力型事件，即因幼儿能力问题引起的羞耻感，例如，认错字等（表4-2）。

表4-2　3～6岁幼儿羞耻情绪事件类型举例

事件类型	定义	事件
生理型	由幼儿本身生理问题引起的羞耻感	在玩得过于兴奋时，把裤子都尿湿了，感到很不好意思

续表

事件类型	定义	事件
他人评价型	由他人的消极评价引起的羞耻感	宝宝说脏话被大人批评
自我意识型	幼儿意识到自己的某种行为是错误的或者是羞耻的	晚上睡觉前，幼儿洗完澡，穿着浴巾出来看见了爸爸，害羞地说："爸爸不许看。"
能力型	因幼儿能力问题引起的羞耻感	幼儿回家认字，说错了，很不好意思，在妈妈身后躲起来，不敢看爸爸

（二）3～6岁幼儿羞耻情绪事件类型特征

1. 3～4岁小班幼儿羞耻情绪事件类型特征

对小班幼儿的41件羞耻情绪事件进行分析和归类，结果如表4-3所示。经过两名研究者的独立分类及整合，确定小班幼儿的羞耻情绪事件类型共有三种：生理型事件、他人评价型事件和自我意识型事件。可以看出，在小班幼儿这一群体中，幼儿因自身的生理问题而产生羞耻感的情况多于因他人评价和自我意识而产生的羞耻感。3～4岁幼儿的羞耻感主要来自尿床等生理型事件。

表 4-3　小班幼儿羞耻情绪事件类型分析

事件类型分类	n	占比/%	评分者一致性	评分者信度
生理型	20	48.78		
他人评价型	7	17.07	0.75	0.86
自我意识型	14	34.15		

2. 4～5岁中班幼儿羞耻情绪事件类型特征

对中班幼儿的58件羞耻情绪事件进行分析和归类，共有4类：生理型事件、他人评价型事件、自我意识型事件和能力型事件（表4-4）。在归类过程中，有两名研究者分别对内容事件进行了归类，评分者信度达到了0.94。相对于小班幼儿而言，中班幼儿中存在由能力型事件引发的羞耻体验，但这种情况较少，主要还是集中在由生理型事件和自我意识型事件引发的羞耻体验。

表 4-4　中班幼儿羞耻情绪事件类型分析

事件类型	n	占比/%	评分者一致性	评分者信度
生理型	18	31.03		
他人评价型	15	25.86	0.89	0.94
自我意识型	22	37.93		
能力型	3	5.17		

3. 5～6 岁大班幼儿羞耻情绪事件类型特征

对大班幼儿的 37 件羞耻情绪事件进行分析和归类，结果如表 4-5 所示。可以看出，5～6 岁幼儿大部分逐步摆脱了尿床等生理事件的羞耻感。此时的幼儿也出现了因自身能力不足而产生羞耻感的现象。此阶段，幼儿自己意识到的羞耻感和经他人批评与消极评价产生的羞耻感为羞耻感的主要来源。

表 4-5 大班幼儿羞耻情绪事件类型分析

事件类型	n	占比/%	评分者一致性	评分者信度
生理型	5	13.51		
他人评价型	13	35.14		
自我意识型	18	48.65	0.75	0.86
能力型	1	2.70		

（三）3～6 岁幼儿羞耻情绪事件类型年龄段差异对比

综合以上研究结果发现，小班幼儿大多数由于生理问题而产生羞耻感，其占羞耻事件总数的 48.78%，高于其他类型事件。笔者在中班和大班幼儿的羞耻情绪调查中发现，大部分幼儿是由于自我意识而产生羞耻感。这进一步表明，随着幼儿年龄的增长，其自我意识发展水平在不断地提高，对幼儿感知外部事物的情绪状态的影响更大，如表 4-6 所示。

表 4-6 3～6 岁幼儿羞耻情绪事件类型分析

事件类型	小班	中班	大班	χ^2	p	事后比较
生理型	20（48.78）	18（31.03）	5（13.51）	9.26	0.01	小>中>大
他人评价型	7（17.07）	15（25.86）	13（35.14）	2.97	0.23	NS
自我意识型	14（34.15）	22（37.93）	18（48.65）	1.78	0.41	NS

注：括号内数据为占比，括号外数据为人数。下同

二、3～6 岁幼儿羞耻情绪事件类型讨论

本次研究通过家长填写问卷的方式来收集 3～6 岁幼儿的羞耻情绪内容，对其进行统计与分析，着重探讨引发 3～6 岁幼儿羞耻情绪的事件类型及其发生羞耻情绪时的外在表现。结果发现，3～6 岁幼儿产生羞耻情绪的事件可以分为 4 种类型，即生理型事件、他人评价型事件、自我意识型事件和能力型事件等，但引起小班、中班和大班幼儿羞耻情绪的事件类型侧重有所不同。具体而言，小班幼儿的羞耻情绪多是由自身生理型问题引起的，比如，尿床了，不小心把便便拉到裤子上了；

中班和大班幼儿产生羞耻情绪的情境则多是他人评价型事件（比如，因在公共场所发出怪声而被家长批评）和自我意识型事件（比如，不想穿坏掉的裤子，觉得会被同学笑话）引起的。这可能是由于小班、中班和大班幼儿在身体、脑和神经系统方面以及自我意识情绪发展的方面存在差异。新生儿脑和神经系统发展较快，到幼儿期的末期已接近成人水平。脑和神经系统的发展为幼儿心理的发展提供了物质基础。在身体机能、脑和神经系统发展方面，小班幼儿弱于中班和大班幼儿，对自身的控制力较弱，故引起其羞耻情绪的多为生理型事件。随着年龄的增长，中班和大班幼儿的自我意识发展水平开始高于小班时，也更在乎他人的评价，所以引起其羞耻情绪的多为他人评价型事件和自我意识型事件。因此，在应对不同年龄阶段的幼儿所产生的羞耻情绪时，应针对当时的具体事件来分析，尽可能地保护幼儿的心理。

第三节　3～6岁幼儿羞耻情绪外在行为特征及差异

一、3～6岁幼儿羞耻情绪外在行为特征分析

（一）3～4岁小班幼儿羞耻情绪外在行为特征

小班幼儿的羞耻情绪事件的外在行为特征分析结果如表4-7所示。

表4-7　小班幼儿羞耻情绪外在行为特征分析

类别	具体表现	n	占比/%
动作	低下头	32	26.89
	吃手	5	4.20
	搓手或衣服	5	4.20
	抬起头看对方	3	2.52
	捂脸	2	1.68
言语	承认错误	13	10.92
	低声说话反驳	12	10.08
	不说话	7	5.88
表情	脸红	24	20.17
	做鬼脸	10	8.40
	流泪	6	5.04

由表4-7可知，在出现羞耻情绪时，小班幼儿的动作以低下头为主，言语以承

认错误和低声说话反驳为主，表情以脸红为主。在动作方面，相较于中班和大班幼儿，小班幼儿的表现很丰富，其中吃手、搓手或衣服是中班、大班幼儿的研究数据中没有的。这可能是由于小班幼儿在言语发展方面低于中班、大班幼儿，所以在外在表现方面以动作为主。

（二）4～5岁中班幼儿羞耻情绪外在行为特征

对中班幼儿的羞耻情绪事件的外在行为特征进行分析和总结，结果如表4-8所示。

表 4-8　中班幼儿羞耻情绪外在行为特征分析

类别	具体表现	n	占比/%
动作	低下头	59	25.99
	抬起头看对方	17	7.49
	捂脸	12	5.29
言语	高声辩驳	20	8.81
	承认错误	16	7.04
	不说话	7	3.08
	转移注意	6	2.64
表情	脸红	49	21.59
	流泪	31	13.66
	做鬼脸	10	4.41

由表4-8可知，在出现羞耻情绪时，中班幼儿的动作以低下头为主，言语以高声辩驳和承认错误为主，表情以脸红为主。在言语方面，中班幼儿出现高声辩驳和转移注意的表现，而小班幼儿的辩驳是低声辩驳。这可能是因为随着年龄的增长，中班幼儿的自我意识相较于小班幼儿而言更强，因此出现了高声辩驳的行为表现。

（三）5～6岁大班幼儿羞耻情绪外在行为特征

对大班幼儿的羞耻情绪的外在行为特征进行分析和总结，结果如表4-9所示。在出现羞耻情绪时，大班幼儿的动作以低下头为主，言语以高声辩驳为主，表情以脸红为主。大班幼儿出现躲避行为和微笑的行为，这是小班和中班幼儿研究数据中所没有的。这可能是因为在发生羞耻事件时，大班幼儿体验到的羞耻情绪比小班和中班幼儿更深刻，面临的来自自我的压力也更大。

表 4-9 大班幼儿羞耻情绪的外在行为特征分析

类别	具体表现	n	占比/%
动作	低下头	56	23.05
	躲避行为	22	9.05
	微笑	12	4.94
	抬起头看对方	12	4.94
言语	高声辩驳	20	8.23
	不说话	18	7.41
	承认错误	15	6.17
表情	脸红	47	19.34
	流泪	32	13.17
	做鬼脸	9	3.70

（四）3～6 岁幼儿羞耻情绪具体行为特征年龄段差异对比

综上所述，小班、中班和大班幼儿在出现羞耻情绪时的共性行为特征如下：低下头、捂脸、承认错误、说话反驳、不说话、脸红和流泪等。同时，小班、中班和大班幼儿的外在行为表现也有一些不同：小班幼儿在动作方面行为较丰富；中班幼儿和大班幼儿出现高声辩驳的行为；大班幼儿在动作方面出现躲避行为和微笑等表现。结果如表 4-10 所示。

表 4-10 3～6 岁幼儿羞耻情绪外在行为特征分析

具体行为特征	小班	中班	大班	χ^2	p	事后比较
低下头	32（29.36）	59（27.00）	56（24.24）	8.94	0.01	中>小
抬头看	3（2.75）	17（7.69）	12（5.19）	9.44	0.01	中>小
捂脸	2（1.83）	12（5.43）	22（9.52）	16.67	0.00	大>小
承认错误	13（11.93）	16（7.24）	15（6.49）	0.32	0.85	NS
说话反驳	12（11.01）	20（9.05）	20（8.66）	2.46	0.29	NS
不说话	7（6.42）	7（3.17）	18（7.79）	7.56	0.02	大>小
脸红	24（22.02）	49（22.17）	47（20.35）	9.65	0.01	中>小
做鬼脸	10（9.17）	10（4.52）	9（3.90）	0.07	0.97	NS
流泪	6（5.50）	31（14.03）	32（13.85）	18.87	0.00	大>小

对 3～6 岁幼儿羞耻情绪事件进行卡方检验，小班、中班、大班幼儿在多种行为上存在显著差异。进一步进行事后比较，发现中班幼儿低下头、抬头看和脸红这三种外在行为的发生频次要显著高于小班幼儿，大班幼儿捂脸、不说话、流泪这三种外在行为的发生频次要显著高于小班幼儿。

二、3～6岁幼儿羞耻情绪外在行为特征讨论

羞耻情绪是一种高级的道德情绪，也是一种自我意识情绪。"知耻而后勇"，羞耻情绪能够让幼儿进行自我行为检视。

在对3～6岁幼儿产生羞耻情绪时的外在表现进行归类时发现，3～6岁幼儿在产生羞耻情绪时的典型表现为低下头、捂脸、承认错误、说话反驳、不说话、脸红、做鬼脸、流泪等。然而，小班、中班和大班幼儿在外在表现行为上有一定差异，小班幼儿的动作较丰富，且在说话反驳时是低声反驳，而中班和大班幼儿出现较多的高声辩驳。这可能是因为小班幼儿的言语表达能力还不够成熟，故以较丰富的动作来体现自己的情绪，而中班和大班幼儿的言语能力发展相对于小班幼儿而言较完善，且自我意识水平较高，因此在产生羞耻情绪时，为了减少自身的愧疚感，从而出现高声辩驳的行为。从小班幼儿的动作为主转变为中班和大班幼儿的言语为主，这体现了个体的不断发展过程，即从不成熟到成熟、从低级到高级的发展规律。不同年龄段的幼儿在发生羞耻情绪时的具体表现会有差异，但也存在共性特征。

因此，教师和家长若能仔细观察幼儿的外在表现，而不是仅从自己的立场来考虑问题，便可以较为清楚地了解幼儿的情绪状态，明白幼儿的心理，从而用正确的方式来指导幼儿。

第四节　3～6岁幼儿羞耻情绪与道德的关系

一、3～6岁幼儿羞耻情绪与道德的关联程度

经过对开放式问卷的整理与归类，对小班、中班、大班幼儿的羞耻情绪与道德的关联程度进行分析，结果如表4-11所示。3～6岁幼儿羞耻情绪与道德的关联程度为有些相关。对小班、中班和大班幼儿羞耻情绪与道德关联程度的差异进行方差分析，未达到统计学上的显著性水平（$p=0.758>0.05$），即不同年龄段幼儿之间在羞耻情绪与道德关联程度上的差异不显著。

表4-11　3～6岁幼儿羞耻情绪与道德的关联程度的差异分析

班级	n	$M\pm SD$	F	p
小班	52	2.02±1.21		
中班	103	1.91±1.23	0.28	0.758
大班	103	1.86±1.23		

二、3～6 岁幼儿羞耻情绪与道德关联程度的讨论

研究发现，3～6 岁幼儿产生羞耻情绪的事件与道德存在一定相关。小班幼儿体验到的羞耻情绪有些是因为一些与道德相关的事件引起的，而中班和大班幼儿体验到的羞耻情绪较少是与道德事件有关的。这可能是因为中班和大班幼儿的自我意识和道德发展水平高于小班幼儿，随着年龄的增长，较少会犯一些道德性错误。幼儿期是幼儿成长的重要阶段，在这一阶段，由于身心各方面的发展与生活范围的扩大，幼儿的独立性增强，幼儿对周围的世界充满了好奇和探索的欲望，也初步产生了参加社会实践的愿望。在教育的影响下，幼儿的自我意识有了进一步发展。在自我评价方面，3 岁幼儿的自我评价能力还不明显，自我评价开始发生转折的年龄是 3.5～4 岁，5 岁幼儿绝大多数已能进行自我评价。随着年龄的增长，幼儿自我实践经验的不断积累，以及与同伴、成人的相互作用，幼儿的自我评价逐渐提高，变得较为独立、客观、多面和深入。为了避免自身和他人的消极评价，幼儿会规范自己的行为。因此，在对待幼儿的教育方面，不仅要重视对幼儿知识的教育，而且要重视对幼儿道德发展方面的教育，促进幼儿道德水平的提高，减少和规避其违反道德的行为的出现。

第五章

3～6岁幼儿自豪情绪发展特征

第一节 研 究 方 法

一、研究对象

本次研究通过家长的作答了解幼儿自豪情绪的发展特征。以内蒙古赤峰市某幼儿园的 266 名幼儿作为研究对象，由家长填写幼儿情绪问卷，共发放问卷 266 份，回收问卷 234 份，其中有效问卷 217 份。被试的基本信息如表 5-1 所示。

表 5-1　自豪情绪研究的被试基本信息

类别	小班	中班	大班	总体
有效人数/人	76	81	60	217
平均年龄/岁	3.85	4.91	5.83	4.64
男生人数/人	34	49	33	116
女生人数/人	42	32	27	101

本次研究共收集了 234 名被试的信息，其中在收集的问卷中，自豪信息有效人数为 217 人，无效人数为 17 人，有效率为 92.74%。其中对事件内容未作答或无关论述的问卷被视为无效问卷，某些问卷中涉及多个事件，每一个事件均被视为单独的事件计算在总数中。

二、研究工具

根据谢勒尔的问卷自编半开放式问卷，本次研究采用的问卷为幼儿情绪问卷家长版。由 3～6 岁幼儿家长报告幼儿的自豪情绪，即他人报告法。让家长作答问卷，回忆幼儿半年内曾经体验过的自豪情绪事件，具体题目如下：详细写出幼儿在多大的时候，具体什么时间、地点发生了什么事，自豪情绪发生时有哪些相关的人或物，并详细记录和描述幼儿在情绪发生时的动作、言语、表情等，也就是详细描述自豪情绪事件的起因、经过和结果等。另外，问卷还包括封闭式题目，用以了解幼儿自豪情绪的产生与道德的关联程度，题目如下："您认为幼儿体验到自豪情绪事件与道德相关的程度有多大？"采用5点评分，从"不相关"到"完全相关"，依次计0～4分。

三、研究程序

本次研究通过向幼儿家长发放问卷，将文本内容进行汇总，主要采用内容分析法进行问卷分析，对记录的幼儿情绪事件进行分析和编码。根据研究目标，依据事件的情绪类型、言语特征和非言语特征制定内容分析编码手册，培训编码实验员，对事件进行详细分析。对收集到的问卷进行编码和分析，以文字符号所含的信息作为分析单元，删除"没有填写"和"无关论述"的单元。按照出现频率确定幼儿自豪情绪发生的言语、动作、表情指标，对情绪事件类型进行举例。然后，对3～6岁不同年龄阶段的幼儿自豪情绪的事件类型和具体特征进行差异对比。采用SPSS 19.0进行数据分析，主要采用卡方检验进行统计分析。

第二节 3～6岁幼儿自豪情绪事件类型及差异

一、3～6岁幼儿自豪情绪事件类型编码

对幼儿家长报告的关于3～6岁幼儿自豪情绪事件的文本资料进行分析，得到对应自豪情绪事件217件。小班幼儿的有效事件为76件，中班幼儿的有效事件为81件，大班幼儿的有效事件为60件。

通过内容分析将问卷中所包含的自豪情绪事件分为7种类型，具体如表5-2所示。

表5-2 3～6岁幼儿自豪情绪事件类型概念表

事件类型	概念	事例
社会支持型	通常是指来自社会各方面包括父母、亲戚、朋友等给予个体的精神或物质上的帮助和支持的系统	马桶盖坏了，明明帮助爸爸修理，受到表扬，高兴得又蹦又跳

续表

事件类型	概念	事例
助人型	也叫利他行为事件,是指以任何形式实现的不指望报答的、有益于他人的行为	小明帮奶奶拾屋子,自豪地说:"看我把玩具都收起来了,我棒吧?"
宜人型	具有分享、谦让、信任、直率、利他、依从、谦虚、移情等特质	佳佳买了礼物,笑眯眯地对妈妈说:"妈妈,这是送给你的。"
成就型	人们希望从事对他有重要意义的、有一定困难的具有挑战性的活动,在活动中能取得优异成绩	小丽独立完成了两幅奥特曼拼图,兴奋地拉着爸爸一起看拼图
以家人或物品为傲型	认为拥有家人或喜欢的物品值得骄傲	琪琪穿上漂亮的衣服说:"看看,好看吧?"
能力型	基于现有的能力,做出相应的行为	安安从幼儿园回到家,自己洗袜子,洗得特别带劲,他觉得自己长大了,可以做一些力所能及的事
人际交往型	人与人在交往中建立的直接的心理上的联系	茜茜每天放学都会与门卫阿姨打招呼

二、3～6岁幼儿自豪情绪事件类型分析

(一)3～4岁小班幼儿自豪情绪事件类型分析

如表 5-1 所示,小班回收的问卷数为 80 份,有效问卷为 76 份,有效回收率为 95.00%。对自豪情绪事件进行归类分析,整理得到表 5-3,得出共 77 个事件,分为 6 类,人际交往型自豪情绪事件未见报告。通过计算得出评分者一致性为 0.61,评分者信度为 0.76。

表 5-3　小班幼儿自豪情绪事件类型分类

事件类型	n	占比/%	评分者一致性	评分者信度
社会支持型	26	33.77		
助人型	8	10.39		
宜人型	1	1.30		
成就型	29	37.66	0.61	0.76
以家人或物品为傲型	3	3.90		
能力型	10	12.99		

通过表 5-3 可知,小班中的社会支持型事件和成就型事件所占比例相对较高,宜人型事件和以家人或物品为傲型事件所占比例较低,说明对于小班阶段平均年龄为 3.85 岁的幼儿来说,自豪多来源于家长和老师对其的表扬以及自身的成功,一些相关的与他人分享以及客观的事物或家人对于他们来说很少能引起自豪。

（二）4～5岁中班幼儿自豪情绪事件类型分析

如表 5-4 所示，中班回收的问卷数为 86 份，有效问卷为 81 份，有效回收率为 94.19%，共得出 89 个事件，分为 6 类，评分者一致性为 0.67，评分者信度为 0.80。

表 5-4　中班幼儿自豪情绪事件类型分类

事件类型	n	占比/%	评分者一致性	评分者信度
社会支持型	22	24.72		
助人型	13	14.61		
宜人型	3	3.37	0.67	0.80
成就型	33	37.08		
以家人或物品为傲型	3	3.37		
能力型	15	16.85		

中班中社会支持型事件和成就型事件占比相对较高，但是与小班的数据相比比例较低，宜人型事件和以家人或物品为傲型事件占比较低，能力型事件所占比例与小班相比较高，说明对于平均年龄为 4.91 岁的中班幼儿来说，自豪多来源于家长和老师对其的表扬以及自身的成功，而且自身能力方面引发的自豪也越来越多，与他人分享以及客观的事物或家人很少能引起他们的自豪。

（三）5～6岁大班幼儿自豪情绪事件类型分析

如表 5-5 所示，大班回收的问卷数为 68 份，有效问卷为 60 份，有效回收率为 88.24%，通过内容分析得出共 65 个事件，分为 7 类，评分者一致性为 0.57，评分者信度为 0.73。经过信度分析，认可以主评判员评定结果作为内容分析的结果。

表 5-5　大班幼儿自豪情绪事件类型分类

事件类型	n	占比/%	评分者一致性	评分者信度
社会支持型	17	26.15		
助人型	7	10.77		
宜人型	4	6.15		
成就型	27	41.54	0.57	0.73
以家人或物品为傲型	1	1.54		
能力型	6	9.23		
人际交往型	3	4.62		

大班中的社会支持型事件和成就型事件所占比例同样较高，虽然此时幼儿已处在大班阶段，平均年龄约为 5.83 岁，但仍更多偏重关注自我，多会因自己身上发生的事件感到自豪，相较于中班、小班幼儿，大班幼儿多了因为与他人和谐相

处而自豪的事件，说明这个阶段的幼儿已经开始关注他人，符合其年龄阶段发展规律。

三、3～6岁幼儿自豪情绪事件类型的年龄段差异对比

3～6岁幼儿自豪情绪事件共有7种类型，分别为社会支持型、助人型、宜人型、成就型、能力型、以家人或物品为傲型、人际交往型。笔者分别给出了各类事件的操作定义：①社会支持型事件，指幼儿获得的与家人或老师给予的言语或物质上的鼓励有关的事件；②助人型事件，也叫利他行为事件，指幼儿通过劳动帮助别人的事件；③宜人型事件，指幼儿送给别人礼物或对别人谦让的事件；④成就型事件，指幼儿通过努力突破自己，成功做成某事的事件；⑤能力型事件，这里与成就型事件进行区分，成就型事件是通过努力做成一些原本对幼儿来说比较困难的事件，而能力型事件对幼儿来说并不是困难的，他有能力做成；⑥以家人或物品为傲型事件，指以家中拥有某位成员或拥有某件很喜欢的物品而自豪的事件；⑦人际交往型事件，指幼儿在交往中建立的直接的心理上的联系，如表5-6所示。

表5-6　3～6岁幼儿自豪情绪事件归类内容分析表

事件类型	小班		中班		大班		χ^2	p
	n	占比/%	n	占比/%	n	占比/%		
社会支持型	26	33.77	22	24.72	17	26.15	1.88	0.39
助人型	8	10.39	13	14.61	7	10.77	2.21	0.33
宜人型	1	1.30	3	3.37	4	6.15		
成就型	29	37.66	33	37.08	27	41.54	0.63	0.73
以家人或物品为傲型	3	3.90	3	3.37	1	1.54		
能力型	10	12.99	15	16.85	6	9.23	3.94	0.14
人际交往型					3	4.62		
合计	77		89		65			
评分一致性	0.61		0.67		0.57			
评分者信度	0.76		0.80		0.73			

四、3～6岁幼儿自豪情绪事件类型讨论

笔者通过研究得出，3～5岁幼儿自豪情绪的事件类型包括社会支持型事件、助人型事件、宜人型事件、成就型事件、能力型事件、以家人或物品为傲型事件，其中社会支持型事件和成就型事件偏多，5～6岁幼儿自豪情绪的事件类型除了这6类，还出现了人际交往型事件，也就是幼儿因具备了与他人和谐相处的能力而自

豪的事件。另外，在各年龄阶段，助人型事件、宜人型事件、以家人或物品为傲型事件、能力型事件都比较少，这也许是因为幼儿自我意识有一定的发展规律，3～4岁幼儿更多偏重关注自我，但随着年龄的增长，幼儿渐渐将重心转移到外界环境中，4～5岁时，幼儿的自我意识出现转折，有了一定的自我情绪体验和自我控制能力，由关注自我转向关注他人，自豪情绪开始因为与他人和谐相处，并且帮助他人和与他人分享而产生，并逐渐增多。

具体到各个年龄阶段，3～4岁的小班幼儿，社会支持型事件和成就型事件所占比例相对较高，宜人型事件和以家人或物品为傲型事件占比较小，说明此年龄阶段幼儿的自豪多来源于他人对自己的表扬以及自身的成功，而且这符合这个阶段幼儿的特点，即偏重关注自我。4～5岁的中班幼儿，社会支持型事件、成就型事件、宜人型事件和以家人或物品为傲型事件占比与小班相似，但是较小班而言，社会支持型事件、成就型事件占比有所下降，能力型事件所占的比例有上升趋势，这一时期的幼儿由于自身能力方面引发的自豪情绪也越来越频繁。涉及他人的事件，如分享型事件或因身边拥有某位成员或很珍贵的物品很少能引起他们的自豪。5～6岁的大班幼儿，社会支持型事件和成就型事件所占比例同样较高，虽然又长大了一岁，但仍更多偏重关注自我，多因自己本身发生的事件感到自豪，但对比其他年龄阶段的幼儿，多了因为与他人和谐相处而自豪的事件，说明幼儿已经出现了由关注自我转向关注他人的萌芽，符合年龄阶段发展规律。

第三节　3～6岁幼儿自豪情绪外在行为特征及差异

一、3～6岁幼儿自豪情绪发生的行为特征分析

本次研究共收集了443名被试的信息，有效人数为425人，无效人数为18人，有效率为95.94%。将有效的幼儿家长报告中关于3～6岁幼儿自豪情绪事件的文本资料逐字转录为电子文本，删去"没有填写"和"与自豪情绪无关事件"的数据，其中，幼儿外在行为表现未作答或与论述无关的问卷被视为无效问卷。某些问卷中涉及多种表现，每一种均被视为单独的表现计算在总数中。

（一）3～4岁小班幼儿自豪情绪外在行为特征分析

1. 小班幼儿自豪情绪的言语特征

如表5-7所示，笔者将小班幼儿表现出的98种言语表现总结为4种：夸自己

"真棒"或"厉害"（你看我棒吧、我太厉害了），兴奋地喊出"哦，太好了"，叙述发生的事件，大喊大叫。其中，夸自己"真棒"或"厉害"占42.86%，兴奋地喊出"哦，太好了"占31.63%，大喊大叫的占比稍低，可能是因为这一阶段幼儿掌握的词语数量有限，在自豪情绪状态下，幼儿使用经常出现的简单句，不过随着年龄的增长，词语数量逐渐丰富，幼儿在表达时复合句所占比例会逐渐增加。主动与客人交流和叙述具体发生的事件所占比例较小，说明少数幼儿语言发育较快速，已经能够很好地表达自己的想法，同时，这也体现了幼儿语言具有情境性的特点。

表 5-7　小班幼儿自豪情绪的言语特征

具体言语特征	n	占比/%	评分者一致性	评分者信度
夸自己"真棒"或"厉害"	42	42.86		
兴奋地喊出"哦，太好了"	31	31.63	0.92	0.94
叙述发生的事件	8	8.16		
大喊大叫	17	17.35		

2. 小班幼儿自豪情绪的动作特征

将小班幼儿的63个动作表现总结为4种，包括挺胸抬头看对方（抬头、看对方、昂首挺胸、头微微向上仰起）、向上举起双手或玩具、手舞足蹈（跳起来、拍手、上蹦下跳、用手拍胸等）和害羞的小动作（动作放慢、吃手等）。其中，挺胸抬头看对方占39.68%，向上举起双手或玩具占26.98%，手舞足蹈占25.40%，三者的占比均在1/4以上，说明小班幼儿产生自豪情绪时三种动作表现很常见，如表 5-8 所示。

表 5-8　小班幼儿自豪情绪的动作特征

具体动作特征	n	占比/%	评分者一致性	评分者信度
挺胸抬头看对方	25	39.68		
手舞足蹈	16	25.40	0.92	0.96
向上举起双手或玩具	17	26.98		
害羞的小动作	5	7.94		

3. 小班幼儿自豪情绪的表情特征

将小班幼儿表现出的102个表情总结为3种，分别为笑（大笑、微笑）、做鬼脸和脸红。其中，笑占81.37%，所占比例较高，说明幼儿在出现自豪情绪时往往通过笑的方式展现，在分类中还出现了脸红和做鬼脸，说明这一阶段的幼儿已经具有了害羞这一道德情绪，如表 5-9 所示。进一步对幼儿的内在心理表现进行调查，将结果分为 6 种，包括充满斗志、想要帮助他人、希望自己的成就得到他人重视、自重、更加自信、希望别人向自己学习，可见，自豪情绪能增强幼儿的自信心，增加助人想法、乐于探索新奇事物等发自内心的动机，自豪情绪对未来塑造健康的人格和增强自信心具有重要作用。

表 5-9　小班幼儿自豪情绪的表情特征

具体表情特征	n	占比/%	评分者一致性	评分者信度
笑	83	81.37		
做鬼脸	12	11.76	0.94	0.95
脸红	7	6.86		

（二）4～5 岁中班幼儿自豪情绪外在行为特征分析

1. 中班幼儿自豪情绪的言语特征

将中班幼儿表现出的 132 个言语表现总结为 5 种，比小班幼儿表现多了向父母要表扬或奖励。其中，兴奋地喊出"哦，太好了"占 34.09%，夸自己"真棒"或"厉害"占 28.03%，大喊大叫占 15.91%，叙述发生的事件占 15.15%。中班幼儿的词语数量稍显丰富，能够说出更多的词语，从简单句向复合句逐渐过渡。这一阶段之后，幼儿便进入了形容词快速发展时期，4.5 岁开始使用描述事件情境的形容词，幼儿语言发育快慢不一，存在个体差异，如表 5-10 所示。

表 5-10　中班幼儿自豪情绪的言语特征

具体言语特征	n	占自豪外在表现总数的百分比/%	评分者一致性	评分者信度
夸自己"真棒"或"厉害"	37	28.03		
兴奋地喊出"哦，太好了"	45	34.09		
叙述发生的事件	20	15.15	0.92	0.93
大喊大叫	21	15.91		
向父母要表扬或奖励	9	6.82		

2. 中班幼儿自豪情绪的动作特征

将中班幼儿 91 个动作表现总结为 4 种：挺胸抬头看对方、手舞足蹈、向上举起双手或玩具、向别人展示成果。其中，挺胸抬头看对方占 34.07%，手舞足蹈占 35.16%，向上举起双手或玩具占 24.18%，三者所占比例相近，说明平均年龄在 4.92 岁的中班幼儿产生自豪情绪时出现三种动作表现均较多，如表 5-11 所示。

表 5-11　中班幼儿自豪情绪的动作特征

具体动作特征	n	占比/%	评分者一致性	评分者信度
挺胸抬头看对方	31	34.07		
手舞足蹈	32	35.16	0.94	0.97
向上举起双手或玩具	22	24.18		
向别人展示成果	6	6.59		

3. 中班幼儿自豪情绪的表情特征

将中班幼儿表现出的 140 个表情同样分为 3 类，其中，笑占 80.00%，所占比例较高，说明幼儿在出现自豪情绪时往往通过笑的方式展现，另外还包括做鬼脸和脸红，这一阶段幼儿的自豪情绪继续发展，如表 5-12 所示。

表 5-12　中班幼儿自豪情绪的表情特征

具体表情特征	n	占比/%	评分者一致性	评分者信度
笑	112	80.00		
做鬼脸	23	16.43	0.95	0.96
脸红	5	3.57		

（三）5～6 岁大班幼儿自豪情绪外在行为特征分析

1. 大班幼儿自豪情绪的言语特征

将大班幼儿出现的 142 个言语表现总结为和中班相同的 5 类，其中夸自己"真棒"或"厉害"占 39.44%，兴奋地喊出"哦，太好了"占 28.17%，叙述发生的事件占 17.61%，从这一点可以看出，具体描绘事件的比例进一步提高，这说明幼儿的言语更加复杂化，且在持续发展，如表 5-13 所示。

表 5-13　大班幼儿自豪情绪的言语特征

具体言语特征	n	占比/%	评分者一致性	评分者信度
夸自己"真棒"或"厉害"	56	39.44		
兴奋地喊出"哦，太好了"	40	28.17		
叙述发生的事件	25	17.61	0.92	0.93
大喊大叫	15	10.56		
向父母要表扬或奖励	6	4.23		

2. 大班幼儿自豪情绪的动作特征

将大班幼儿出现的 82 个动作表现总结为和中班一致的 4 类，其中，挺胸抬头看对方占 42.68%，手舞足蹈占 26.83%，向上举起双手或玩具占 20.73%，说明大班平均年龄在 5.89 岁的幼儿产生的自豪情绪主要动作表现为挺胸抬头看对方，如表 5-14 所示。

表 5-14　大班幼儿自豪情绪的动作特征

具体动作特征	n	占比/%	评分者一致性	评分者信度
挺胸抬头看对方	35	42.68		
手舞足蹈	22	26.83	0.94	0.96
向上举起双手或玩具	17	20.73		
向别人展示成果	8	9.76		

3. 大班幼儿自豪情绪的表情特征

将大班幼儿出现的 171 个表情同样分为 3 类，其中，笑占 78.36%，所占比例非常高，还出现了做鬼脸和脸红，这 3 种是自豪情绪产生时最常出现的表情类型，如表 5-15 所示。

表 5-15　大班幼儿自豪情绪的表情特征

具体表情特征	n	占比/%	评分者一致性	评分者信度
笑	134	78.36		
做鬼脸	29	16.96	0.93	0.96
脸红	8	4.68		

（四）自豪情绪外在行为特征年龄段差异对比

言语表现方面主要有 4 种，即夸自己"真棒"或"厉害"、兴奋地喊出"哦，太好了"、大喊大叫、叙述发生的事件，通过表 5-5 可以看出，其他三种随着年龄的增长并没有太多变化，但叙述发生的事件随着年龄的增长有小幅度的上升，小班和中班之间、小班和大班之间存在差异（$\chi^2=8.64$，$p=0.01<0.05$）。这说明随着年龄的增长，幼儿的词汇量不断增加、内容不断丰富、范围不断扩大，同时思维也呈现出复杂化，如表 5-16 所示。

表 5-16　3~6 岁幼儿自豪情绪言语的差异性分类

具体言语特征	小班		中班		大班		χ^2	p
	n	占比/%	n	占比/%	n	占比/%		
夸自己"真棒"或"厉害"	42	42.86	37	28.03	56	39.44	4.31	0.116

续表

具体言语特征	小班		中班		大班		χ^2	p
	n	占比/%	n	占比/%	n	占比/%		
兴奋地喊出"哦，太好了"	31	31.63	45	34.09	40	28.17	2.60	0.272
叙述发生的事件	8	8.16	20	15.15	25	17.61	8.64	0.013
大喊大叫	17	17.35	21	15.91	15	10.56	1.06	0.590
向父母要表扬或奖励			9	6.82	6	4.23		

　　动作方面共有 5 种，三个班的幼儿中，挺胸抬头看对方、手舞足蹈和向上举起双手或玩具 3 种动作表现占比相对较高，说明对于大班、中班、小班幼儿来说，当自豪情绪产生时，其主要通过头和四肢摆动的上述三种动作进行表达，其中，挺胸抬头看对方在小班幼儿和大班幼儿之间存在差异（χ^2=30.45，p=0.00<0.01），如表 5-17 所示。

表 5-17　3～6 岁幼儿自豪情绪动作的差异性分类

具体动作特征	小班		中班		大班		χ^2	p
	n	占比/%	n	占比/%	n	占比/%		
挺胸抬头看对方	25	39.68	31	34.07	35	42.68	30.45	0.00
手舞足蹈	16	25.40	32	35.16	22	26.83	5.60	0.06
向上举起双手或玩具	17	26.98	22	24.18	17	20.73	0.89	0.64
向别人展示成果			6	6.59	8	9.76		
害羞的小动作	5	7.94						

　　幼儿产生自豪情绪时主要有三种外显表情，分别为笑、做鬼脸和脸红。做鬼脸和脸红也可能是幼儿害羞的一种表现，有些内向的幼儿在被成人以某种方式鼓励或夸奖后，很有可能会出现害羞的表情。另外，三种表情中，笑占比较高，笔者通过分析问卷发现，幼儿表现出的笑这一表情分为微笑和大笑两种，一种含蓄，另一种活泼，这可能与幼儿自身的气质或体验到自豪的程度有关。当然，这和后续成人的言语和动作表现也具有一定的关系。笑这一表情在三个班的幼儿中存在显著差异（χ^2=12.46，p=0.00<0.01），做鬼脸在小班和大班之间存在差异（χ^2=6.97，p=0.03<0.05），如表 5-18 所示。

表 5-18 3～6 岁幼儿自豪情绪表情的差异性分类

具体表情特征	小班		中班		大班		χ^2	p
	n	占比/%	n	占比/%	n	占比/%		
笑	83	81.37	112	80.00	134	78.36	12.46	0.00
做鬼脸	12	11.76	23	16.43	29	16.96	6.97	0.03
脸红	7	6.86	5	3.57	8	4.68	0.70	0.71

二、3～6 岁幼儿自豪情绪外在行为特征讨论

自豪情绪往往和成功完成任务或获得他人的赞扬有关联。自豪情绪可以激发 3～6 岁幼儿行动更有持久性和保持动力。自豪情绪的外在行为特征主要有言语、动作、表情。

小班幼儿处于 3～4 岁年龄段,在自豪情绪产生时会出现挺胸抬头看对方(抬头、看对方、昂首挺胸、头微微向上仰起)、向上举起双手或玩具、手舞足蹈(跳起来、拍手、上蹦下跳、用手拍胸等)和其他害羞的小动作(动作放慢、吃手等)等动作表现,其中,挺胸抬头看对方、向上举起双手或玩具和手舞足蹈三者的比例差不多,说明这三种动作表现在这一年龄阶段很常见。中班幼儿多为 4～5 岁,自豪情绪出现时会有手舞足蹈、挺胸抬头看对方、向上举起双手或玩具、向别人展示成果的动作,与小班幼儿相比少了害羞的小动作。小班幼儿年龄较小,动作发育也不完全,在遇到一些情况时会出现手足无措的现象,增加了向他人展示成果的动作,此时的幼儿不满足于自我的成功,期望获得他人的认同,他人认同程度越高,体验到自豪感的程度越大。大班最常见的动作与小班幼儿一致,大班幼儿处在 5～6 岁阶段,动作表现分类与中班一致,自豪情绪产生时幼儿主要的动作表现为挺胸抬头看对方,三个班有些表现相同。总体来说,对于 3～6 岁幼儿而言,当自豪情绪产生时,其主要通过头和四肢摆动的动作进行表达,而挺胸抬头看对方在大班和小班之间有差异,可能的原因是幼儿在小班阶段对自豪感的体验还比较笼统,随之而来的表现没有大班幼儿的强烈。

笔者通过研究得出,中小班幼儿在产生自豪情绪时主要会出现夸自己"真棒"或"厉害"(你看我棒吧、我太厉害了),说"哦,太好了",大喊大叫和叙述发生的事件这 4 类言语表现。其中,夸自己"真棒"或"厉害"和说"哦,太好了"所占比例较大,可能是因为这一阶段幼儿掌握的词语数量有限,在自豪情绪状态下,幼儿常使用经常出现的简单句。不过,随着年龄的增长,幼儿掌握的词语数量逐渐增大,幼儿在表达时复合句所占比例会逐渐增加。主动与客人交流和叙述

具体发生的事件所占比例较小，但仍有存在，说明少数幼儿语言发育较快速，已经能够很好地表达自己的想法，同时，这也展现了幼儿语言具有情境性的特点。中班幼儿的言语表现比小班幼儿多了向父母要表扬或奖励，幼儿能够更多地与他人交流，渐渐有融入社会、发展人际圈子的倾向，出现了更明显的社会性言语，其中叙述发生的事件这一表现增多。一年的成长发展，幼儿的词语数量稍显丰富，能够说出更多的词语，甚至从简单句向复合句逐渐过渡。这一阶段之后，幼儿便进入了形容词快速发展时期，4.5 岁开始使用描述事件情境的形容词。但本次研究发现，形容词只占少数，说明幼儿的语言发育快慢不一，存在个体差异。大班幼儿言语表现与中班幼儿一致，叙述发生的事件比例持续上升，说明幼儿的言语更加复杂化，持续发展。叙述发生的事件在小班和大班之间、小班和中班之间是存在差异的，这是由 3～6 岁幼儿言语发展特点决定的：言语能力迅速发展，词汇量不断增加，内容不断丰富，范围不断扩大，逐渐学会使用丰富的词语来描述自己的情绪，同时思维也呈现出复杂化的倾向。

3～6 岁幼儿在每一年龄阶段出现自豪情绪时均会出现笑、做鬼脸和脸红三种表情，笑这一表情最常出现，几乎所有幼儿在自豪时都会以笑的方式来表达，因为幼儿自身的气质或体验到自豪时的表情有所不同。有些内向的幼儿在被成人以某种方式鼓励或夸奖后，很有可能会出现做鬼脸和脸红两种害羞的表情，说明在 3～6 岁这个年龄阶段，幼儿已经出现了害羞这一道德情绪。在不同年龄阶段，幼儿做鬼脸的频次在大班和小班之间存在差异，笑在三班中均存在差异，这是因为在不同阶段幼儿理解和体会到自豪情绪的程度不同，年龄越大，体会到的自豪情绪程度越高。

在研究过程中，对幼儿产生自豪情绪时发生的内在心理品质和报告的自豪文本资料进行分析，发现幼儿产生了充满斗志、增加利他想法、增强自信心、增加探索欲望和提升兴趣等心理品质，这些宝贵的心理品质对未来塑造健康的人格和自信心具有重要作用，所以培养幼儿的自豪情绪有助于幼儿未来生活和学习的顺利进行，能够促进幼儿未来适应性亲社会行为的产生。

第四节　3～6岁幼儿自豪情绪与道德的关系

一、3～6 岁幼儿自豪情绪与道德的关联程度

本次研究采用了 5 点评分，0 代表"没有"，1 代表"有一点影响"，2 代表"有

些影响"，3 代表"很大影响"，4 代表"完全影响"。对小班、中班、大班幼儿自豪情绪与道德关联程度进行方差分析，结果显示，小班、中班和大班幼儿在体验到自豪情绪与道德存在一些相关，但差异不大，如表 5-19 所示。

表 5-19　3～6 岁幼儿自豪情绪与道德的关联程度的差异分析

班级	n	$M \pm SD$	F	p
小班（3～4 岁）	90	1.87±1.134		
中班（4～5 岁）	147	1.73±1.219	0.51	0.60
大班（5～6 岁）	155	1.85±1.313		

二、3～6 岁幼儿自豪情绪与道德关联程度的讨论

研究结果表明，幼儿能体验到自豪情绪与道德存在相关，道德判断属于一种高级思维过程，幼儿将此过程与主观感受相结合从而产生道德情绪，在出现能够产生自豪情绪的事件时，通过此过程的运转产生自豪情绪，在做了正确的事情后会出现自豪的情绪；相反，在做了违背道德的事情后不会出现自豪情绪，这对正确评判自己和他人行为、态度的善恶有很大的影响。另外，在研究中并未发现在不同年龄阶段自豪情绪体验与道德间相关的差异，说明幼儿在很小的时候就具备了道德判断的能力，并一直持续。

第六章

3～6 岁幼儿内疚情绪发展特征

第一节 研 究 方 法

一、研究对象

通过家长的作答了解幼儿内疚情绪的发展特征。笔者以内蒙古赤峰市和吉林省长春市的两所幼儿园的 441 名幼儿作为研究对象，由家长填写幼儿情绪问卷，共发放 441 份问卷，有效问卷为 363 份，有效率为 82.31%。被试的基本情况如表 6-1 所示。

表 6-1　内疚情绪研究的被试基本信息

类别	小班	中班	大班	总体
有效人数/人	93	132	138	363
平均年龄/岁	3.89	4.92	5.87	4.86
男生人数/人	48	70	65	183
女生人数/人	45	62	73	180

二、研究工具

根据瑞士心理学家谢勒尔的问卷自编半开放式问卷作为研究工具。本次研究采用的问卷为幼儿情绪问卷家长版。通过家长对幼儿所经历的情绪事件再次回忆，然后进行相关内容的分析，这是情绪研究中经典的研究方法之一。由 3～6 岁幼儿家长对幼儿的内疚情绪进行报告，即他人报告法。让家长作答问卷，回忆幼儿半年内曾经体验过的内疚情绪事件。具体题目如下：请详细写出幼儿在多大的时候，具体什么时间、地点发生了什么事，内疚情绪发生时有哪些相关的人或物，并详细记录和描述幼儿在情绪发生时的动作、言语、表情等,即详细描述内疚情绪事件的起因、经过和结果等。另外,问卷还包括封闭式题目,用以了解幼儿情绪的产生与道德的关联程度。题目为:"您认为幼儿体验到内疚情绪事件与道德相关的程度有多大?"采用5点评分,从"不相关"到"完全相关"分别计0～4分。

三、研究程序

本次研究通过向幼儿家长进行发放问卷,将文本内容进行汇总,主要采用内容分析法进行问卷分析,对记录的幼儿情绪事件进行分析和编码。根据研究目标,依据事件的情绪类型、言语特征和非言语特征制定内容分析编码手册,培训编码实验员,对事件进行详细分析。对收集到的问卷进行编码和分析,以文字符号所含的信息作为分析单元,删去"没有填写"和"无关论述"的单元。按照出现频率确定幼儿内疚情绪发生的言语、动作、表情指标,对情绪事件类型进行举例。然后,对3～6岁不同年龄阶段的幼儿内疚情绪的事件类型和具体特征进行对比。采用 SPSS 19.0 进行数据分析,主要采用卡方检验进行统计分析。

第二节 3～6岁幼儿内疚情绪事件类型及差异

一、3～6岁幼儿内疚情绪事件类型编码

对363名幼儿家长报告的关于3～6岁幼儿内疚情绪事件的文本资料进行分析,最终得到内疚情绪事件363个。其中,小班的有效事件为93个,中班的有效事件为132个,大班的有效事件为138个。

对有效数据进行事件分类,共分为8种事件类型:损坏型、伤害型、违反规则型、自立型、影响型、亲社会型、学习型和他人评价型(表6-2)。

表6-2 3～6岁幼儿内疚情绪事件类型概念表

事件类型	概念	事例
损坏型	指无意或有意打碎东西,或者弄坏东西	小赫不小心把妈妈的眼镜打碎了
伤害型	指弄伤同学、家人等	田田和哥哥玩耍时挠伤了哥哥
违反规则型	指违反家长或教师制定的规则和道德准则	小可不听妈妈的话,抢小朋友的玩具

续表

事件类型	概念	事例
自立型	指由于没有做好与基本生活自理能力相关的事而带来的内疚	二宝晚上尿床了
影响型	指由于自己而给他人带来了不利影响	多多不想去上学，结果导致妈妈上班迟到了
亲社会型	指本意是帮助他人，结果自己却没有做好	晨晨帮妈妈刷碗时不小心把碗打碎了
学习型	指在学习方面没有得到奖励，或者没有得到自己想要的结果，或者没有完成好学习任务	万万在手工课上没有做好老师要求的作品
他人评价型	指幼儿本身并没有内疚，而是他人的评价给幼儿带来了内疚感	琪琪不想起床，奶奶说不听话的孩子不是好孩子，听了奶奶的话，琪琪感到了内疚

（一）3～6岁幼儿内疚情绪发生的事件类型特征

1. 3～4岁小班幼儿内疚情绪事件类型特征

小班的总人数为104人，有效被试为93人。内疚事件共有93件，总共可分为6类，分别为损坏型、伤害型、违反规则型、自立型、影响型和其他。本次研究中小班的事件评分者一致性为0.92，评分者信度为0.96，如表6-3所示。

表6-3　小班幼儿内疚情绪事件分类

事件类型	n	占比/%	评分者一致性	评分者信度
损坏型	34	36.56		
伤害型	25	26.88		
违反规则型	11	11.83	0.92	0.96
自立型	10	10.75		
影响型	7	7.53		
其他	6	6.45		

根据表6-3，34名家长报告了损坏型事件，占内疚情绪事件总数的36.56%，也是引发小班幼儿内疚情绪的主要事件。25名家长报告了伤害型事件，占内疚情绪事件总数的26.88%。11名家长报告了违反规则型事件，占内疚情绪事件总数的11.83%。10名家长报告了自立型事件，占内疚情绪事件总数的10.75%。7名家长报告了影响型事件，占内疚情绪事件总数的7.53%。其中，有6名家长报告的内疚事件无法进行确切归类，占内疚情绪事件总数的6.45%。

2. 4～5岁中班幼儿内疚情绪事件类型特征

中班的总人数为162人，有效被试为132人，内疚事件类型共有132件，总共可分为 9 类：损坏型、伤害型、亲社会型、自立型、学习型、他人评价型、违反规则型、影响型及其他。本次研究中中班内疚情绪事件类型分类的评分者一致性为 0.95，评分者信度为 0.97，如表 6-4 所示。

表 6-4　中班幼儿内疚情绪事件分类

事件类型	n	占比/%	评分者一致性	评分者信度
损坏型	50	37.88		
伤害型	25	18.94		
违反规则型	7	5.30		
自立型	6	4.55		
影响型	10	7.58	0.95	0.97
亲社会型	12	9.09		
学习型	7	5.30		
他人评价型	7	5.30		
其他	8	6.06		

根据表 6-4，其中有 50 名家长报告的是损坏型事件，是引发中班幼儿内疚情绪的主要事件。中班幼儿出现了新的诱发事件，如他人评价型事件、亲社会型事件、学习型事件。

3.5～6 岁大班幼儿内疚情绪事件类型特征

大班的总人数为 175 人，有效被试为 138 人，内疚事件有 138 件，总共可分为 9 类：学习型、损坏型、伤害型、他人评价型、亲社会型、自立型、违反规则型和影响型。本次研究中大班内疚情绪事件类型分类的评分者一致性为 0.90，评分者信度为 0.95，如表 6-5 所示。

表 6-5　大班幼儿内疚情绪事件分类

事件类型	n	占比/%	评分者一致性	评分者信度
损坏型	43	31.16		
伤害型	27	19.57		
违反规则型	12	8.70		
自立型	4	2.90		
影响型	13	9.42	0.90	0.95
亲社会型	5	3.62		
学习型	14	10.14		
他人评价型	6	4.35		
其他	14	10.14		

根据表 6-5，对于大班幼儿来说，损坏型事件仍是主要的事件类型，其次依次

是伤害型事件、学习型事件、其他事件、影响型事件、违反规则型事件、他人评价型事件、亲社会型事件、自立型事件。

（二）3～6岁幼儿内疚情绪事件类型的年龄段差异对比

将全部363个有效数据进行事件分类，共可分为8种类型：损坏型、伤害型、违反规则型、自立型、亲社会型、学习型、他人评价型、影响型。其中，损坏型事件、伤害型事件、违反规则型事件、自立型事件、影响型事件是小班、中班、大班共有的事件类型，亲社会型事件、学习型事件、他人评价型事件是中班和大班共有的事件类型，如表6-6所示。

表6-6　3～6岁幼儿内疚情绪相同事件内容分析表

事件类型	小班		中班		大班		χ^2	p	事后比较
	n	占比/%	n	占比/%	n	占比/%			
损坏型	34	40.48	50	51.02	43	43.43	3.04	0.22	NS
伤害型	25	29.76	25	25.51	27	27.27	0.10	0.95	NS
违反规则型	11	13.10	7	7.14	12	12.12	1.40	0.50	NS
自立型	10	11.90	6	6.12	4	4.04	2.80	0.25	NS
影响型	4	4.76	10	11.20	13	13.13	4.67	0.10	NS

根据表6-6，对于3～6岁幼儿来说，引发内疚情绪的事件主要是损坏型事件，其次是伤害型事件，其他引发幼儿内疚情绪的事件依次是违反规则型事件、自立型事件、影响型事件，其中自立型事件随着年龄的增长不断减少，而影响型事件则不断增多。同时，随着年龄的增长，交往范围的扩大，幼儿的内疚相关事件也不断丰富，如表6-7所示。

表6-7　3～6岁幼儿内疚情绪不同事件归类

事件类型	中班		大班	
	n	占比/%	n	占比/%
亲社会型	12	46.15	5	20
学习型	7	26.92	14	56
他人评价型	7	26.92	6	24

根据表6-7，在中班和大班出现了小班没有的诱发事件，即亲社会型事件、学习型事件和他人评价型事件，学习型事件不断增多，亲社会型事件却

有所减少。

二、3～6 岁幼儿内疚情绪事件类型讨论

从研究结果可以看出，将有效数据进行事件分类，分为 8 种类型：损坏型、伤害型、违反规则型、自立型、亲社会型、学习型、他人评价型、影响型。其中，损坏型事件、伤害型事件、违反规则型事件、自立型事件、影响型事件是小班、中班、大班共有的事件类型，亲社会型事件、学习型事件、他人评价型事件是中班和大班共有的事件类型。

损坏型事件、伤害型事件、违反规则型事件、自立型事件、影响型事件是小班、中班、大班共有的事件类型。由于幼儿的身体机能发展不健全，精细动作发展不完善，协调能力差，力量小等的限制，在小班、中班和大班都会有损坏型事件的发生，但是随着幼儿年龄的增长、身体素质的提高，大班损坏型事件的发生率明显下降。3～6 岁幼儿处于前运算思维阶段，思维具有单向不可逆性，以自我为中心，规则对幼儿无约束力，幼儿与同伴、成人之间还没形成合作关系，所以在小班、中班和大班都会有伤害型事件出现。3～6 岁幼儿正是处于他律道德的自我中心阶段，此时幼儿处于前运算思维阶段，思维具有单向不可逆性，以自我为中心，因此容易出现违反规则型事件。按照心理学家埃里克森的人格阶段理论，3～6 岁幼儿处于主动感对内疚感的时期，有强烈的自立需求，所以这一时期幼儿的基本生活自理能力获得了很大的发展，出现此类事件的可能性下降，但是小班、中班、大班的幼儿都会出现自立型事件，一旦出现，幼儿就会非常内疚。进入幼儿园以后，幼儿的学习活动、交往活动增加，活动范围扩大，但是幼儿的身心发展能力有限，自身的行为或者言语难免会给他人带来不利影响，因此容易出现影响型事件。

亲社会型事件、学习型事件、他人评价型事件是中班和大班共有的事件类型。进入幼儿园后幼儿的交往范围扩大，社会化能力进一步发展，认知能力提高，中班幼儿开始出现亲社会行为，他们有帮助他人、关心他人的倾向。如果幼儿想帮助他人却没有帮到或帮了倒忙会产生内疚感。到了中班以后，幼儿的言语和学习能力不断发展，有了学习的主动性、积极性和探究能力，好问好学，如果在学习上遇到了挫折或者没有得到表扬，就会出现内疚。3～6 岁幼儿的内疚情绪的发展不完善，有些情况下他们意识不到自己的行为是不恰当的，当权威如教师、家长告诉其这样的行为不对时，他们便会产生内疚感。

第三节　3～6岁幼儿内疚情绪外在行为特征及差异

一、3～6岁幼儿内疚情绪的外在行为特征分析

（一）3～4岁小班幼儿内疚情绪发生的行为特征

在对内疚情绪的行为特征的研究中，笔者共收集了441名被试的信息，有效被试363人，无效被试78人，有效率为82.31%。对3～6岁幼儿内疚事件的文本资料进行分析，其中未作答或对问题进行无关论述的问卷被视为无效问卷，有些问卷中涉及多种表现，每一个均被视为单独的表现计算在总数中。

1. 小班幼儿内疚情绪的言语特征

小班的总人数为104人，有效的言语指标为60个。小班内疚情绪在言语方面的指标包括7种：不说话、道歉、喊叫、叹气、询问、绕开话题、其他。本次研究中内疚情绪在言语方面的指标的评分者一致性为0.93，评分者信度为0.96，计算方法与计算事件类型的方法相同。小班幼儿内疚情绪的言语特征如表6-8所示。

表6-8　小班幼儿内疚情绪的言语特征

具体言语特征	n	占比/%	评分者一致性	评分者信度
不说话	11	18.33		
道歉	31	51.67		
叹气	1	1.67		
喊叫	5	8.33	0.93	0.96
询问	2	3.33		
绕开话题	3	5.00		
其他	7	11.67		

由表6-8可见，小班幼儿内疚情绪的言语特征主要为道歉，其次是不说话。

2. 小班幼儿内疚情绪的动作特征

小班的总人数为104人，有效的动作指标为103个。小班幼儿的内疚情绪在动作方面的指标包括6种：低头、看对方、手部动作、笑、拥抱、躲闪。本次研究中内疚情绪在动作方面的指标的评分者一致性为0.86，评分者信度为0.92，如表6-9所示。

表6-9 小班幼儿内疚情绪的动作特征

具体动作特征	n	占比/%	评分者一致性	评分者信度
低头	51	49.51		
看对方	23	22.33		
手部动作	17	16.50	0.86	0.92
笑	4	3.88		
拥抱	4	3.88		
躲闪	4	3.88		

由表6-9可见，小班幼儿内疚情绪的动作特征主要为低头，其次为看对方和手部动作。

3. 小班幼儿内疚情绪的表情特征

小班的总人数为104人，有效的表情指标为77个。内疚事件发生时表情方面的指标总共可分为7种：流泪、脸红、做鬼脸、带有复杂情绪的表情、嘟嘴、皱眉、漠然。本次研究中小班事件的评分者一致性为0.88，评分者信度为0.94，如表6-10所示。

表6-10 小班幼儿内疚情绪的表情特征

具体表情特征	n	占比/%	评分者一致性	评分者信度
流泪	29	37.66		
脸红	20	25.97		
做鬼脸	10	12.99		
带有复杂情绪的表情	8	10.39	0.88	0.94
嘟嘴	4	5.19		
皱眉	2	2.60		
漠然	4	5.19		

由表6-10可见，小班幼儿内疚情绪的表情特征主要为流泪，其次为脸红和做鬼脸。

（二）4～5岁中班幼儿内疚情绪发生的行为特征

1. 中班幼儿内疚情绪的言语特征

中班的总人数为162人，有效的言语指标为96个。中班幼儿的内疚情绪在言语方面的指标可分为6种类型：不说话、道歉、喊叫、解释原因、小声自言自语、其他。本次研究中内疚情绪在言语方面的指标的评分者一致性为0.86，评分者信度为0.92，如表6-11所示。由表6-11可见，中班幼儿内疚情绪的言语特征主要为道歉，其次为不说话和喊叫。与小班幼儿相比，中班幼儿的言语特征增加了"解释原因""小声自言自语"。

表 6-11　中班幼儿内疚情绪的言语特征

具体言语特征	n	占比/%	评分者一致性	评分者信度
不说话	21	21.88		
道歉	43	44.79		
喊叫	12	12.50	0.86	0.92
解释原因	6	6.25		
小声自言自语	4	4.17		
其他	10	10.42		

2. 中班幼儿内疚情绪的动作特征

中班的总人数为 162 人，有效的言语动作指标为 160 个。中班幼儿的内疚情绪在动作方面的指标包括 9 种：低头、看对方、手部动作、笑、躲闪、打人、拥抱、什么也不做、其他。本次研究中内疚情绪在动作方面的指标的评分者一致性为 0.90，评分者信度为 0.95，如表 6-12 所示。由表 6-12 可见，中班幼儿内疚情绪的动作特征主要为低头，其次为看对方和手部动作。与小班幼儿相比，中班幼儿的动作特征增加了"打人""什么也不做"。

表 6-12　中班幼儿内疚情绪的动作特征

具体动作特征	n	占比/%	评分者一致性	评分者信度
低头	77	48.13		
看对方	37	23.13		
手部动作	18	11.25		
笑	11	6.88		
躲闪	5	3.13	0.90	0.95
打人	1	0.63		
拥抱	6	3.75		
什么也不做	2	1.25		
其他	3	1.88		

3. 中班幼儿内疚情绪的表情特征

中班的总人数为 162 人，有效的内疚情绪表情指标为 131 个。内疚事件发生时，中班幼儿的表情外在表现包括 6 种：流泪、脸红、做鬼脸、皱眉、带有复杂情绪的表情、嘟嘴。本次研究中中班的事件评分者一致性为 0.80，评分者信度为 0.89，如表 6-13 所示。由表 6-13 可见，中班幼儿内疚情绪的表情特征主要为流泪，其次为脸红、做鬼脸和带有复杂情绪的表情。

表 6-13　中班幼儿内疚情绪的表情特征

具体表情特征	n	占比/%	评分者一致性	评分者信度
流泪	69	52.67		
脸红	29	22.14		
做鬼脸	16	12.21	0.80	0.89
皱眉	2	1.53		
带有复杂情绪的表情	14	10.69		
嘟嘴	1	0.76		

（三）5～6 岁大班幼儿内疚情绪发生的行为特征

1. 大班幼儿内疚情绪的言语特征

大班的总人数为 175 人，有效的言语指标为 93 个。大班幼儿内疚情绪在言语方面的指标包括 7 种：不说话、道歉、解释原因、喊叫、小声自言自语、询问、其他。本次研究中大班幼儿的内疚情绪在言语方面指标的评分者一致性为 0.88，评分者信度为 0.94，如表 6-14 所示。根据表 6-14，大班幼儿内疚情绪的言语特征主要为道歉，其次为不说话和喊叫，与中班相比，增加了"询问"，与小班相比，增加了"解释原因""小声自言自语"。

表 6-14　大班幼儿内疚情绪的言语特征

具体言语特征	n	占比/%	评分者一致性	评分者信度
不说话	23	24.73		
道歉	33	35.48		
解释原因	5	5.38		
喊叫	12	12.90	0.88	0.94
小声自言自语	8	8.60		
询问	3	3.23		
其他	9	9.68		

2. 大班幼儿内疚情绪的动作特征

大班的总人数为 175 人，有效的动作指标为 143 个。大班幼儿内疚情绪在动作方面的指标包括 9 种：低头、看对方、手部动作、笑、拥抱、躲闪、什么也不做、捂脸、伸舌头。本次研究中大班幼儿内疚情绪在动作方面指标的评分者一致性为 0.86，评分者信度为 0.92，如表 6-15 所示。由表 6-15 可见，大班幼儿内疚情绪的动作特征主要为低头，其次为看对方和手部动作。与中班幼儿相比，大班幼儿的动作特征增加了"捂脸""伸舌头"。

表 6-15　大班幼儿内疚情绪的动作特征

具体动作特征	n	占比/%	评分者一致性	评分者信度
低头	84	58.74		
看对方	37	25.87		
手部动作	9	6.29		
笑	4	2.80		
拥抱	2	1.40	0.86	0.92
躲闪	2	1.40		
什么也不做	2	1.40		
捂脸	2	1.40		
伸舌头	1	0.70		

3. 大班幼儿内疚情绪的表情特征

大班的总人数为 175 人，有效的表情指标为 127 个。内疚事件发生时，大班幼儿的表情外在表现总共可分为 6 类：流泪、脸红、做鬼脸、带有复杂情绪的表情、漠然、嘟嘴。本次研究中内疚情绪在表情方面指标的评分者一致性为 0.80，评分者信度为 0.89，如表 6-16 所示。由表 6-16 可见，大班幼儿内疚情绪的表情特征主要为流泪，其次为脸红和带有复杂情绪的表情。

表 6-16　大班幼儿内疚情绪的表情特征

具体表情特征	n	占比/%	评分者一致性	评分者信度
流泪	65	51.18		
脸红	35	27.56		
做鬼脸	8	6.30		
带有复杂情绪的表情	16	12.60	0.80	0.89
漠然	2	1.57		
嘟嘴	1	0.79		

（四）3～6 岁幼儿内疚情绪具体特征的差异对比

3～6 岁幼儿内疚情绪的外在表现主要包括三大类：言语、动作、表情。

言语又可以具体分为 8 类，包括不说话、道歉、喊叫、叹气、询问、解释原因、小声自言自语、绕开话题。其中，不说话、道歉、喊叫是小班、中班、大班幼儿共有的在言语方面的表现，解释原因、小声自言自语是中班和大班幼儿共有的在言语方面的表现，询问是小班和大班幼儿共有的在言语方面的表现，叹气、绕开话题是小班幼儿独有的在言语方面的表现，如表 6-17 和表 6-18 所示。

表 6-17　3～6 岁幼儿内疚情绪的共同言语表现差异性分析

具体言语特征	小班		中班		大班		χ^2	p	事后比较
	n	占比/%	n	占比/%	n	占比/%			
不说话	11	23.40	21	27.63	23	33.82	4.51	0.11	NS
道歉	31	65.96	43	56.58	33	48.53	2.32	0.31	NS
喊叫	5	10.64	12	15.79	12	17.65	3.38	0.19	NS

由表 6-17 可见，3～6 岁幼儿内疚情绪在言语方面的外在表现主要是道歉，其次是不说话，且在共同的言语表现方面，即不说话、道歉、喊叫在不同年龄段不存在显著的差异。

表 6-18　3～6 岁幼儿内疚情绪的独有言语差异性分析

具体言语特征	小班		中班		大班	
	n	占比/%	n	占比/%	n	占比/%
绕开话题	3	5.00				
叹气	1	1.67				
询问	2	3.33			3	3.23
解释原因			6	7.89	5	5.38
小声自言自语			4	5.26	8	8.60

动作表现又可以具体分为 10 类，包括低头、看对方、手部动作、笑、拥抱、躲闪、打人、什么也不做、捂脸、伸舌头。其中，低头、看对方、手部动作、笑、拥抱、躲闪是小班、中班、大班幼儿共有的在动作方面的表现，什么也不做是中班和大班幼儿共有的动作方面的表现，打人是中班幼儿独有的动作方面的表现，捂脸、伸舌头是大班幼儿独有的动作方面的表现，如表 6-19 和表 6-20 所示。

表 6-19　3～6 岁幼儿内疚情绪的共有动作表现差异性分析

动作表现	小班		中班		大班		χ^2	p	事后比较
	n	占比/%	n	占比/%	n	占比/%			
低头	51	49.51	77	49.68	84	60.87	8.56**	0.01	小<中、大
看对方	23	22.33	37	23.873	37	26.81	4.04	0.13	NS
手部动作	17	16.50	18	11.61	9	6.52	0.11	0.95	NS
笑	4	3.88	11	7.10	4	2.90	5.16	0.07	NS
拥抱	4	3.88	6	3.87	2	1.44	2.00	0.37	NS
躲闪	4	3.88	5	3.23	2	1.44	1.27	0.53	NS

表 6-20　3～6 岁幼儿内疚情绪的独有动作表现差异性分析

动作表现	小班		中班		大班	
	n	占比/%	n	占比/%	n	占比/%
什么也不做			2	1.25	2	1.39
捂脸					2	1.39
伸舌头					1	0.69

在内疚发生时，不同年龄段的幼儿在言语方面的表现会存在一些差异，中班和大班幼儿不会再有绕开话题和叹气的表现，却出现了解释原因和小声自言自语的表现。

由表 6-19 可见，3～6 岁幼儿在体验到内疚情绪时通常会出现的动作有低头、看对方、手部动作（如扯衣服、吃手、向上举起双手等）、笑、拥抱、躲闪，主要的表现是低头，而且不同年龄段的幼儿存在显著差异（$\chi^2=8.56$，$p=0.01$），表现在小班幼儿的低头次数显著少于中班和大班幼儿。随着年龄的增长，幼儿会出现更复杂的情绪反应，中班幼儿开始出现什么也不做的表现，而大班幼儿出现了捂脸、伸舌头的表现。

表情表现可以具体分为 7 类，包括流泪、脸红、做鬼脸、皱眉、嘟嘴、漠然、带有复杂情绪的表情。其中，流泪、脸红、做鬼脸、嘟嘴、带有复杂情绪的表情是小班、中班、大班幼儿共有的在表情方面的表现，皱眉是小班和中班幼儿共有的在表情方面的表现，漠然是小班和大班幼儿共有的在表情方面的表现，如表 6-21 和表 6-22 所示。

表 6-21　3～6 岁幼儿内疚情绪的共有表情表现差异性分析

表情表现	小班		中班		大班		χ^2	p	事后比较
	n	占比/%	n	占比/%	n	占比/%			
流泪	29	40.84	69	53.49	65	52.00	17.87	0.00	小<中、大
脸红	20	28.17	29	22.48	35	28.00.	4.07	0.13	NS
做鬼脸	10	14.08	16	12.40	8	6.40	3.06	0.22	NS
带有复杂情绪的表情	8	11.27	14	10.85	16	12.80	2.74	0.26	NS
嘟嘴	4	5.63	1	0.78	1	0.80	3.00	0.22	NS

表 6-22　3～6 岁幼儿内疚情绪的独有表情差异性分析

表情表现	小班		中班		大班	
	n	占比/%	n	占比/%	n	占比/%
皱眉	2	33.33	2	1.53		
漠然	4	66.67			2	1.57

由表 6-21 可见，3～6 岁幼儿在体验到内疚情绪时通常会出现的表情有流泪、脸红、做鬼脸、带有复杂情绪的表情（如担心、害怕、后悔、着急等）、嘟嘴，主要的表现是流泪，而且不同年龄段的幼儿有显著的差异（$\chi^2=17.87$，$p=0.00$），表现在小班幼儿的流泪次数显著少于中班和大班幼儿，其次是脸红和做鬼脸。

由表 6-22 可见，大班幼儿没有出现皱眉的表情，中班幼儿没有出现漠然的表情，随着年龄的增长，漠然的表情出现的频次逐渐降低。

二、3～6 岁幼儿内疚情绪的外在行为特征讨论

内疚情绪是道德情绪中较为常见的一种。3～6 岁幼儿内疚情绪对于培养其道德感具有重要的意义。从研究结果可以看出，对于 3～6 岁幼儿内疚情绪发生时的外在行为特征，可以从言语、动作、表情三方面进行分类。

言语方面具体有 8 类，其中不说话、道歉、喊叫是小班、中班、大班幼儿共有的在言语方面的表现，出现的频次也比较高，道歉的出现频次最高，这与扎恩-韦克斯勒（Zahn-Waxler et al.，1992）的研究相吻合。扎恩-韦克斯勒提出了内疚表现的组成部分，如生气、伤心、紧张、担心、道歉、努力修补过失等，这与国内研究者杨丽珠等（2014）的研究相吻合。马斯科洛和费希尔（Mascolo，Fischer，1994）也提出了内疚表现的组成部分，如道歉、忏悔、努力修复，另外他们还提出个体会沉浸在情绪中，寻求原谅，这正好解释了本次研究中小声自言自语表现在中班和大班出现的原因，个体会通过解释原因寻求对方的原谅，随着言语能力和道德水平的不断发展，幼儿会通过言语来表达对他人的关心和进行自我反省。

动作方面具体有 10 类，其中低头、看对方、手部动作、笑、拥抱、躲闪是小班、中班、大班幼儿共有的在动作方面的表现，低头、看对方、手部动作、笑、拥抱、躲闪的出现频率比较高，出现频率最高的是低头，而且不同年龄段的幼儿有非常显著的差异。这与钱铭怡、戚健俐（2002）的研究相似，他们提出内疚作为一种负性情绪，有低头、回避目光等行为表现。施承孙和钱铭怡（1999）也提出内疚会有低头、视线转移、目光回避的表现，和本次研究中幼儿内疚时的躲闪表现相符合。这也与其他研究者的研究相似，幼儿内疚情绪发生时的行为表现为：眼睛偷偷瞄对方；双手交互揉搓；揪衣服；歪头看向别处；低头向下看（于瑛琦，2013）。同时，其也与国内研究者杨丽珠（2014）的研究相吻合，她提出幼儿内疚

情绪发生时的行为表现如下：①道歉、承认错误。②修补过失倾向。③眼睛偷偷瞄对方，情绪低落，局促不安，双手相互揉搓；揪衣服；歪头看向别处；低头向下看；肢体紧张。随着年龄的增长，幼儿的道德情绪不断发展，他们会出现更复杂的情绪反应，如捂脸、吐舌头等，这与科昌斯卡（Kochanska et al.，2002）的研究相似，即内疚时身体会紧张，如收缩肩膀、用手捂脸等。

表情方面具体有 7 类，其中流泪、脸红、做鬼脸、嘟嘴、带有复杂情绪的表情是小班、中班、大班幼儿共有的在表情方面的表现，出现的频率比较高。由此可见，这 5 种表情是 3～6 岁幼儿内疚情绪发生时的典型情绪指标，主要的表现是流泪，而且不同年龄段的幼儿有极其显著的差异，其次是脸红和做鬼脸，可见流泪在不同年龄阶段的发生频率不同，中班和大班幼儿的发生频率比较高。扎恩-韦克斯勒等（Zahn-Waxler et al.，1992）提出内疚的表现有伤心，可见幼儿在内疚时会流泪。伊扎德（Izard，1991）提出内疚包含痛苦、害怕、害羞的成分，达尔文（1965）提出内疚的表现是脸红，这与本次研究中的脸红表现相吻合。皱眉是小班和中班幼儿共有的在表情方面的表现，漠然是小班和大班幼儿共有的在表情方面的表现，这与马斯科洛和费希尔（Mascolo，Fischer，1994）的研究有相似之处，他们提出内疚的身体体验是沉重。带有复杂情绪的表情在本次研究中指担心、害怕、后悔、着急等，这符合帕罗特（Parrott，1999）提出的内疚表现，其认为感到内疚的个体会产生懊恼、后悔和焦虑等情感体验，常伴随纠正或弥补错误的行为表现。

可见，通过外在行为，如言语、动作和表情来了解幼儿内疚情绪的发展，掌握这些内疚的行为特征，有助于帮助幼儿养成良好的道德行为。

第四节　3～6岁幼儿内疚情绪与道德的关系

一、3～6 岁幼儿内疚情绪与道德的关联程度

将 441 名被试关于 3～6 岁幼儿内疚事件的文本资料逐字输入到电脑，运用内容分析法，从中挑选出填写内疚情绪发生时与道德关联程度的数据，删去"没有填写"的共 56 个分析单元，对这 385 个分析单元进行分类。经过对开放式问卷的整理与归类，对小班、中班、大班幼儿的内疚情绪与道德关联程度进行方差分析，结果如表 6-23 所示。

表 6-23　3～6 岁幼儿内疚情绪与道德关联程度的差异分析

班级	n	M±SD	F	p
小班	96	1.81±1.16		
中班	141	1.79±1.27	0.63	0.535
大班	148	1.94±1.21		

对 3～6 岁幼儿体验到的内疚情绪与道德的关联程度进行方差分析，未达到显著性水平（$p=0.535>0.05$），幼儿内疚情绪与道德的关联程度在年龄段上差异不显著。为了探讨内疚情绪与道德的关联程度，本次研究的问卷有一个题目为"您认为幼儿体验到内疚事件与道德相关的程度有多大？"采用 5 点评分，从"不相关"到"完全相关"分别计 0～4 分。3～6 岁幼儿内疚情绪与道德的关联程度均值在 2.9～3.2，可见不同年龄阶段幼儿体验到的内疚情绪与道德存在一定程度的关联。

二、3～6 岁幼儿内疚情绪与道德关联程度的讨论

从研究的结果可以看出，3～6 岁幼儿体验到的内疚情绪与道德有一定程度的关联，但在年龄段上的差异不显著。内疚是一种道德情绪，是由于违反道德准则而产生的良心上的反省，会促使个体避免不道德行为，产生道德补偿行为，例如，幼儿在内疚情绪事件发生后会进行自我反省，向他人道歉、解释原因，从而弥补自己的过错。伤害型事件、违反规则型事件、影响型事件和他人评价型事件都是由于幼儿违反了一些道德规范而发生的，从而产生内疚情绪。由此可见，内疚情绪的发生与道德存在一定的联系。弗洛伊德认为内疚感的产生有两个根源：一是对权威的恐惧；二是对超我的恐惧。因此，幼儿违反规则时，内心就会产生不安，从而产生内疚。在埃里克森人格发展八阶段理论中的第三阶段，主动感对内疚感的冲突阶段，幼儿的好奇心得到成人的鼓励还是否定、嘲讽，会直接影响幼儿是产生主动感还是愧疚感，如果幼儿在此时获得更多的主动感、更少的内疚感，他们就会具备一种正视和追求有价值目标的勇气。因此，成人在和幼儿接触时要鼓励幼儿，给予他们空间，增强他们的主动性。

根据皮亚杰的道德认知发展理论，幼儿的品质发展是一个从他律到自律的过程。3～6 岁幼儿处于他律道德阶段。自我中心阶段（2～5 岁）的幼儿以自我为中心，规则对幼儿的约束力较小。小班、中班幼儿的规则意识还不强，因此由于违反规则而产生内疚的事件就比较多。权威阶段（5～8 岁）幼儿的道德判断是根据客观的效果，以他律的绝对的规则或对权威的绝对服从和崇拜为特征。随着年龄的增长，大班幼儿的规则意识逐渐增强，由于违反规则而产生内疚的事件减少。因此，要重视对幼儿规则意识的培养，促进幼儿道德的发展，减少违反道德准则的行为的发生。

第七章

3～6岁幼儿尴尬情绪发展特征

第一节 研究方法

一、研究对象

本次研究通过家长的作答了解幼儿尴尬情绪的发展特征。以内蒙古赤峰市和吉林省长春市两所幼儿园的 441 名幼儿作为研究对象,由家长填写幼儿情绪问卷。共发放问卷 441 份,有效问卷为 238 份,有效率为 53.97%。问卷采集时间为 2017年 1～5 月。被试的基本信息如表 7-1 所示。

表 7-1 尴尬情绪研究的被试基本信息

类别	小班	中班	大班	总计
有效人数/人	54	88	96	238
平均年龄/岁	3.89	4.92	5.87	4.86
男生/人	20	48	42	110
女生/人	34	40	54	128

二、研究工具

根据瑞士心理学家谢勒尔的问卷自编半开放式问卷。采用的问卷为幼儿情绪问卷家长版,由家长对幼儿经历的情绪事件再次回忆,然后进行相关内容分析,这是情绪研究中经典的研究方法之一。由 3～6 岁幼儿家长对幼儿的尴尬情绪进行报告,即他人报告法。让家长回忆幼儿半年内曾经体验过的尴尬情绪事件。具体题目如下:详细写出幼儿在多大的时候,具体什么时间、地点发生了什么事,尴尴情绪发生时有哪些相关的人或物,并详细记录和描述幼儿在情绪发生时的动作、言语、表情等,即详细描述尴尬情绪事件的起因、经过和结果等。另外,问卷还包括封闭式题目,用以了解幼儿情绪的产生与道德的关联程度,题目如下:您认为幼儿体验到尴尬情绪事件与道德相关的程度有多大?采用5点评分,从"不相关"到"完全相关"分别计0～4分。

三、研究程序

通过向幼儿家长进行发放问卷,将文本内容进行汇总,主要采用内容分析法进行问卷分析,对记录的幼儿情绪事件进行分析和编码。根据研究目标,依据事件的情绪类型、言语特征和非言语特征制定内容分析编码手册,培训编码实验员,对事件进行详细分析。按照出现频率,确定幼儿尴尬情绪发生的言语、动作、表情指标,对情绪事件类型进行举例。然后,对3～6岁不同年龄阶段的幼儿尴尬情绪的事件类型和具体特征进行对比。采用 SPSS 19.0 进行数据分析,主要采用卡方检验进行统计分析。

第二节 3～6岁幼儿尴尬情绪事件类型及差异

一、3～6岁幼儿尴尬情绪事件类型编码

对 441 名幼儿家长报告的关于3～6岁幼儿尴尬情绪事件的文本资料进行分析,最终得到对应的尴尬情绪事件为 239 个。小班的有效事件为 54 件,中班的有效事件为 89 件,大班的有效事件为 96 件。

对全部 239 个有效数据进行事件分类,分为人际交往型、生理型、辨认错误型、能力型、自尊型、过失型、注重形象型、违反规则型 8 类,具体事件类型和概念如表 7-2 所示。

表 7-2 3～6岁幼儿尴尬情绪事件类型概念表

事件类型	事件类型概念	事例
人际交往型	指幼儿在与家人、老师、小伙伴的日常交往中出现的一些交往事件	小朋友不和自己一起玩
生理型	指与基本生活自理能力相关的事件,	幼儿在睡梦之中尿床
辨认错误型	指幼儿在外面不小心认错家长或认错小伙伴	幼儿看到一个和自己妈妈留着同样发型的背影,就将其认成自己的妈妈

事件类型	事件类型概念	事例
能力型	指幼儿自身能力不够，没有得到小红花，未得到他人的认可，或者是不会某个单词	幼儿没有在规定的时间内完成老师布置的任务
过失型	指幼儿由于自己不小心，无意地对他人造成损伤或者对物品损坏的事件	幼儿因为手太小，抓不稳水杯，打碎了水杯
违反规则型	指违反家长或教师制定的规则	偷吃零食
自尊型	指由于幼儿的自尊、尊严受到了损伤而产生尴尬情绪的事件	被他人看见自己没穿内裤、被他人看到自己洗澡等
注重形象型	指幼儿注重自己在他人面前的形象	当幼儿没穿衣服、没穿整齐有人进来时，或者当衣服弄脏时就会产生尴尬情绪

二、3～6岁幼儿尴尬情绪的事件类型分析

（一）3～4岁小班幼儿尴尬情绪事件类型分析

小班的总人数为 104 人，尴尬事件总数为 54 个，尴尬事件类型分为 6 类：人际交往型、生理型、辨认错误型、能力型、过失型和其他。本次研究中小班幼儿的尴尬情绪事件的评分者一致性为 0.92，评分者信度为 0.96，如表 7-3 所示。

表 7-3 小班幼儿尴尬情绪事件类型分类

事件类型	n	占比/%	评分者一致性	评分者信度
人际交往型	16	29.63		
生理型	12	22.22		
辨认错误型	8	14.81	0.92	0.96
能力型	5	9.26		
过失型	10	18.52		
其他	3	5.56		

（二）4～5岁中班幼儿尴尬情绪事件类型分析

中班的总人数为 162，有效被试为 88 人，尴尬事件总数为 89 个。尴尬事件类型分为 8 类：人际交往型、辨认错误型、过失型、能力型、生理型、违反规则型、自尊型及其他。本次研究中班幼儿的尴尬情绪事件类型分类的评分者一致性为 0.82，评分者信度为 0.90，如表 7-4 所示。

表 7-4　中班幼儿尴尬情绪事件类型分类

事件类型	n	占比/%	评分者一致性	评分者信度
人际交往型	25	28.09		
生理型	11	12.36		
辨认错误型	12	13.48		
能力型	12	13.48	0.82	0.90
过失型	14	15.73		
违反规则型	4	4.49		
自尊型	4	4.49		
其他	7	7.87		

（三）5～6岁大班幼儿尴尬情绪事件类型分析

大班的总人数为175人，尴尬事件总数为96个，尴尬事件类型可分为9类：人际交往型、能力型、生理型、辨认错误型、注重形象型、过失型、违反规则型、自尊型及其他。本次研究中大班幼儿的尴尬情绪事件类型分类的评分者一致性为0.86，评分者信度为0.92，如表7-5所示。

表 7-5　大班幼儿尴尬情绪事件类型分类

事件类型	n	占比/%	评分者一致性	评分者信度
人际交往型	21	21.88		
生理型	9	9.38		
辨认错误型	7	7.29		
能力型	30	31.25		
过失型	5	5.21	0.86	0.92
注重形象型	6	6.25		
违反规则型	7	7.29		
自尊型	3	3.13		
其他	8	8.33		

三、3～6岁幼儿尴尬情绪事件类型的年龄段差异对比

将全部238个有效数据进行事件分类，共分为8种事件类型：人际交往型事件、生理型事件、辨认错误型事件、能力型事件、自尊型事件、过失型事件、注重形象型事件、违反规则型事件。其中，人际交往型事件、生理型事件、辨认错误型事件、能力型事件、过失型事件是小班、中班、大班共有的事件类型，违反规则型事件、自尊型事件是中班和大班共有的事件类型，注重形象型事件是大班

独有的事件类型。如表 7-6 所示。

表 7-6　3～6 岁幼儿尴尬事件类型的内容分析

事件类型	小班		中班		大班		χ^2	p
	n	占比/%	n	占比/%	n	占比/%		
人际交往型	16	39.02	25	30.49	21	23.86	1.19	0.55
生理型	12	29.27	11	13.41	9	10.23	0.57	0.06
辨认错误型	8	19.51	12	14.63	7	7.95	1.55	0.46
能力型	5	12.20	12	14.63	30	34.09	21.23	0.00
过失型	10	24.39	14	17.07	5	5.68	4.22	0.12
违反规则型			4	4.88	7	7.95		
自尊型			4	4.88	3	3.41		
注重形象型					6	6.82		

由表 7-6 可见，对于 3～6 岁幼儿来说，引发尴尬情绪的事件主要是人际交往型事件，可见幼儿的人际交往能力在迅速发展。

根据卡方检验的使用条件，在本次研究中，卡方检验只适用于检验人际交往型事件、生理型事件、辨认错误型事件、能力型事件和过失型事件。将数据输入到 SPSS 19.0，通过卡方检验发现，在 3～6 岁幼儿不同年龄段的相同的诱发事件中，能力型事件存在显著差异，随着幼儿年龄的增长，能力型事件逐渐增多，其余几种类型的事件不具有显著的统计学上的差异。但是，通过内容分析可以发现，在中班和大班出现了小班没有的诱发事件，即违反规则型事件和自尊型事件。另外，大班幼儿的注重形象型事件是其独有的事件类型，这体现了幼儿认知水平和道德水平的不断提高。

四、3～6 岁幼儿尴尬情绪事件类型的讨论

从研究结果可以看出，随着幼儿年龄的增长，尴尬情绪事件的发生频率增加，幼儿的尴尬情绪事件的类型逐渐增加。

通过分析可以发现，人际交往型事件、生理型事件、辨认错误型事件、能力型事件、过失型事件是小班、中班、大班幼儿共有的事件类型，在 3～6 岁幼儿不同年龄段的相同的诱发事件中，其中能力型事件存在显著差异。随着幼儿年龄的增长，能力型事件逐渐增多，其余几种类型的事件不具有显著的统计学上的差异，说明随着年龄的增长，幼儿的学习能力和自理能力得到了很大的提高，幼儿开始注重自己能力的发展，想得到他人对自己能力的肯定。随着交往范围的扩大，幼儿的社会交往能力迅速发展，尤其是与新朋友、老师、亲戚、陌生人的交往中容

易发生一些小问题，如被拒绝、认错人等，因此会发生人际交往型事件。刚开始，幼儿的自理能力比较低，容易发生尿裤子等行为，随着自理能力的发展，幼儿的生理型事件发生的频率越来越低，独立能力逐渐提高。辨认错误型事件体现了幼儿的思维处于前运算阶段（2～7岁），仍受具体直觉表象的束缚，因此容易出现认错人的情况，即辨认错误型事件，但是随着幼儿认知的发展，辨认错误型事件的发生频率逐渐降低。过失型事件的发生主要是由于幼儿不小心、无意伤害他人或者对物品造成损坏而产生尴尬情绪，由于幼儿的肢体协调能力差、精细动作发展不完善，容易发生损坏东西的事件，自我控制能力比较差，人际交往能力存在不足，因此容易发生伤害他人的事件。

在中班和大班出现了小班没有的诱发事件，即违反规则型事件和自尊型事件。违反规则型事件体现了尴尬两阶段理论中的原始尴尬阶段，原始尴尬映射出了幼儿在环境中的学习，在这种环境里，一旦他们违反社会规则，将会被要求解释或者是会遭到嘲讽，因此容易出现违反规则型事件。路易斯在他提出的自我意识情绪发展模型中，根据尴尬的性质以及产生时间的不同，将其分为显露性尴尬和评价性尴尬。显露性尴尬没有评价的成分，当个体成为别人关注的中心时就会产生显露性尴尬，例如，幼儿被别人盯着看、当众出丑等，这时幼儿的自尊、尊严受到了威胁，就会发生自尊型事件，显露性尴尬与自尊型事件的发生情况大致相同。

另外，注重形象型事件是大班独有的事件类型，这体现了尴尬的两阶段发展理论，幼儿的尴尬发展由原始尴尬阶段向成熟尴尬阶段过渡。成熟的尴尬产生于幼儿内在地认识到了自己行为的缺陷或是自我形象和理想形象之间的不符，在这一阶段，幼儿能够意识到自己有缺陷的表现的社会意义，即会损害自我形象。注重形象型事件也体现了路易斯自我意识情绪发展模型中的评价性尴尬。评价性尴尬产生的原因是自己做出的不当行为，个体认为或觉察到旁观者会依据自己的不当行为对自己产生消极的个体形象评价，这样就会产生短暂的自尊丧失，从而诱发了尴尬，因此发生了注重形象型事件。

第三节　3～6岁幼儿尴尬情绪外在行为特征及差异

一、3～6岁幼儿尴尬情绪发生的行为特征分析

尴尬情绪的行为特征研究共收集了441名被试信息，有效被试为238人，无效被试为203人，有效率为53.97%。对441名幼儿家长报告的3～6岁幼儿尴尬

事件的文本资料进行了分析。其中，幼儿外在行为表现未作答或与无关论述的问卷被视为无效问卷，某些问卷中涉及多种表现，每一个均被视为单独的表现计算在总数中。

（一）3～4岁幼儿尴尬情绪发生的外在行为特征分析

1. 小班幼儿尴尬情绪的言语特征

小班的总人数为104人，有效的尴尬情绪言语指标有27个。小班尴尬情绪在言语方面的指标包括6种：不说话、道歉、丰富的语气词、喊叫、转移话题、其他。本次研究中的小班幼儿尴尬情绪在言语特征方面的指标的评分者一致性为0.91，评分者信度为0.95，计算方法与事件类型的计算方法相同，如表7-7所示。

表7-7　小班幼儿尴尬情绪的言语特征

具体言语特征	n	事件描述	典型特征	占比/%	评分者一致性	评分者信度
不说话	8	认错事物时或认错人时，幼儿会觉得很尴尬，躲到大人后面，不说话	躲到大人后面，不说话，呆呆地看着	29.63		
道歉	6	幼儿抢着非要自己端水，结果没走几步，水盆没端住，水全洒了。他站在原地，低着头说："我不是故意的。"手不自觉地摸脑袋	站在原地，低着头说"我不是故意的"，并且说"不好意思""对不起"	22.22		
丰富的语气词	4	幼儿在幼儿园小便，弄脏了裤子。回到家里，当爸爸妈妈知道后，他会感到很尴尬，脸上会有不好意思的表情，会说"哦，咋地"	说"啊，哦，太好了，昂，咋的"等词	14.81	0.91	0.95
喊叫	3	2016年过年时，家里来客人，我跟家人讲他的各种故事，讲到他不喜欢的事情，他就一脸不开心，说"哎呀，别说了"	一脸不开心，说"哎呀，别说了"	11.11		
转移话题	1	妈妈跟姥姥在一起聊天的时候，他插嘴，说了一通之后，妈妈告诉他并不是那么回事，他尴尬地说"啊啊啊，我忘了"，以此来敷衍，随后转移话题	说"啊啊啊，我忘了"来敷衍，随后转移话题	3.70		
其他	5			18.52		

2. 小班幼儿尴尬情绪的动作特征

小班的总人数为104人，有效的尴尬情绪动作指标有48个。小班幼儿尴尬情绪在动作方面的指标包括 7 种：低头、看对方、手部动作、笑、靠近妈妈、不好意思、其他。本次研究中小班幼儿尴尬情绪在动作特征方面的评分者一致性为 0.92，评分者信度为 0.96，如表 7-8 所示。

表 7-8　小班幼儿尴尬情绪的动作特征

具体动作特征	n	事件描述	典型特征	占比/%	评分者一致性	评分者信度
低头	19	某天中午，4 周岁左右的幼儿在邻居家玩不小心打碎了邻居的玩具娃娃，邻居家的小姐姐告诉了幼儿妈妈事实，幼儿就在旁边听着不说话	低头；低下头玩手指	39.58	0.92	0.96
看对方	8	问到他不会的英语单词，他就会说："我都说了呀，都告诉你了，你怎么还问我呀！"妈妈说："我没听见，是你不会吗？"幼儿就看看妈妈说："妈妈，我不会，怎么说？"	抬起头看对方	16.67		
手部动作	7	宝宝去动物园游玩，玩得太过尽兴，错把别人的手当成爸爸的手，表现出很不高兴的样子	吃手；玩手指；双手交叉；捂嘴等	14.58		
笑	5	每天早上到幼儿园的时候，幼儿园老师都先向幼儿问候，幼儿才能回应一下，表情有点不自然，动作停顿一下，然后恢复正常	自然的微笑	10.42		
靠近妈妈	2	去小朋友家玩，两个幼儿玩儿得很开心，突然幼儿的朋友跑出来告诉她的妈妈，幼儿打到他了，然后就哭了。过一会儿，幼儿也出来了，妈妈问她怎么了，幼儿说不小心打到哥哥了，妈妈让幼儿道歉，幼儿不去	拥抱妈妈；钻到妈妈怀里	4.17		
不好意思	2	因为平时看幼儿的人总是变来变去，没有固定的，所以幼儿就会经常喊错人，比如，经常看明明的是奶奶，可是由于前一天是姥姥在看，她每次有什么要求的时候，就会大声地错误地将奶奶喊成姥姥，喊完以后大人和幼儿都会一愣，感觉很尴尬，幼儿这时就会很不好意思地笑，说："不好意思，对不起，我喊错了。"	不好意思地笑了；说"不好意思"或"对不起"；不好意思地看对方	4.17		
其他	5			10.42		

3. 小班幼儿尴尬情绪的表情特征

小班的总人数为 104 人，有效的尴尬情绪表情指标为 34 个。小班幼儿尴尬事件发生时的表情外在表现总共可分为 6 类：脸红、流泪、做鬼脸、笑、带有复杂情绪的表情、其他。本节次研究中小班幼儿尴尬情绪在表情特征方面的评分者一致性为 0.88，评分者信度为 0.94，如表 7-9 所示。

表 7-9　小班幼儿尴尬情绪的表情特征

具体表情特征	n	事件描述	典型特征	占比/%	评分者一致性	评分者信度
脸红	16	去姑姑家玩时，一不小心把花折断了，姑父问时，他没有承认是自己干的，事后姑父告诉他折断花没关系，但一定要诚实	小脸蛋会发热、发红	47.06	0.88	0.94
做鬼脸	6	当幼儿尿裤子时，妈妈发现后，对其进行斥责，幼儿朝妈妈做了个鬼脸	做鬼脸；假装不在意	17.65		
流泪	4	有时去找姐姐玩，姐姐没时间和她玩儿，她很伤心	流泪；哭了	11.76		
笑	2	刚上幼儿园不久，幼儿午觉后发现尿床了，告诉了老师，这时候其他的小朋友也发现了，幼儿露出了勉强的微笑	嘴角上扬；似笑非笑；略微低头	5.88		
带有复杂情绪的表情	3	幼儿第一次去幼儿园上学，面对陌生的环境，躲在了妈妈身后，表现出很不高兴的样子	害怕；惊恐；不开心；吵闹	8.82		
其他	3			8.82		

（二）4～5 岁中班幼儿尴尬情绪发生的外在行为特征分析

1. 中班幼儿尴尬情绪的言语特征

中班的总人数为 162 人，有效的尴尬情绪言语指标为 47 个。中班幼儿尴尬情绪在言语方面的指标包括 6 种：不说话、道歉、解释原因、喊叫、小声说话和其他。本次研究中中班幼儿尴尬情绪在言语特征方面的评分者一致性为 0.80，评分者信度为 0.86，如表 7-10 所示。

表 7-10　中班幼儿尴尬情绪的言语特征

具体言语特征	n	典型特征	占比/%	评分者一致性	评分者信度
不说话	10	沉默；张着嘴要说话但说不出来	21.28	0.80	0.86
道歉	7	"对不起""不好意思"	14.89		
解释原因	6	说明自己的意愿及对他人的期望；解释自己尴尬的原因	12.77		
喊叫	13	大喊大叫；"啊呀"；"哦，太好了"	27.66		
小声说话	4	向家长告状；将自己尴尬的事讲给别人听	8.51		
其他	7		14.89		

2. 中班幼儿尴尬情绪的动作特征

中班的总人数为 162 人，有效的尴尬情绪动作指标为 75 个。小班幼儿尴尬情绪在动作方面的指标包括 7 种：低头，看对方，手部动作，笑，皱眉、皱鼻子，躲闪，其他。本次研究中中班幼儿的尴尬情绪在动作特征方面的评分者一致性为 0.89，评分者信度为 0.92，如表 7-11 所示。

表 7-11 中班幼儿尴尬情绪的动作特征

具体动作特征	n	事件描述	典型特征	占比/%	评分者一致性	评分者信度
低头	30	幼儿不小心把同伴的牛奶碰洒了，老师告诉他下次要注意，他不好意思地低下了头	低下了头；一直没抬头；不愿看其他人，低头不语	40.00		
看对方	11	在家里，爸爸妈妈，幼儿画了一幅画（画的爸爸），妈妈表扬他，妈妈要拿给爸爸看，他就急了，从妈妈手中把那幅画抢走了，抬头看着妈妈，对妈妈的行为表示有点不解	抬起头看着对方不说话；呆呆地看着对方	14.67		
手部动作	10	和妈妈去超市，小朋友把超市里的玩具架子上的玩具都弄到了地上，当时小朋友看到超市阿姨，很尴尬，马上给阿姨道歉，并且用双手把嘴捂住了	打人；双手捂住嘴；向上举起双手；玩自己的小手；双手摊开；吃手	13.33	0.89	0.92
笑	14	别人上厕所的时候，他开门进去了，很尴尬地笑了	微笑；大笑	18.67		
皱眉、皱鼻子	2	一周之前，他在洗手间大便，爸爸不知道就推开门进去了，站在门口看着他，他觉得不好意思了，于是皱起了自己的小眉头，让爸爸出去把门关上	皱眉头；眼睛向上，皱鼻子	2.67		
躲闪	2	玩别的小朋友的玩具，被发现以后，躲在家长身后	躲起来偷偷看别人；转身躲在大人身后	2.67		
其他	6			8.00		

3. 中班幼儿尴尬情绪的表情特征

中班有 162 人，有效的表情指标有 61 个。中班幼儿尴尬事件发生时的表情外在表现分为 5 类：流泪、脸红、做鬼脸、带有复杂情绪的表情、面无表情。本次研究中中班幼儿的尴尬情绪在表情特征方面的评分者一致性为 0.88，评分者信度为 0.93（表 7-12）。

表 7-12　中班幼儿尴尬情绪的表情特征

具体表情特征	n	事件描述	典型特征	占比/%	评分者一致性	评分者信度
流泪	9	幼儿和苗苗玩，但是不知道怎么把苗苗弄哭了，姥姥问他是怎么回事，他说"我也不知道"，苗苗说他欺负自己，他就辩解说"没有"，苗苗说"就有"。姥姥说"你是哥哥，不能欺负妹妹，你要让着她"，他就哭了，说"我要回家，我要找妈妈，我不来你们家了"，后来姥姥说他俩过一会儿就好了，哥哥给妹妹道歉了	流泪；不开心，哭泣	14.75	0.88	0.93
脸红	34	小男孩上女卫生间的时候感到尴尬，并且脸红，让妈妈下次不要带他进女卫生间了	脸红了；脸一下就红了	55.74		
做鬼脸	7	在三个星期前，幼儿和哥哥在滑冰时不小心把滑车给滑跑了，自己也轻轻地摔了一跤，他赶紧拍拍屁股捡起并继续前进，他吐了吐舌头，做了个鬼脸，一路紧追哥哥	吐了吐舌头，做了个鬼脸；噘着嘴	11.48		
带有复杂情绪的表情	9	幼儿在自由活动时，函函小朋友不小心撞到了其他小朋友，胳膊擦破了皮，函函很尴尬	有些害怕，有点不知所措；恐惧；失望；很严肃；茫然	14.75		
面无表情	2	有一次在楼下平台玩的时候，幼儿想玩另外一个小朋友的玩具，别人不给他玩，让他感到很尴尬，脸上没有表情	没有表情	3.28		

（三）5~6 岁大班幼儿尴尬情绪发生的行为特征

1. 大班幼儿尴尬情绪的言语特征

大班有 175 人，有效的言语指标有 51 个。大班幼儿尴尬情绪的言语指标为不说话、道歉、喊叫、丰富的语气词、小声说话、询问原因、转移话题、其他。本次研究中大班幼儿的尴尬情绪在言语特征方面的评分者一致性为 0.92，评分者信度为 0.96（表 7-13）。

表 7-13　大班幼儿尴尬情绪的言语特征

具体言语特征	n	事件描述	典型特征	占比/%	评分者一致性	评分者信度
不说话	15	有一次在外面玩，幼儿把裤子弄脏了，没有办法穿，只好把衣服绑在她的腰上，回家时遇到了小伙伴和她打招呼，她也不理人家，还要躲着	默不作声	29.41		
道歉	7	一次，幼儿和妈妈在停车场附近的路上行走。没有躲避车辆，被车主训斥，幼儿当时尴尬无措，说了一句"我忘记这是哪里了，不好意思"。随后回到妈妈身边，站在了妈妈背后向外探头望	说"不好意思""对不起""我不是故意的"	13.73		
喊叫	7	幼儿在五岁多的时候和小朋友一起出去玩耍，他们一起买的吃的，那个小朋友把幼儿最爱吃的薯片全部都吃完了，等其他小朋友回来时非常尴尬	喊叫；大喊大叫；声音很大	13.73		
丰富的语气词	6	由于每次都是妹妹尿床，所以那次幼儿习惯性地说"妹妹又尿床了吧"，有点儿幸灾乐祸的意思，当妈妈告诉他是他尿床的时候，他感到很尴尬	啊；哦；不会吧；太好了	11.76	0.92	0.96
小声说话	5	有一次妈妈带幼儿上课出去，急匆匆地去坐公交车，结果上了车发现没有零钱，幼儿脸红了，还小声责怪妈妈	语速很慢；喃喃自语	9.80		
询问原因	2	当上小班长之后，有个同学一直和老师说话，幼儿让同学回到座位，结果老师和同学都笑了	询问大家为什么笑；为什么不告诉自己	3.92		
转移话题	1	春节的时候，姑姑给梓琪买了一套新衣服，她特别喜欢，每天都把衣服拿出来摆弄。那天，爷爷奶奶都在，她又把衣服拿出来，大家让她穿上看看，她穿好了，大家一起说"梓琪真漂亮"，她的脸一下子红了	让他人别说了；转移注意力和话题	1.96		
其他	8			15.69		

2. 大班幼儿尴尬情绪的动作特征

大班的总人数为 175 人，有效的动作指标有 89 个，因为幼儿在尴尬情绪产生时可能没有出现动作，所以有效数据少于总人数。大班幼儿尴尬情绪的动作指标包括 7 种：低头、看对方、手部动作、笑、靠近妈妈、躲闪、其他。本次研究中大班幼儿尴尬情绪在动作特征方面的评分者一致性为 0.88，评分者信度为 0.94，如表 7-14 所示。

表 7-14 大班幼儿尴尬情绪的动作特征

具体动作特征	*n*	事件描述	典型特征	占比/%	评分者一致性	评分者信度
低头	38	上周，幼儿在幼儿园认错了小朋友而尴尬地低下了头	低下头	42.70		
笑	22	偷吃零食被发现了	自然地微笑	24.72		
手部动作	13	去买玩具，走时阿姨又送一个玩具，不知道应不应该拿，待在那里很茫然，他说："爸爸没有说让我拿，我不知道该怎么办。"	吃手；玩手指；摆手、双手交叉；捂嘴等	14.61		
看对方	7	在回答别人的问题时回答错了，他会尴尬地说："都怪妈妈。"	抬头；抬起头看妈妈	7.87	0.88	0.94
靠近妈妈	2	忘记亲朋好友的名字	躲藏在大人的身边；埋着头，抱着妈妈	2.25		
躲闪	2	小便时憋着不去厕所，最后尿了裤子。当时家里人都在，都看他的时候，他就觉得特别尴尬，很快跑到自己屋里换了裤子	不好意思地躲到大人的身后	2.25		
其他	5			5.62		

3. 大班幼儿尴尬情绪的表情特征

大班的总人数为 175 人，有效的表情指标为 75 个。大班尴尬情绪的表情指标包括 7 类：脸红、流泪、做鬼脸、笑、惭愧、带有复杂情绪的表情、其他。本次研究中大班幼儿尴尬情绪在表情特征方面的评分者一致性为 0.77，评分者信度为 0.87，如表 7-15 所示。

表 7-15 大班幼儿尴尬情绪的表情特征

具体表情特征	*n*	事件描述	典型特征	占比/%	评分者一致性	评分者信度
脸红	30	他和小朋友在一起玩耍时，小朋友要他的玩具，他不给小朋友玩，小朋友说"你不是我们的小伙伴"，这时他非常尴尬，非常不好意思	小脸蛋发红；非常不好意思	40.00		
流泪	14	幼儿手套遗忘在学校，在家中被家长批评，觉得自己做错了事情，便哭了出来	哭；流眼泪	18.67		
做鬼脸	11	今晚幼儿和妈妈外出回家，停车后，妈妈正准备调整车位，她却突然把刹车按钮按下，妈妈惊讶地看着她，问她为什么要刹车，幼儿略显尴尬地说："我其实是想把车窗关上，按错了。"	做个鬼脸	14.67	0.77	0.87
笑	6	与小朋友一起玩耍，不小心把小朋友弄哭了，很不好意思，红着脸微笑地说："我不是故意的。我是不小心的，对不起。"最后经过大人的调解，继续与小朋友玩	自然的微笑	8.00		

具体表情特征	n	事件描述	典型特征	占比/%	评分者一致性	评分者信度
惭愧	3	幼儿从小就特别逗，可能与父母的溺爱有关，自己很少自己动手穿鞋子。幼儿渐渐长大了，父母就慢慢锻炼让他自己的事情自己做。很好笑的是，很多时候幼儿都会把左右鞋穿错。前几天，妈妈带他在小区里玩，正要给他照相，突然发现他的鞋又穿错了，妈妈指指他的鞋，他知道问题出在哪里了，不好意思地赶紧将鞋换了过来	感到不好意思；有些惭愧的样子	4.00	0.77	0.87
带有复杂情绪的表情	4	幼儿在游乐场玩投币抓取小玩具的游戏，爸爸带着玩时，玩两次都抓到玩具，但都中途掉落了。幼儿当时感觉有些尴尬，拍手感到惋惜，说"又没抓上来，差一点"，表情呆了，又有些失望	害怕；恐惧；无奈；失望；茫然；严肃	5.33		
其他	7			9.33		

由表 7-15 可知，75 名家长报告了幼儿尴尬情绪发生时会出现的表情，其中 30 名家长报告了脸红。

（四）尴尬情绪外在行为特征年龄段差异对比

对 382 份有效问卷进行归类，3～6 岁幼儿尴尬情绪的外在表现主要包括三大类：言语、动作、表情。

言语特征又可以具体分为 8 类：不说话、道歉、丰富的语气词、喊叫、解释原因、询问原因、小声说话、转移话题。其中，不说话、道歉、喊叫是小班、中班、大班幼儿共有的在言语方面的表现，小声说话是中班和大班幼儿共有的言语方面的表现，丰富的语气词、转移话题是小班和大班幼儿共有的言语方面的表现，解释原因是中班幼儿独有的在言语方面的表现，询问原因是大班幼儿独有的言语方面的表现，如表 7-16 所示。由表 7-16 可见，3～6 岁幼儿尴尬情绪在语言方面的外在表现主要是不说话，其次是道歉，且在共同的表现方面，即不说话、道歉在不同年龄段没有显著的差异，但是在喊叫方面，大、中、小班之间存在差异。

由数据可以看出，中班（4～5 岁）幼儿的喊叫较多，小班的幼儿由于体验到较少的尴尬情绪从而喊叫较少，大班幼儿的喊叫也相对较少。随着幼儿语言能力和道德水平的不断发展，幼儿会通过语言来表达对他人的关心和自我反省，如在中班、大班幼儿会向他人解释原因来对自己的错误进行反省。

表 7-16　3～6 岁幼儿尴尬情绪言语特征的差异性分类

具体言语特征	小班		中班		大班		χ^2	p
	n	占比/%	n	占比/%	n	占比/%		
不说话	8	36.36	10	25.00	15	34.88	2.36	0.31
道歉	6	27.27	7	17.50	7	16.28	0.10	0.95
丰富的语气词	4	18.18			6	13.95		
喊叫	3	13.64	13	32.50	7	16.28	6.61	0.04
转移话题	1	4.55			1	2.33		
解释原因			6	15.00				
小声说话			4	10.00	5	11.63		
询问原因					2	4.65		

　　动作特征可以具体分为 8 类：低头，看对方，手部动作，笑，皱眉、皱鼻子，躲闪，靠近妈妈，不好意思。其中，低头、看对方、手部动作、笑是小班、中班、大班幼儿共有的动作方面的表现，靠近妈妈是小班和大班幼儿共有的动作方面的表现，躲闪是中班和大班幼儿共有的在动作方面的表现，"不好意思"是小班幼儿独有的动作方面的表现，皱眉、皱鼻子是中班幼儿独有的动作方面的表现，如表 7-17 所示。

表 7-17　3～6 岁幼儿尴尬情绪动作特征的差异性分类

具体动作特征	小班		中班		大班		χ^2	p
	n	占比/%	n	占比/%	n	占比/%		
低头	19	44.19	30	45.45	38	45.24	6.28	0.04
看对方	8	18.60	11	16.67	7	8.33	1.00	0.61
手部动作	7	16.28	7	10.61	13	15.48	2.67	0.26
笑	5	11.63	14	21.21	22	26.19	10.59	0.01
靠近妈妈	2	4.65			2	2.38		
不好意思	2	4.65						
皱眉、皱鼻子			2	3.03				
躲闪			2	3.03	2	2.38		

　　由表 7-17 可见，3～6 岁幼儿在体验到尴尬情绪时通常会出现的动作表现有低头、看对方、手部动作（如揪扭衣服、吃手、向上举起双手等）、笑、躲闪，主要的表现是低头，而且不同年龄段幼儿之间不存在差异。另外，笑也会随着幼儿年龄的增长逐渐增加。随着年龄的增长以及幼儿道德情绪的不断发展，他们会出现更复杂的情绪反应，如捂脸、吐舌头等。

　　表情特征可以具体分为 6 类：脸红、流泪、做鬼脸、笑、带有复杂情绪的表情、面无表情。其中，脸红、做鬼脸、流泪、带有复杂情绪的表情是小班、中班、大班幼儿共有的表情方面的表现，面无表情是中班幼儿独有的表情方面的表现，如表 7-18 所示。

表 7-18 3～6 岁幼儿尴尬情绪表情特征的差异性分类

具体表情特征	小班		中班		大班		χ^2	p
	n	占比/%	n	占比/%	n	占比/%		
脸红	16	51.61	34	55.74	30	44.12	6.70	0.04
做鬼脸	6	19.35	7	11.48	11	16.18	1.75	0.42
流泪	4	12.90	9	14.75	14	20.59	5.56	0.06
带有复杂情绪的表情（无奈、失望、害怕）	3	9.68	9	14.75	7	10.29	2.95	0.23
笑	2	6.45			6	8.82		
面无表情			2	3.28				

由表 7-18 可见，3～6 岁幼儿在体验到尴尬情绪时通常会出现的表情表现有流泪、脸红、做鬼脸、带有复杂情绪的表情（无奈、失望、害怕）、笑，主要的表现是脸红、做鬼脸和流泪，这三种表情在三个年龄段的幼儿中都有表现，而且脸红在不同年龄段的幼儿间存在显著差异，表现在小班幼儿的脸红次数显著少于中班和大班幼儿。本次研究中幼儿的表情不存在太大的年龄差异，只有某些表情存在差异，如笑、面无表情等。

二、3～6 岁幼儿尴尬情绪外在行为特征讨论

尴尬情绪对于 3～6 幼儿来说是一种高级道德情绪，它意味着幼儿对自我的认识发展到了一定程度。从研究结果中可以看出，3～6 岁幼儿尴尬情绪的外在表现主要包括三大类：言语、动作、表情。

言语特征方面具体有 8 类，包括不说话、道歉、丰富的语气词、喊叫、解释原因、询问原因、小声说话、转移话题。随着语言能力和道德水平的不断发展，幼儿会通过语言来表达对他人的关心和对自我的反省，如中班和大班幼儿会向他人解释原因来对自己的错误进行反省。

动作特征方面具体有 8 类，包括低头，看对方，手部动作，笑，皱眉、皱鼻子，躲闪，靠近妈妈，不好意思。3～6 岁幼儿在体验到尴尬情绪时通常会出现的动作有低头、看对方、手部动作（如扯衣服、吃手、向上举起双手等）、笑、躲闪，主要的表现是低头，而且不同年龄段的幼儿不存在差异。另外，笑也会随着幼儿年龄的增长逐渐增加。随着年龄的增长，幼儿的道德情绪不断发展，他们会出现

更复杂的情绪反应，如捂脸、吐舌头等。

表情特征方面具体有 6 类，包括脸红、流泪、做鬼脸、笑、带有复杂情绪的表情、面无表情。3～6 岁幼儿在体验到尴尬情绪时通常会出现的表情有流泪、脸红、做鬼脸、带有复杂情绪的表情（如担心、害怕、后悔、着急等），主要的表现是脸红、做鬼脸和流泪，这三种表情在三个班级的幼儿中都有表现，而且脸红在不同年龄段的幼儿间具有显著的差异，表现在小班幼儿的脸红次数显著少于中班和大班幼儿。在本次研究中，幼儿的表情没有太大的年龄差异，只存在一些个别的差异，如笑、面无表情等。随着年龄的增长，幼儿出现尴尬情绪时的表情类型在增加，幼儿还学会用做鬼脸来化解尴尬，人际交往能力不断提升。

可见，尴尬情绪随着幼儿自我认识的不断发展而发展，相应的言语、动作和表情特征也会随着年龄的增长而日趋多样。

第四节　3～6岁幼儿尴尬情绪与道德的关系

一、3～6 岁幼儿尴尬情绪与道德的关联程度

对 238 名幼儿家长报告的 3～6 岁幼儿尴尬事件文本资料进行分析，其中在报告幼儿尴尬情绪与道德的关联程度这一项时，小班有 2 人未报告。经过对开放式问卷的整理与归类，对小班、中班、大班幼儿的尴尬情绪与道德的相关程度进行方差分析，结果达到边缘显著（表 7-19）。可见，不同年龄阶段幼儿尴尬情绪发生时与道德有很大的相关，并且差异显著。

表 7-19　3～6 岁幼儿尴尬情绪与道德关联程度的方差分析

班级	n	$M \pm SD$	F	p
小班	52	1.46±2.07		
中班	88	1.01±1.51	2.51	0.06
大班	96	1.17±1.68		

二、3～6 岁幼儿尴尬情绪与道德关联程度的讨论

小班、中班、大班幼儿在发生尴尬情绪时与道德具有很大的相关。关于尴尬的理论模型主要有三个：自尊丧失模型、个体标准模型和社会评价模型。自尊丧失模型认为，由于个体自尊的丧失，尴尬情绪就会产生，因此会引起他人对自己

产生消极的评价。个体标准模型则认为，尴尬产生的原因是个体违背了自我观念，个体的自我评价比他人的评价在尴尬情绪产生的过程中的作用更大。社会评价模型认为，当自我尊重被他人给予负面评价时就会产生尴尬，但是有时人们给予的积极评价也可能会引发尴尬。自尊型事件、违反规则型事件、注重形象型事件、过失型事件、生理型事件、能力型事件、辨认错误型事件、人际交往型事件都体现了这三个模型，体现了皮亚杰的道德认知发展理论中的他律道德阶段（2~8岁）。

　　3~6岁幼儿的思维处于前运算阶段，具有单向不可逆性，以自我为中心，规则对幼儿无约束力，幼儿既关注自我的形象，有自我期望，又关注他人对自己的评价，逐渐树立规则意识，开始注重发展自己的学习能力，希望得到他人的肯定。

第八章

3～6 岁幼儿生气情绪发展特征

第 一 节 研 究 方 法

一、研究对象

本次研究通过家长的作答了解幼儿生气情绪的发展特征。以内蒙古赤峰市和吉林省长春市两所幼儿园的幼儿作为研究对象，由家长填写幼儿情绪问卷，共发放问卷 541 份，有效问卷为 470 份，有效率为 86.88%。被试的基本情况如表 8-1 所示。

表 8-1　生气情绪研究的被试基本信息

类别	小班	中班	大班	总体
有效人数/人	179	165	126	470
平均年龄/岁	3.68	4.49	5.63	4.50
男生/人	85	76	66	227
女生/人	94	89	60	243

二、研究工具

根据瑞士心理学家谢勒尔的问卷自编半开放式问卷。本次研究采用的问卷为幼儿情绪问卷家长版。由家长对幼儿经历的情绪事件进行再次回忆，然后进行相关内容的分析，这是情绪研究中经典的研究方法之一。由 3～6 岁幼儿家长对幼儿的生气情绪进行报告，即他人报告法。让家长回忆幼儿半年内曾经体验过的生气情绪事件，具体题目如下：请详细写出幼儿在多大的时候，具体什么时间、地点发生了什么事，生气情绪发生时有哪些相关的人或物，并详细记录和描述幼儿在情绪发生时的动作、言语、表情等，即详细描述生气情绪事件的起因、经过和结果。另外，问卷还包括封闭式题目，用以了解幼儿生气情绪的产生与道德的关联程度，题目如下："您认为幼儿体验到的生气情绪事件与道德相关的程度有多大？"采用 5 点评分，从"不相关"到"完全相关"分别计 0～4 分。

三、研究程序

向幼儿家长发放问卷，将回收的文本内容进行汇总，对记录的幼儿生气情绪事件进行分析和编码，主要采用内容分析法来进行问卷分析。根据研究目标，依据事件的情绪类型、言语特征和非言语特征制定内容分析编码手册，培训编码实验员，对事件进行详细分析。对收集到的问卷进行编码和分析，以文字符号的信息作为分析单元，删去"没有填写"和"无关论述"的单元。按照出现频率确定幼儿生气情绪发生的言语、动作、表情指标，对情绪事件类型进行举例。然后，对 3～6 岁不同年龄阶段的幼儿生气情绪的事件类型和具体特征进行对比。采用 SPSS 19.0 进行数据分析，主要采用卡方检验进行统计分析。

第二节　3～6岁幼儿生气情绪事件类型及差异

一、3～6 岁幼儿生气情绪事件类型编码

对 541 名幼儿家长报告的关于 3～6 岁幼儿生气情绪事件的文本资料进行分析，最终得到对应的生气情绪事件为 470 件。小班幼儿的有效事件为 179 件，中班幼儿的有效事件为 165 件，大班幼儿的有效事件为 126 件。

对全部 470 个有效数据进行事件分类，分为 12 种类型：损害型、需求型、占有型、能力型、训斥型、否定型、传染型、争吵型、违规型、强迫型、冤枉型及其他，如表 8-2 所示。

表 8-2　3～6 岁幼儿生气情绪事件类型概念表

事件类型	概念	事例
损害型	指自己认为有价值的所有物受到损坏或是自身受到伤害而生气	自己的玩具被别人玩坏
需求型	指自我需求或意愿得不到满足	父母没有给自己买想要的玩具等
占有型	指由于不想让他人占有自己的东西而生气	别的小朋友不经过自己的同意拿走自己的玩具
能力型	指由于自己的能力不足以完成某件事情而生气	动手能力不够，搭不出自己想要的积木样式

续表

事件类型	概念	事例
训斥型	指由于自己做的某件事情，而被父母训斥	自己因为做错事被父母骂而感到生气
否定型	指自己或自己的作品被他人否定而生气	自己没有得到夸奖
传染型	指因别人的生气情绪传染给自己也跟着生气	看到其他人生气，自己也开始生气
争吵型	指和其他小朋友因为矛盾或意见不合而发生争吵	与小朋友打架
违规型	指因为他人违反游戏规则而生气	看到其他人不遵守规则而生气
强迫型	指他人强迫自己做不想做的事情	被强迫学某项知识
冤枉型	指他人冤枉自己做了某事	被冤枉拿了某个东西
其他	指无法归类的事件	

二、3～6 岁幼儿生气情绪事件类型分析

（一）3～4 岁小班幼儿生气情绪事件类型分析

小班的总人数为 201 人，有效被试为 179 人，生气事件可分为 8 类：损害型、需求型、占有型、能力型、训斥型、否定型、传染型和其他。本次研究中小班幼儿生气情绪相关事件的评分者一致性为 0.88，评分者信度为 0.94，如表 8-3 所示。

表 8-3　小班幼儿生气情绪事件分类

事件类型	n	占比/%	评分者一致性	评分者信度
损害型	23	12.85		
需求型	90	50.28		
占有型	39	21.79		
能力型	6	3.35	0.88	0.94
训斥型	10	5.59		
否定型	4	2.23		
传染型	1	0.56		
其他	6	3.35		

（二）4～5 岁中班幼儿生气情绪事件类型分析

中班的总人数为 190 人，有效被试为 165 人，生气事件可分为 9 类：损害型、需求型、占有型、能力型、训斥型、否定型、争吵型、违规型和其他。本次研究中中班幼儿生气情绪事件类型分类的评分者一致性为 0.82，评分者信度为 0.90，如表 8-4 所示。

表 8-4　中班幼儿生气情绪事件分类

事件类型	n	占比/%	评分者一致性	评分者信度
损害型	28	16.77		
需求型	90	53.89		
占有型	20	11.98		
能力型	2	1.20		
训斥型	8	4.79	0.82	0.90
否定型	5	2.99		
争吵型	4	2.40		
违规型	1	0.60		
其他	9	5.39		

（三）5～6 岁大班幼儿生气情绪事件类型分析

大班的总人数为 150 人，有效被试为 126 人，生气事件可分为 10 类：损害型、需求型、占有型、能力型、训斥型、否定型、争吵型、强迫型、冤枉型和其他。本次研究中大班幼儿生气情绪事件类型分类的评分者一致性为 0.86，评分者信度为 0.92，如表 8-5 所示。

表 8-5　大班幼儿生气情绪事件分类

事件类型	n	占比/%	评分者一致性	评分者信度
损害型	22	17.46		
需求型	58	46.03		
占有型	10	7.94		
能力型	6	4.76		
训斥型	4	3.17		
否定型	6	4.76	0.86	0.92
争吵型	6	4.76		
强迫型	4	3.17		
冤枉型	3	2.38		
其他	7	5.56		

三、3～6 岁幼儿生气情绪事件类型的年龄段差异对比

对全部 470 个有效数据进行分类，可分为 12 种：损害型、需求型、占有型、

能力型、训斥型、否定型、传染型、争吵型、违规型、强迫型、冤枉型、其他。其中，损害型事件、需求型事件、占有型事件、能力型事件、训斥型事件、否定型事件是小班、中班、大班幼儿共有的事件类型，如表 8-6 所示。

表 8-6　3～6 岁幼儿生气情绪事件类型的内容分析

事件类型	小班（n=179）		中班（n=167）		大班（n=126）		χ^2	p	事后检验
	n	占比/%	n	占比/%	n	占比/%			
损害型	23	12.85	28	16.77	22	17.46	0.85	0.65	NS
需求型	90	50.28	90	53.89	58	46.03	8.61*	0.01	小、中>大
占有型	39	21.79	20	11.98	10	7.94	18.87***	0.00	小>中>大
能力型	6	3.35	2	1.20	6	4.76	2.29	0.32	NS
训斥型	10	5.59	8	4.79	4	3.17	2.55	0.28	NS
否定型	4	2.23	5	2.99	6	4.76	0.40	0.82	NS
传染型	1	0.56							
争吵型			4	2.40	6	4.76	0.40	0.53	NS
违规型			1	0.60					
强迫型					4	3.17			
冤枉型					3	2.38			
其他	6	3.35	9	5.39	7	5.56			

调查结果表明，需求型事件在各个年龄段所占的比例均在 50%左右；传染型事件在中班以及大班并未出现；争吵型事件从中班开始出现；冤枉型事件及强迫型事件从大班开始出现。小班幼儿由于能力不足、被否定产生的生气情绪很少；中班幼儿由于被否定、能力不足以及他人违规产生的生气情绪很少；大班幼儿由于能力不足、与人争执、被训斥产生的生气情绪很少。由占有型事件产生的生气情绪在不同年龄阶段存在极其显著的差异，由需求型事件产生的生气情绪在不同年龄阶段存在显著差异，小班、中班幼儿的需求型事件多于大班幼儿；由占有型事件产生的生气情绪，小班幼儿最多，中班其次，大班最少。由此可见，随着年龄的增长，占有型事件引起的生气情绪明显减少。

四、3～6 岁幼儿生气情绪的事件类型讨论

从研究结果可以看出，可以将幼儿生气情绪事件分为 11 种：损害型、需求型、占有型、能力型、训斥型、否定型、传染型、争吵型、违规型、强迫型、冤

枉型。其中，损害型事件、需求型事件、占有型事件、能力型事件、训斥型事件、否定型事件是小班、中班、大班幼儿共有的事件类型，争吵型事件是中班和大班幼儿共有的事件类型，传染型事件是小班幼儿独有的事件类型，违规型事件是中班幼儿独有的事件类型，强迫型事件和冤枉型事件是大班幼儿独有的事件类型。

损害型事件、需求型事件、占有型事件、能力型事件、训斥型事件、否定型事件是由于幼儿被攻击、拒绝、否定而产生的。2～5岁的幼儿处于自我中心阶段，此时幼儿以自我为中心，因此被否定时就会生气。随着自我意识、自主性的发展，中班、大班幼儿会与他人产生意见上的矛盾与冲突，从而产生生气情绪。传染型事件的发生说明，小班幼儿在无意识地受到他人情绪的影响，移情能力有了很大的发展，能够感受到他人的情绪。违规型事件是中班幼儿独有的事件类型，这一阶段的幼儿正处于他律道德的自我中心阶段，思维具有单向不可逆性，以自我为中心，因此容易出现违反规则型事件。强迫型事件和冤枉型事件是大班幼儿独有的事件类型。5岁以后，幼儿的个性特征有了较明显的表现，其中最突出的就是自我意识的发展，道德感、理智感逐渐发展，当幼儿被冤枉时，就会反驳，被强迫做自己不想做的事时，也会反抗，因此会生气。

从调查结果可以发现，需求型事件在各个年龄段所占的比例均在50%左右，由需求型事件产生的生气情绪在不同年龄阶段存在显著差异，小班、中班多于大班，可见需求型事件在小、中班发生的频率较高。小班、中班幼儿的自我控制能力不够，一旦幼儿的需求没有被满足，就会产生生气情绪。由占有型事件产生的生气情绪在不同年龄阶段存在极其显著的差异，小班幼儿最多，中班幼儿其次，大班幼儿最少，即随着幼儿年龄的增长，占有型事件引起的生气情绪明显减少。小班幼儿的占有欲比较强，以自我为中心，因此发生的占有型事件比较多。随着年龄的增长，幼儿逐渐有了分享行为，因此占有型事件逐渐减少。

第三节 3～6岁幼儿生气情绪外在行为特征及差异

一、3～6岁幼儿生气情绪的外在行为特征分析

本次研究中关于生气情绪的行为特征，共收集了234名被试的信息，有效

被试为 194 人，有效率为 82.91%。对有效的 194 名幼儿家长报告的 3~6 岁幼儿尴尬事件的文本资料进行分析，其中，幼儿外在行为表现未作答或无关论述的问卷被视为无效问卷，某些问卷中涉及多种表现，每一个均被视为单独的表现计算在总数中。

（一）3~4 岁小班幼儿生气情绪发生的行为特征

1. 小班幼儿生气情绪的言语特征

小班的总人数为 80 人，有效的言语指标有 50 个。小班幼儿生气情绪在言语方面的指标包括 7 种：大喊大叫、我生气了、丰富的语气词、哭闹、不理你了、不许动和其他。本次研究中生气情绪在言语方面的指标的评分者一致性为 0.82，评分者信度为 0.90，计算方法与计算事件类型的方法相同（表 8-7）。

表 8-7　小班幼儿生气情绪的言语特征

具体言语特征	n	事件描述	典型特征	占比/%	评分者一致性	评分者信度
大喊大叫	28	幼儿在跟小朋友玩玩具，后来玩具被别的小朋友抢走了。抢了一次没有抢回来，被妈妈看见了，被教训了，非常生气，大哭，又跳又喊	哭着大喊、大声哭喊、大声嚷嚷	56.00		
丰富的语气词	5	幼儿提出无理要求，被拒绝之后就会生气，坐在地上，故意站不起来了，摔屁股	哼，哎哟，哎呀	10.00		
我生气了	4	幼儿 4 周岁，在家里要求妈妈与她一起玩躲猫猫，妈妈说："宝宝，妈妈忙着呢，先不和你玩儿了。"宝宝很生气地说："妈妈不和我玩儿，我生气了。"两手抱着肩膀，躲到卧室里哭了，他认为妈妈白天上班，晚上也不陪他玩儿，受到了冷落，感到很生气	说"我生气了""我很生气""太让我生气了"	8.00	0.82	0.90
哭闹	3	幼儿 3 周岁，在商场里看见玩具想要，家长不给买，他很生气。生气的时候会模仿大人说一些威胁的话，比如，"不给我买我就不吃饭了"等，会有很生气和快哭了的表情，爷爷在场的话，就会买，如果妈妈在，幼儿就会被转移注意力	又哭又闹；哭叫	6.00		

续表

具体言语特征	n	事件描述	典型特征	占比/%	评分者一致性	评分者信度
不理你了	3	2017 年 1 月的一天，幼儿拿着哥哥的手机玩得不亦乐乎，这时哥哥手机来了一个电话，哥哥拿起手机接电话，接完电话没有把手机给他，于是他摔门进了卧室，并不吱声。妈妈问幼儿怎么了，他说以后再也不和哥哥玩了，妈妈给幼儿讲小朋友玩手机对眼睛不好，他好像不愿意听这样的道理，没有办法，妈妈给他买了一个玩具	说"不理你了""不喜欢你了"	6.00		
不许动	2	宝宝感冒了，没去幼儿园，大姨家的小弟弟也来了。两个小孩一起玩耍，可小弟弟一动姐姐的玩具，姐姐就很不高兴，嘴里还一直说："那是我的玩具。"	"不许动我的玩具""那是我的玩具，不许你动"	4.00	0.82	0.90
其他	5	姐姐和弟弟一起玩，经常会被弟弟咬。有一次，因为姐姐先拿到球，姐姐被弟弟咬了一口，全家人一起跑过来，姐姐委屈地哭着，看到弟弟在奶奶身后，生气了，用手指着他，跺着脚说："他……"爸爸看见了，把她抱起来，安慰着她，轻轻地拍着她的后背，哄着	生气了，用手指着他	10.00		

2. 小班幼儿生气情绪的动作特征

小班的总人数为 80 人，有效动作指标的有 49 个。小班幼儿生气情绪在动作方面的指标包括 8 种：手部动作、看对方、低头、摔打、嘟嘴、扭头、跺脚、皱眉、其他。本次研究中小班幼儿生气情绪在动作方面的指标的评分者一致性为 0.88，评分者信度为 0.94，如表 8-8 所示。

表 8-8　小班幼儿生气情绪的动作特征

具体动作特征	n	事件描述	典型特征	占比/%	评分者一致性	评分者信度
手部动作	17	爷爷带幼儿买菜，幼儿看到了玩具，非要吵着买，因为家里玩具已经很多了，所以爷爷并没有给他买。回到家里，幼儿谁都不理，自己坐在床上，抱着肩膀，严肃地看着爷爷，大声地和爷爷说："你不给我买好玩的，我生气了。"最后，给他买了好吃的，才高兴	吃手；抱着肩膀；挥舞双手；用手指人；握拳等	34.69	0.88	0.94

续表

具体动作特征	*n*	事件描述	典型特征	占比/%	评分者一致性	评分者信度
看对方	7	不让幼儿看动画片，他生气地边哭边问："为什么不能看？"	抬起头看对方	14.29	0.88	0.94
低头	5	昨天，妈妈给她买了个玩具，但是白天她不在家，弟弟玩了她的玩具，还把玩具玩坏了，晚上她回来后大发雷霆，哭了一个小时，哄了半天	低头、低下头	10.20		
摔打	3	在玩拼图玩具的时候，幼儿拼不上，就摔玩具，"啊啊"地喊，在妈妈的劝说和帮助下把拼图拼好了，过一会儿，就玩其他玩具去了	摔玩具；踢玩具；扔东西	6.12		
嘟嘴	3	有时候，在要求得不到满足的情况下，孩子会有"生气"的表现。自己会嘟着小嘴说："哼，我生气了。"不过也是很快就没事了	嘟着嘴、噘嘴	6.12		
扭头	2	孩子比较任性，和小朋友在一起玩时，很难做到谦让，有的时候会因为抢玩具打架，没抢到的孩子就会很生气，大声嚷嚷不想让其他小朋友玩了，然后就把小脑袋扭到一边，撇着小嘴，知道会有人去哄她。她生气的时候一般比较记仇，要等一小会儿以后才肯原谅别人	小脑袋扭到一边、头转向侧面	4.08		
跺脚	2	姐姐和弟弟闹起了矛盾，两人争吵起来，都气得直跺脚	跺脚	4.08		
皱眉	1	爸爸妈妈领着孩子去玩儿，孩子要玩带颗粒的珍珠泥，正好，到饭点时间，要去吃饭了，爸爸妈妈和孩子商量能不能过一会儿再来玩，孩子就生气了	皱眉头	2.04		
其他	9	宝宝提出的无理要求被拒绝之后就会生气，坐在地上，故意装作站不起来，摔屁股	摔屁股；不理对方；跑；拍大腿	18.37		

3. 小班幼儿生气情绪的表情特征

小班的总人数为80人，有效的表情指标有46个。小班幼儿生气事件发生时的表情外在表现可分为7类：流泪、脸红、带有复杂情绪的表情、嘟嘴、做鬼脸、愤怒、其他。

本次研究中小班幼儿生气情绪的事件评分者一致性为0.92，评分者信度为0.96，如表8-9所示。

表 8-9　小班幼儿生气情绪的表情特征

具体表情特征	n	事件描述	典型特征	占比/%	评分者一致性	评分者信度
流泪	29	昨天，幼儿和自己的小伙伴分享玩具，结果对方将他的玩具玩坏了，幼儿伤心地哭了起来	流下眼泪、哭泣、大哭等	63.04		
脸红	5	其他小朋友把幼儿辛苦搭好的积木和做好的小玩具破坏了，幼儿就会特别生气，脸红，甚至会哭着大喊大叫说："你说话不算数了。"	脸通红	10.87		
带有复杂情绪的表情	5	在家里做手工，那时候每当说他这样做不对的时候，他就会生气，会拍桌子说："就是这样的嘛！"还不允许别人插手，如果妈妈动手，他会把材料抢回去	严肃地看着；不高兴、生气的表情	10.87		
嘟嘴	3	如不让玩玩具，不让看电视时，嘟嘴，皱眉，不和人说话，有时会扔东西	嘟嘴、噘嘴	6.52	0.92	0.96
做鬼脸	1	他经常说自己生气了，假如有的事情未能达到他的要求，他就会生气	做个鬼脸	2.17		
愤怒	1	妈妈因为害怕幼儿长蛀牙，不让吃那么多糖，并骗幼儿家里已经没有糖了，幼儿在家中发怒	怒目怒视、愤怒、气愤的样子	2.17		
其他	2	爸爸妈妈领着孩子去玩，孩子要玩带颗粒的珍珠泥，正好，到了吃饭的时间了，爸爸妈妈和孩子商量能不能过一会儿再来玩，孩子就生气了	嘴唇紧闭；要哭	4.35		

（二）4～5岁中班幼儿生气情绪发生的行为特征

1. 中班幼儿生气情绪的言语特征

中班的总人数为 85 人，有效的言语指标有 56 个。中班幼儿生气情绪在言语方面的指标包括 8 种：大喊大叫、我生气了、哭闹、丰富的语气词、不理你了、不说话、骗子、其他。本次研究中中班幼儿生气情绪在言语方面的指标的评分者一致性为 0.93，评分者信度为 0.96，如表 8-10 所示。

表 8-10　中班幼儿生气情绪的言语特征

具体言语特征	n	事件描述	典型特征	占比/%	评分者一致性	评分者信度
大喊大叫	32	孩子想要一个玩具，妈妈感觉买回来他也不会玩，就没有给他买，领着他从商场出来了，他哭着大喊"破妈妈"，然后妈妈告诉他："买了你也不会玩，并且会弄坏的，太浪费钱了，等你长大了再买。"他听了以后情绪就好多了	哭着大喊、大声哭喊、大声嚷嚷	57.14		
我生气了	5	因为有事情而取消宝宝和他好朋友的聚会，他很生气，很失望，经常开导他，情绪才有好转	说"我生气了""我很生气""太让我生气了"	8.93		
哭闹	4	昨天，妈妈给她买了个玩具，但是白天她不在家，弟弟玩了她的玩具，还把玩具弄坏了，晚上她回来后大发雷霆，哭了一个小时，哄了半天	大声哭闹、又哭又闹、哭叫	7.14		
丰富的语气词	3	答应了孩子，早来接她，没有做到，让她感到很生气	"哼""哎哟""哎呀哎呀""哦"之类	5.36	0.93	0.96
不理你了	2	总是要求妈妈要说到做到。有一次，答应带她去游乐场，但是有其他事情，没去成，然后她就生气了	说"不理你了""不喜欢你了"	3.57		
不说话	2	妈妈本来是答应孩子下午带他出去玩的，可是由于有事没去，惹得孩子很生气，说妈妈说话不算数，他一噘嘴，两只小手捂着小脸，一句话也不说	一句话也不说	3.57		
骗子	1	有一次，早上送幼儿上学，他很不开心，觉得假期结束得太快，还没玩够，妈妈后来说要是听话，乖乖上学，晚上放学给他买玩具。晚上接他回家时，他发现没有玩具，很生气，说妈妈骗了他，后来妈妈给孩子道歉并补上了礼物	骗子、说话不算数、骗人	1.79		
其他	7	春节，在姥姥家，有两个小哥哥也在家，孩子把自己的玩具分享给哥哥玩，但是有一个哥哥把他的玩具拿走了，他很生气，就不愿意再分享玩具了	驳斥、痛斥他人，不让拿走	12.50		

2. 中班幼儿生气情绪的动作特征

中班的总人数为85人，有效的动作特征指标有48个。中班幼儿生气情绪在动作方面的指标包括9种：低头、手部动作、看对方、扭头、摔打、跳、嘟嘴、踩脚、其他。本次研究中中班幼儿生气情绪在动作方面的指标的评分者一致性为0.88，评分者信度为0.94，如表8-11所示。

表 8-11　中班幼儿生气情绪的动作特征

具体动作特征	*n*	事件描述	典型特征	占比/%	评分者一致性	评分者信度
低头	12	幼儿的大姑给他打完针的时候，他生气了，把头一低就不和大姑说话了，大姑说："生病了，不打针，吃药又好不了，生病多难受啊。"后来，他明白了就好了，对大姑说："对不起。"	低下头	25.00		
手部动作	9	姑姑家的小弟弟来家里做客，开始他会和弟弟分享自己的玩具，弟弟走的时候想带走一样玩具，这时他就不高兴了，说："不行，那是我最喜欢的玩具。"撇着嘴大声哭了起来，用手不停地拍打着床边	吃手；抱着肩膀；挥舞双手；用手指人；握拳等	18.75		
看对方	8	一天，弟弟把哥哥的玩具摔坏了，哥哥非常生气，大声喊叫，并流泪表示不满	抬头、抬起头看对方、看着对方	16.67		
扭头	4	孩子想要一件东西，由于家长没给买，所以他生气了，这种情况经常发生，开始的反应有些大，但是随着年龄的增长，孩子的反应就没那么敏感和过激了	小脑袋扭到一边、头转向侧面	8.33	0.88	0.94
摔打	3	半个月前，去大姨家同小姐姐玩时，姐姐想叫幼儿过去同她讲道理，可幼儿就是不过去，心里可能在想"你为什么老管我，让我必须听从你的指挥？"于是，姐俩就谁也不服从谁，一个哭，两个一起叫，等穿衣服要走时，幼儿把姐姐之前送她的一件小裙子扔到沙发上，还哭着说："我不要你的裙子了，还给你。"	摔玩具、踢玩具、扔东西	6.25		
跳	2	四岁多的时候，别人家的小朋友把他最喜欢的玩具玩坏了，他大嚷大叫，小脸气得通红，回家后还哭	跳起来	4.17		
嘟嘴	1	在家里吃饭时，孩子对妈妈做的饭菜有意见，感觉不可口，不满意，撅着嘴嘟囔	嘟着嘴、撅嘴	2.08		
踩脚	1	有一次，爸爸不小心把她心爱的玩具弄坏了，当时她大哭，眼泪不停地往下流，非常不高兴，后来爸爸及时向宝宝道歉，并且和宝宝一起修好了玩具，宝宝才高兴，说不生爸爸的气	踩着脚；踩地	2.08		

具体动作特征	n	事件描述	典型特征	占比/%	评分者一致性	评分者信度
其他	8	孩子在家里太好动，有次又因为偷偷捏小弟弟挨了打。妈妈用一个玩具枪轻轻打了他的屁股作为小惩罚，他非常生气	跑开；大哭大叫；抱玩具；关起门哭了	16.67	0.88	0.94

3. 中班幼儿生气情绪的表情特征

中班的总人数为 85 人，有效的表情特征指标有 54 个。中班幼儿生气情绪在事件发生时的表情外在表现可分为 6 类：流泪、脸红、愤怒、做鬼脸、嘟嘴、带有复杂情绪的表情。本次研究中中班幼儿生气情绪在表情方面的事件的评分者一致性为 0.83，评分者信度为 0.91，如表 8-12 所示。

表 8-12　中班幼儿生气情绪的表情特征

具体表情特征	n	事件描述	典型特征	占比/%	评分者一致性	评分者信度
流泪	29	妈妈答应幼儿周末回姥姥家，结果到时间没去，幼儿特别生气地说："哼哼，妈妈说话不算数。"说几句后会哭	流下眼泪、掉眼泪、哭泣、大哭	53.70		
脸红	6	有一次，在家里，幼儿和姐姐斗嘴，但斗不过，就特别生气地对姐姐说："还有完没完啊！"	脸通红	11.11		
愤怒	6	放学回到家中，家长控制幼儿看电视、玩电脑，幼儿生气，与家长顶嘴，家长引导他去拿笔画画，做游戏	怒目怒视、愤怒、气愤的样子	11.11	0.83	0.91
做鬼脸	5	妈妈本来是答应孩子下午带他出去玩的，可是由于有事没去，惹得孩子很生气，说妈妈说话不算数，小嘴噘着，两只小手捂着小脸，一句话也不说	做个鬼脸	9.26		
嘟嘴	3	家长不给孩子买冰淇淋，她会找出家长的各种不足。幼儿很调皮，总是不开心	嘟着嘴、噘嘴	5.56		
带有复杂情绪的表情	5	幼儿在姥姥家和弟弟玩，弟弟把他的玩具弄坏了，幼儿很生气地来到妈妈身边说："妈妈，弟弟不好好玩玩具，把我喜欢的玩具弄坏了。"	严肃地看着、不高兴、生气的表情	9.26		

（三）5～6 岁大班幼儿生气情绪外在行为特征

1. 大班幼儿生气情绪的言语特征

大班的总人数为 69 人，有效的言语特征指标为 39 个。大班幼儿生气情绪在言语方面的指标包括 8 种：大喊大叫、我生气了、丰富的语气词、哭闹、不理你了、不说话、骗子、其他。本次研究中大班幼儿的生气情绪在言语方面指标的评分者一致性为 0.86，评分者信度为 0.92，如表 8-13 所示。

表 8-13　大班幼儿生气情绪的言语特征

具体言语特征	n	事件描述	典型特征	占比/%	评分者一致性	评分者信度
大喊大叫	13	姐弟俩吵架，家长向着弟弟，而不听姐姐的话，她会大哭、大叫、做鬼脸、嘟嘴，很生气，结果大人就都去哄她	哭着大喊、大声哭喊、大声嚷嚷	33.33		
不说话	8	周末因为没有陪她去买喜欢的玩具而生气，但是讲好道理后，她的情绪会改善	一句话也不说	20.51		
丰富的语气词	6	在学校，有同学故意打幼儿，而打他的同学还不向幼儿道歉，幼儿跟这位同学说："不要打仗，打仗是不礼貌的，而且我们都不喜欢你。"	"哼""哎哟""哎呀""哦"	15.38		
我生气了	3	每天要是有不愉快的事，幼儿就会马上生气，但是如果有人逗他或者转移他的注意力，便马上就好了，变得阳光灿烂	"我生气了""我很生气""太让我生气了"	7.69		
不理你了	3	在幼儿想要某件物品时，不给买就非常生气，不理人，和谁也不说话，最后在妈妈的劝说下，没有买这件东西，但是心里还是不服	"不理你了""不喜欢你了"	7.69	0.86	0.92
哭闹	1	暑假结束了，孩子又开始上学了，马上快上一年级了，妈妈认为该教孩子多认识一些字了。幼儿每天都认几个字，妈妈觉得他挺用心的，就答应买玩具来奖励他一下。本来答应晚上给买，但是结果因为忙没买成。幼儿回来后就问："我的玩具买了没有？"妈妈有些内疚，告诉他："没有买。"幼儿有些不高兴了，说："不是说给我买的吗？"妈妈说："太忙了，明天可以吗？"孩子听了，有些委屈地答应了	大声哭闹、又哭又闹、哭叫	2.56		
骗子	1	爸爸妈妈答应陪幼儿去游乐场，因种种事情没有去	骗子、说话不算数、骗人	2.56		

续表

具体言语特征	n	事件描述	典型特征	占比/%	评分者一致性	评分者信度
其他	4	幼儿随姥姥到老年活动中心去唱歌，其他老人带的小朋友撕了她画的画，她开始哭泣，委屈地说："把我的画还给我。"	无语、不和他们玩了	10.26	0.86	0.92

2. 大班幼儿生气情绪的动作特征

大班的总人数为69人，有效的动作特征指标为35个。大班幼儿生气情绪在动作方面的指标有9种：低头、手部动作、看对方、扭头、摔打、嘟嘴、跺脚、皱眉、其他，如表8-14所示。

表8-14 大班幼儿生气情绪的动作特征

具体动作特征	n	事件描述	典型特征	占比/%	评分者一致性	评分者信度
低头	11	幼儿随姥姥到老年活动中心去唱歌，其他老人带的小朋友不小心玩坏了他的玩具，他生气地低着头不说话	低头，低下头	31.43	0.88	0.94
手部动作	7	妹妹和哥哥玩时，玩着玩着两人就吵了起来。以前也吵，但没见过她这么生气，生气时就说："哥哥你总欺负我，我不和你说了，你都那么大了，还和我吵架，不和你玩了。"	吃手；抱着肩膀；挥舞双手；用手指人；握拳等	20.00		
看对方	7	周末去姥姥家做客，姥姥做了一桌的美食来招待幼儿，并不停地夹菜送到她的嘴里，还边给她讲要多吃蔬菜，不能挑食，开始她还张口接着，后来突然大喊道："姥姥，你别这么快给我夹了，我都咽不下去了！"	抬头、抬起头看对方、看着对方	20.00		
扭头	2	幼儿不想去学舞蹈，爷爷采取强硬手段让他去学舞蹈	小脑袋扭到一边，头转向侧面	5.71		
摔打	2	幼儿在拼磁力棒时，因长时间拼装不好，生气。大声喊叫，会把拼装一半的磁力棒弄乱，非常生气地跑开，过一会儿，来到妈妈的身边，无精打采地说："妈妈，我是不是很笨？怎么拼也拼不好。"说着说着就哭了，后来妈妈告诉他不要着急，一遍不行就两遍，慢慢来。过一会儿，他就又去拼装了	摔玩具；踢玩具；扔东西	5.71		
嘟嘴	2	爸爸妈妈答应陪幼儿去游乐场，但因种种事情没有去	嘟着嘴，噘嘴	5.71		

续表

具体动作特征	n	事件描述	典型特征	占比/%	评分者一致性	评分者信度
跺脚	1	星期天，妈妈答应带幼儿去游乐场，后来临时有事就没去，直到晚上才想起自己答应孩子的事情。幼儿大声说"妈妈骗人"，然后走出房间，后来妈妈跟他道歉并答应他下不为例	跺着脚	2.86	0.88	0.94
皱眉	1	放学回家，进家门，孩子打开电视看动画片。妈妈让他先把衣服、鞋子换了。孩子听后不理睬，仍然看电视，妈妈又大声说了一遍，他就皱起眉来，生气不说话	皱着眉头	2.86		
其他	2	幼儿有一件粉色的小衫，她特别喜欢，她和姐姐在一起画画，姐姐不小心把水彩笔弄到了她的小衫上，她一边推着姐姐一边哭着说："你赔我衣服，你赔我衣服。"	坐在床上不动；自己玩耍	5.71		

3. 大班幼儿生气情绪的表情特征

大班的总人数为69人，有效的表情指标为38个，大班幼儿生气情绪在表情方面的指标可分为7类：流泪、带有复杂情绪的表情、脸红、嘟嘴、皱眉、愤怒、做鬼脸。本次研究中生气情绪在表情特征方面的评分者一致性为0.86，评分者信度为0.92，如表8-15所示。

表8-15　大班幼儿生气情绪的表情特征

具体表情特征	n	事件描述	典型特征	占比/%	评分者一致性	评分者信度
流泪	14	寒假的时候，妈妈带幼儿出去玩儿，他玩起来比较兴奋，还不注意安全，有时自己玩尽兴了就单独走了。为了改掉他这种坏习惯，妈妈故意躲起来，让他找不到，结果很久他才发现妈妈不在身边，看起来真是着急了，等到找到妈妈时，他生气地说："坏妈妈，再也不和你玩了。"	流下眼泪、掉眼泪、哭泣、大哭	36.84	0.86	0.92
带有复杂情绪的表情	11	妹妹和哥哥玩时，玩着玩着两人就吵了起来。以前也吵，但没见过她这么生气，生气时就说"哥哥，你总欺负我，我不和你说了，你都那么大了，还和我吵架，不和你玩了。"	严肃地看着、不高兴、生气的表情	28.95		
脸红	4	幼儿在和其他小伙伴玩游戏时，当与其他小伙伴儿闹别扭、吵架时，会很生气	脸涨得通红	10.53		

续表

具体表情特征	*n*	事件描述	典型特征	占比/%	评分者一致性	评分者信度
嘟嘴	4	放学回家，进家门，孩子打开电视看动画片。妈妈让他先把衣服、鞋子换了。孩子听后不理睬，仍然看电视，妈妈又大声说了一遍，他就噘起嘴，生气不说话	嘟着嘴、噘嘴	10.53	0.86	0.92
皱眉	3	生活中，如果孩子在吃饭、学习、玩等方面的时间过长，便会腻烦，并出现生气的表情和行为	皱着眉头	7.89		
愤怒	1	妈妈去接幼儿放学，刚从学校出来，幼儿就说：“妈妈，今天可以去公园玩吗？”妈妈说：“不行，今天有事不能去。”幼儿说：“妈妈，你说话不算数，我就是想去玩。”妈妈说：“不行。”幼儿说：“妈妈，你是坏妈妈，我生气了。”	怒目怒视、愤怒、气愤的样子	2.63		
做鬼脸	1	姐弟俩吵架，家长向着弟弟，而不听姐姐的话，她会大哭、大叫、做鬼脸，嘟嘴，很生气，结果大人就都去哄她	做个鬼脸	2.63		

（四）3～6岁幼儿生气情绪具体特征的差异对比

对470份有效问卷进行归类，3～6岁幼儿生气情绪的外在表现主要分为三大类：言语、动作、表情。

言语特征可以具体分为9类：大喊大叫、丰富的语气词、我生气了、哭闹、不理你了、不许动、不说话、骗子、其他。其中，大喊大叫、丰富的语气词、我生气了、哭闹、不理你了是小班、中班、大班幼儿共有的言语方面的表现，不说话、骗子是中班和大班幼儿共有的言语方面的表现，不许动是小班幼儿独有的言语方面的表现，如表8-16所示。

表8-16 3～6岁幼儿生气情绪言语特征的差异性分类

具体言语特征	小班（3～4岁）		中班（4～5岁）		大班（5～6岁）		χ^2	*p*	事后比较
	n	占比/%	*n*	占比/%	*n*	占比/%			
大喊大叫	28	56.00	32	57.14	13	33.33	7.24*	0.03	小>中>大
丰富的语气词	5	10.00	3	5.36	6	15.38	1.00	0.61	NS
我生气了	4	8.00	5	8.93	3	7.69	0.50	0.78	NS
哭闹	3	6.00	4	7.14	1	2.56	1.75	0.42	
不理你了	3	6.00	2	3.57	3	1.52	0.25	0.88	
不许动	2	4.00							
不说话			2	3.57	8	20.51			
骗子			1	1.79	1	2.56			
其他	5	10.00	7	12.5	4	10.26	0.88	0.65	

动作特征可以具体分为 10 类：手部动作、看对方、低头、摔打、嘟嘴、扭头、跺脚、跳、皱眉、其他。其中，手部动作、看对方、低头、摔打、嘟嘴、扭头、跺脚是小班、中班、大班幼儿共有的在动作方面的表现，跳是中班幼儿独有的在动作方面的表现，皱眉是小班和大班幼儿共有的在动作方面的表现，如表 8-17 所示。

表 8-17 3～6 岁幼儿生气情绪动作特征的差异性分类

具体动作特征	小班		中班		大班		χ^2	p	事后比较
	n	占比/%	n	占比/%	n	占比/%			
手部动作	17	34.69	9	18.75	7	20.00	6.73*	0.04	小>中>大
看对方	7	14.29	8	16.67	7	20.00	0.09	0.96	NS
低头	5	10.20	12	25.00	11	31.43	3.07	0.22	NS
摔打	3	6.12	3	6.25	2	5.71	0.25	0.88	NS
嘟嘴	3	6.12	1	2.08	2	5.71	1.00	0.61	NS
扭头	2	4.08	4	8.33	2	5.71	1.00	0.61	NS
跺脚	2	4.08	1	2.08	1	2.86	0.50	0.78	NS
跳			2	4.17					
皱眉	1	2.04			1	2.86			
其他	9	18.37	8	16.67	2	5.71	4.53	0.10	NS

由表 8-17 可见，3～6 岁幼儿在体验到生气情绪时通常会出现的动作有看对方、低头，而且不同年龄段的幼儿不存在差异。随着年龄的增长，幼儿道德情绪不断发展，他们会出现更复杂的情绪反应，如跺脚、跳、皱眉等。其中，幼儿生气情绪的手部动作存在显著的年龄段差异，其余动作特征的年龄段差异不明显。

表情可以具体分为 8 类：流泪、脸红、带有复杂情绪的表情、嘟嘴、做鬼脸、愤怒、皱眉、其他。其中，流泪、脸红、带有复杂情绪的表情、嘟嘴、做鬼脸、愤怒是小班、中班、大班幼儿共有的在表情方面的表现，皱眉是大班幼儿独有的在表情方面的表现，如表 8-18 所示。

表 8-18 3～6 岁幼儿生气情绪表情特征的差异性分类

具体表情特征	小班		中班		大班		χ^2	p	事后比较
	n	占比/%	n	占比/%	n	占比/%			
流泪	29	63.04	29	53.70	14	36.84	5.37	0.07	NS
脸红	5	10.87	6	11.11	4	10.53	0.40	0.82	NS
带有复杂情绪的表情	5	10.87	5	9.26	11	28.95	4.46	0.11	NS

续表

具体表情特征	小班		中班		大班		χ^2	p	事后比较
	n	占比/%	n	占比/%	n	占比/%			
嘟嘴	3	6.52	3	5.56	4	10.53	0.20	0.91	NS
做鬼脸	1	2.17	5	9.26	1	2.63	4.57	0.10	NS
愤怒	1	2.17	6	11.11	1	2.63	6.25*	0.04	中>小、大
皱眉					3	7.89			
其他	2	4.35							

二、3~6岁幼儿生气情绪外在行为特征讨论

生气情绪是3~6岁幼儿常见的一种情绪,也是与幼儿自我意识发展紧密相关的一种情绪。如何让幼儿合理地表达和宣泄生气情绪,也是幼儿教师和家长需要在日常生活中关注的。

对全部470份有效问卷进行归类,3~6岁幼儿生气情绪的外在表现主要包括三大类:言语、动作、表情。在言语方面,3~6岁幼儿生气情绪在言语方面的外在表现主要是大喊大叫,其次是丰富的语气词、我生气了。生气是一种自我中心情绪,生气与责备他人的归因相联系,当幼儿被阻挠、利用、捉弄或者是受到攻击、威胁时,会产生生气情绪,通过大喊大叫、丰富的语气词、我生气了、哭闹等方式表达情绪。随着认知能力的发展,当幼儿被他人欺骗时,会说对方是骗子。在动作方面,随着年龄的增长,3~6岁幼儿在体验到生气情绪时,会出现踩脚、跳、皱眉等更丰富的动作表现,以此来表达自己的生气情绪。在表情方面,3~6岁幼儿在体验到生气情绪时主要有流泪、脸红、带有复杂情绪的表情、嘟嘴、做鬼脸、愤怒、皱眉等表情。

可见,幼儿教育工作者要学会掌握和了解幼儿生气情绪的外在行为特征,及时捕捉到生气情绪的信号,进而对幼儿开展有效的教育和疏导。

第四节 3~6岁幼儿生气情绪与道德的关系

一、3~6岁幼儿生气情绪与道德的关联程度

将关于3~6岁幼儿生气情绪事件的访谈文本资料逐字输入到电脑,运用内容分析法,从中挑选出234个分析单元,对这234个分析单元进行整理和筛选,删

去"没有填写"的 40 个分析单元。对剩余的 194 个分析单元进行分类。经过对开放式问卷的整理与归类，对小班、中班、大班幼儿的生气情绪与道德关联程度进行方差分析，如表 8-19 所示。

表 8-19 3～6 岁幼儿生气情绪与道德关联程度的差异分析

班级	分析单元/个	$M \pm SD$	F	p
小班	67	1.72±1.24		
中班	73	1.42±1.24	0.99	0.37
大班	54	1.59±1.22		

通过数据分析，3～6 岁幼儿生气情绪与道德的相关程度均值为 2.9～3.2，可见不同年龄阶段幼儿体验到的生气情绪都与道德存在一定的相关。但是通过方差分析发现，不同年龄阶段幼儿生气情绪发生时道德相关分数之间不存在显著的年龄段差异。

二、3～6 岁幼儿生气情绪与道德关联程度的讨论

从本次研究结果可以看出，生气情绪与道德的关联程度的年龄段差异达到统计学上的显著水平（$p=0.37>0.05$）。可见，不同年龄阶段幼儿生气情绪发生时与道德有很大的关联程度，但差异不显著。

虽然不同年龄阶段幼儿生气情绪与道德的关联程度在年龄段上的差异不显著，但是生气情绪与道德有很大的关联。生气是一种自我中心情绪，生气对他人产生威胁，与责备他人的归因相联系；而且，幼儿的生气与后期发展起来的内疚、羞愧、失望等自我意识情绪密切相关。生气的一般诱因是个体被阻挠、耽搁、利用、捉弄等。生气情绪产生的原因有以下几个方面：一是由不希望发生的事情诱发；二是由一些个体看来是故意的行为诱发，这些行为在个体看来是故意的，可能会使个体感到愤怒；三是由与个体价值观相违背的事件诱发；四是由于个体希望控制和避免某些事件而产生的。从以上几个方面可以看出，生气普遍产生于人际关系过程中，生气情绪的产生可能是由于违反了他人或者自己的道德准则或价值观，例如，强迫型事件，是指他人强迫幼儿做自己不想做的事情。违规型事件，是指幼儿由于他人不遵守自己的规则而生气。根据皮亚杰的道德认知发展理论，幼儿的品质是一个从他律到自律的发展过程。幼儿的道德判断是从前道德阶段、他律道德阶段、自律道德阶段发展到公正阶段。3～6 岁幼儿正是处于他律道德阶段。自我中心阶段（2～5 岁）幼儿的思维处于前运算阶段，具有单向不可逆性，以自我为中心，规则对幼儿无约束力。中班幼儿的规则意识还不强，因此当其他

幼儿违反规则时，会因为违反规则而出现生气事件。占有型事件是因为他人占有自己的东西而生气，当他人占有自己的玩具时，由于处于自我中心阶段，幼儿不想分享玩具，并且此时他们处于他律道德阶段，以他律的绝对规则或对权威的绝对服从和崇拜为特征。

第九章

3～6岁幼儿害怕情绪发展特征

第一节 研 究 方 法

一、研究对象

本次研究通过家长的作答了解幼儿害怕情绪的发展特征。以内蒙古赤峰市和吉林省长春市两所幼儿园的 541 名幼儿作为研究对象，由家长填写幼儿情绪问卷，共发放 541 份，有效问卷为 484 份，有效率为 89.46%。被试的基本情况如表 9-1 所示。

表 9-1　害怕情绪研究的被试基本信息

类别	小班	中班	大班	总计
有效人数/人	185	173	126	484
平均年龄/岁	3.68	4.49	5.63	4.50
男生/人	100	98	70	268
女生/人	85	75	56	216

二、研究工具

根据瑞士心理学家谢勒尔的问卷自编半开放式问卷。本次研究采用的问卷为幼儿情绪问卷家长版。通过家长对幼儿经历的情绪事件进行再次回忆，然后进行相关内容分析，这是情绪研究中经典的研究方法之一。由 3～6 岁幼儿家长对幼儿的害怕情绪进行报告，即他人报告法。让家长回忆幼儿半年内曾经体验过的害怕情绪事件，具体题目如下：请详细写出幼儿在多大的时候，具体什么时间、地点发生了什么事，害怕情绪发生时有哪些相关的人或物，并详细记录和描述幼儿在情绪发生时的动作、言语、表情等，即详细描述该害怕情绪事件的起因、经过和结果等。另外，问卷还包括封闭式题目，用以了解幼儿害怕情绪的产生与道德的关联程度，具体题目如下："您认为幼儿体验到的害怕事件情绪与道德相关的程度有多大？"采用5点评分，从"不相关"到"完全相关"分别计0～4分。

三、研究程序

向幼儿家长发放问卷，对家长回答的文本内容进行汇总，主要采用内容分析法来进行问卷分析。根据研究目标，依事件的情绪类型、言语特征和非言语特征制定内容分析编码手册，培训编码实验员，对事件进行详细分析。对收集到的问卷进行编码和分析，按照出现频率确定幼儿害怕情绪发生的言语、动作、表情指标，对情绪事件类型进行举例。然后，对3～6岁不同年龄阶段的幼儿害怕情绪的事件类型和具体特征进行对比。采用SPSS 19.0软件进行数据统计分析，主要采用卡方检验进行统计分析。

第二节　3～6岁幼儿害怕情绪事件类型及差异

一、3～6岁幼儿害怕情绪事件类型分析

发放541份问卷，有效问卷共484份，有效率为89.46%。无效问卷为家长描述的幼儿情绪不属于害怕情绪或描述不清。

（一）3～6岁幼儿害怕情绪事件类型编码

对问卷中关于3～6岁幼儿害怕情绪事件的文本资料进行分析，如表9-2所示。

表9-2　3～6岁幼儿害怕情绪事件类型概念表

事件类型	概念	事例
动物型	害怕小动物会伤害自己	宝宝害怕小狗等动物
未知型	指对未知的人和事物感到害怕	宝宝害怕巨大的声响
威胁型	指害怕自己或他人的人身安全受到威胁或将会受到威胁	乐乐找不到妈妈
惩罚型	指违反规则、不听话或太调皮，受到爸爸妈妈的惩罚	孩子害怕被打屁股
伤害型	指害怕去医院，害怕生病打针，感觉到轻度疼痛	宝宝害怕打针
评价型	指害怕他人对自己的负面评价	嘻嘻害怕尿裤子会被他人嘲笑

续表

事件类型	概念	事例
自立型	指害怕一个人做某些事情	宝宝害怕一个人待在房间
逃避型	指害怕再次看见一些电视上的情节而进行逃避	宝宝不敢看暴力或恐怖画面
其他	指无法归类的事件	

（二）3～6岁幼儿害怕情绪事件类型分析

1. 小班幼儿害怕情绪事件类型分析

小班的总人数为201人，有效被试为185人。害怕情绪事件类型可分为7类：动物型、未知型、威胁型、惩罚型、伤害型、评价型和其他。本次研究中小班幼儿害怕情绪的相关事件的评分者一致性为0.92，评分者信度为0.96，如表9-3所示。

表9-3　小班幼儿害怕情绪事件分类

事件类型	n	占比/%	评分者一致性	评分者信度
动物型	17	9.19		
未知型	65	35.14		
威胁型	45	24.32		
惩罚型	26	14.05	0.92	0.96
伤害型	15	8.11		
评价型	2	1.08		
其他	15	8.11		

2. 中班幼儿害怕情绪事件类型分析

中班的总人数为190人，有效被试为173人，害怕情绪事件类型可分为8类：动物型、未知型、威胁型、惩罚型、伤害型、自立型、逃避型和其他。本次研究中中班幼儿害怕情绪的相关事件的评分者一致性为0.88，评分者信度为0.94，如表9-4所示。

表9-4　中班幼儿害怕情绪事件分类

事件类型	n	占比/%	评分者一致性	评分者信度
动物型	13	7.51		
未知型	33	19.08		
威胁型	22	12.72	0.88	0.94
惩罚型	44	25.43		
伤害型	13	7.51		

事件类型	n	占比/%	评分者一致性	评分者信度
自立型	21	12.14	0.88	0.94
逃避型	13	7.51		
其他	14	8.09		

3. 大班幼儿害怕情绪事件类型分析

大班的总人数为150人，有效被试为126人，害怕事件类型可分为9类：动物型、未知型、威胁型、惩罚型、伤害型、自立型、逃避型、评价型和其他。本次研究中大班幼儿害怕情绪的相关事件的评分者一致性为0.82，评分者信度为0.90，如表9-5所示。

表9-5　大班幼儿害怕情绪事件分类

事件类型	n	占比/%	评分者一致性	评分者信度
动物型	15	11.90		
未知型	21	16.67		
威胁型	19	15.08		
惩罚型	38	30.16		
伤害型	4	3.17	0.82	0.90
自立型	11	8.73		
逃避型	9	7.14		
评价型	4	3.17		
其他	5	3.97		

（三）3～6岁幼儿害怕情绪事件类型的年龄段差异对比

对有效数据进行害怕事件分类，将其分为9种事件类型：动物型、未知型、威胁型、惩罚型、伤害型、评价型、自立型、逃避型、其他。其中，动物型事件、未知型事件、威胁型事件、惩罚型事件、伤害型事件是小班、中班、大班幼儿共有的事件类型，评价型事件是小班和大班幼儿共有的事件类型，自立型事件和逃避型事件是中班、大班幼儿具有的事件类型，如表9-6所示。

表9-6　3～6岁幼儿害怕情绪事件类型的内容分析

事件类型	小班		中班		大班		χ^2	p	事后检验
	n	占比/%	n	占比/%	n	占比/%			
动物型	17	9.19	13	7.51	15	11.90	0.53	0.77	NS
未知型	65	35.14	33	19.08	21	16.67	26.08	0.00	小>中>大

续表

事件类型	小班		中班		大班		χ^2	p	事后检验
	n	占比/%	n	占比/%	n	占比/%			
威胁型	45	24.32	22	12.72	19	15.08	14.12	0.00	小>中>大
惩罚型	26	14.05	44	25.43	38	30.16	4.67	0.10	NS
伤害型	15	8.11	13	7.51	4	3.17	6.44	0.04	小>中>大
评价型	2	1.08			4	3.17			
自立型			21	12.14	11	8.73			
逃避型			13	7.51	9	7.14			
其他	15	8.11	14	8.09	5	3.97			

二、3～6岁幼儿害怕情绪的事件类型讨论

害怕是幼儿常见的情绪之一，3～6岁幼儿主要会因为害怕小动物、对陌生的人或者事情感到害怕、感到有危险时、受到惩罚、受到伤害时会感到害怕。而他人对自己的评价也会引发小班和大班幼儿的害怕情绪。对于中班和大班的幼儿，如果需要独自一个人会感到害怕，这里小班没有报告，可能的原因是小班幼儿年龄小，更多时会有父母或养育者陪伴，幼儿自己一个人的时间较少。

第三节　3～6岁幼儿害怕情绪外在行为特征及差异

一、3～6岁幼儿害怕情绪的外在行为特征

对全部441名调查对象关于3～6岁幼儿害怕情绪事件的文本资料进行分析。

（一）3～4岁小班幼儿害怕情绪的外在行为特征

1. 小班幼儿害怕情绪的言语特征

本次研究中小班幼儿的总人数为73人，有效的言语特征指标为37个。小班幼儿害怕情绪在言语方面的指标有5种：喊叫、直接表达情感/寻求帮助、道歉、不说话和其他（解释、自我安慰；语速缓慢）。本次研究中小班幼儿害怕情绪在言语特征方面的评分者一致性为0.90，评分者信度为0.93，如表9-7所示。

表 9-7　小班幼儿害怕情绪的言语特征

具体言语特征	*n*	事件描述	典型特征	占比/%	评分者一致性	评分者信度
喊叫	14	幼儿在小区门口独自玩耍，突然一辆汽车进来停在栏杆前，她害怕地大叫："啊！"她的表情慌张，急匆匆地跑到妈妈的身边	大喊大叫、大声呼喊	37.84	0.90	0.93
直接表达情感/寻求帮助	10	有一天，带宝宝去看"欢乐好声音"，每次大猩猩出来的时候，他都很害怕，往妈妈身后躲，并且说："妈妈，你帮我挡着点。"	"太可怕了""妈妈我害怕""妈妈我怕""我怕黑，和我一起去吧"	27.03		
道歉	4	幼儿不听话，爸爸要打他屁股的时候，他会道歉，说："我错了，我不再那样了！"	道歉，说"对不起，妈妈，我错了"	10.81		
不说话	4	幼儿不听话，爸爸生气时，幼儿会很害怕。他会躲在妈妈身后，不敢说话，表情也很惊恐	不敢说话；闭口不谈；没说什么	10.81		
其他（解释、自我安慰；语速缓慢）	5	幼儿把妈妈的手机掉在地上摔坏了，藏起来却被妈妈发现了，妈妈问幼儿原因，幼儿哭着说："我不知道啊！"	事后几分钟说："我不要妈妈了；小狗咬我；妈妈生气了。"声音正常，语速相对慢一点	13.51		

由表 9-7 可见，37 名家长报告了害怕情绪发生时幼儿会有语言出现。幼儿在害怕时会大喊大叫，大喊大叫在本次研究中是指在出现害怕情绪时，幼儿会大声呼喊、喊叫。幼儿在害怕时也会直接表达情感或寻求帮助，直接表达情感在本次研究中是指出现害怕情绪时，幼儿会用言语直接表达自己的害怕，说明原因并且暗示向他人寻求帮助。幼儿在害怕时会道歉，道歉在本次研究中是指出现害怕情绪时，幼儿会对自己的行为道歉，希望能够得到周围人的原谅，从而躲避让自己害怕的事情。幼儿在害怕时会不说话，不说话在本次研究中是指在出现害怕情绪时，幼儿会出现沉默、不敢说话。幼儿在害怕时会有其他表现，其他在本次研究中是指在出现害怕情绪时，幼儿对自己的行为进行解释，或者自我安慰，或者伴随着语速的放缓。

2. 小班幼儿害怕情绪的动作特征

小班幼儿的总人数为 73 人，有效的动作特征指标为 48 个。小班幼儿害怕情绪在动作方面的指标包括 5 种：低头、躲闪、看对方、亲近他人和其他。本次研究中小班幼儿的害怕情绪在动作特征方面的评分者一致性为 0.91，评分者信度为 0.95，如表 9-8 所示。

表 9-8 小班幼儿害怕情绪的动作特征

具体动作特征	n	事件描述	典型特征	占比/%	评分者一致性	评分者信度
躲闪	14	有一天,在路上看见了一只小狗,幼儿吓得赶紧往妈妈身后躲,等小狗不见踪影了才走到前面	捂住眼睛;躲在成人身后;跑走;躲起来不敢看;远离自己害怕的物体;捂耳朵	29.17	0.91	0.95
低头	10	如果电视里面出现怪兽,幼儿会害怕,赶紧关掉电视,并且低下头,有时候睡觉想起来还会害怕	低头;低头玩手指	20.83		
亲近他人	10	一天晚上,姐姐和幼儿捉迷藏,姐姐藏在门后,他没看到,姐姐突然大叫着跳出来,他被吓到了,连忙跑到姥姥的身边,还大声地说:"太可怕了,快跑!"	紧紧拉住亲人的手;伸手抱住妈妈的脖子;搂住姥姥;拉着手	20.83		
看对方	9	吃饭的时候,幼儿不小心把碗打翻了,自己吓哭了。幼儿抬起头看着妈妈,妈妈开导他说不是故意的,下次小心就好了	抬起头看对方;会认真地瞪大眼睛看着妈妈	18.75		
其他	5	幼儿晚上睡觉醒来,发现妈妈不在,就大声哭了起来,头转来转去,手足无措,一直喊"妈妈"	吃手;擦眼泪;手足无措	10.42		

由表 9-8 可知小班幼儿害怕情绪发生时的动作指标分布。幼儿在害怕时会躲闪。躲闪在本次研究中是指在出现害怕情绪时,眼神或者身体远离、躲避害怕的事物。幼儿在害怕时会低头,低头在本次研究中是指在出现害怕情绪时,幼儿会低下头。幼儿在害怕时会亲近他人,亲近他人在本次研究中是指在出现害怕情绪时,幼儿会与他人建立肢体上的亲密接触。幼儿在害怕时会看别人,看别人在本次研究中是指在出现害怕情绪时,幼儿会抬头看周围的人。幼儿在害怕时产生的其他动作,包括吃手、擦眼泪或者由于害怕产生的慌张行为,如手足无措等。

3. 小班幼儿害怕情绪的表情特征

小班幼儿的总人数为 73 人,有效的表情特征指标为 51 个。小班幼儿害怕情绪发生时表情的外在表现可分为 4 种:脸红、流泪、五官细微动作、带有复杂情绪的表情。本次研究中小班幼儿害怕情绪在表情特征方面的评分者一致性为 0.89,评分者信度为 0.94,如表 9-9 所示。

表 9-9　小班幼儿害怕情绪的表情特征

具体表情特征	n	事件描述	典型特征	占比/%	评分者一致性	评分者信度
流泪	30	吃饭时，幼儿不小心把碗打碎了，把自己吓哭了，妈妈开导他没关系，以后要小心	流泪、哭了	58.82	0.89	0.94
带有复杂情绪的表情	9	幼儿太调皮了，妈妈说要打他屁股，还没打，他就表现出特别惊恐的表情，并躲闪	害怕；惊恐；不开心；吵闹	17.65		
脸红	8	幼儿将姐姐的书撕破了，偷偷放回去后被妈妈发现，询问幼儿时，幼儿低下了头	小脸蛋会发热、发红	15.69		
五官细微动作	4	爸爸出差不在家，晚上天黑了，幼儿偶尔说害怕，怕有怪物，叮嘱妈妈锁好门，同时表情也有点僵硬	面部表情发生变化，如皱眉等	7.84		

由表 9-9 可见，小班幼儿出现害怕情绪时会伴随各种表情特征。流泪是指幼儿因为害怕而流下了眼泪，包括大哭和简单地流泪。带有复杂情绪的表情在本次研究中是指幼儿在害怕情绪发生时产生如慌张、惊恐等复杂情绪，出现睁大眼睛、张嘴等表情。脸红在本次研究中是指幼儿因为害怕而脸部发热。五官细微动作在本次研究中是指幼儿在产生害怕情绪时会出现皱眉、闭眼和做鬼脸等表情。

（二）4～5 岁中班幼儿害怕情绪发生的行为特征

1. 中班幼儿害怕情绪的言语特征

本次研究中中班幼儿的总人数为 74 人，有效的言语特征指标为 41 个。中班幼儿害怕情绪在言语方面的指标包括 5 种：不说话、道歉、解释原因、喊叫、其他（解释原因、自我安慰）。本次研究中中班幼儿害怕情绪在言语特征方面的评分者一致性为 0.86，评分者信度为 0.93，如表 9-10 所示。

表 9-10　中班幼儿害怕情绪的言语特征

具体言语特征	n	事件描述	典型特征	占比/%	评分者一致性	评分者信度
喊叫	18	幼儿在家里玩，主卧室的灯是关着的，孩子不小心进来后就吓得哭起来，大喊着跑出去，平时也比较怕黑	大喊大叫；"啊呀"	43.90	0.86	0.93
解释原因（直接表达原因）	7	幼儿从小就怕黑，有一次在黑屋子前，他回头看看妈妈，说："妈妈，我不敢！"	"妈妈，我不敢"；"我害怕"；"吓死我了"；"妈妈，我好害怕,我该怎么办"	17.07		

续表

具体言语特征	n	事件描述	典型特征	占比/%	评分者一致性	评分者信度
不说话	4	一天早上，爸爸带孩子出去玩，突然电梯里进来了一只小狗，孩子特别害怕，爸爸把孩子抱起来，孩子紧紧抱着爸爸，睁大眼睛不敢说话，过了半天才回过神来	沉默；不说话	9.76		
道歉	3	有一次，幼儿生病，端着碗喝药，药太苦了，他不想喝，就跟爸爸推脱，结果不小心把碗弄掉了，当时就愣了，抬头看看爸爸，唯唯诺诺地说："我错了，我不是故意的。"	"原谅我，我再也不了"；承认错误并且表示再也不敢了；"对不起，我不是故意的"	7.32	0.86	0.93
其他（解释原因、自我安慰）	9	幼儿和妈妈出去玩，回来的时候很晚了，天有些黑，走夜路，幼儿小声害怕地说："妈妈，天这么黑，我有点害怕，我们会不会遇到老虎？"	"妈妈，你在哪儿"；小声说话	21.95		

由表 9-10 可见中班幼儿害怕情绪发生时的特征，其中喊叫、不说话、解释原因和道歉的定义都与小班相同。有家长报告幼儿在害怕时会出现其他言语，其他言语在本次研究中是指在出现害怕情绪时，幼儿希望结束让自己害怕的游戏，还包括放慢说话的速度。

2. 中班幼儿害怕情绪的动作特征

中班幼儿的总人数为 74 人，有效的动作特征指标为 47 个。小班幼儿害怕情绪在动作方面的指标包括 5 种：低头、看对方、肢体动作、躲闪、亲近他人。本次研究中中班幼儿害怕情绪在动作特征方面的评分者一致性为 0.91，评分者信度为 0.92，如表 9-11 所示。

表 9-11 中班幼儿害怕情绪的动作特征

具体动作特征	n	事件描述	典型特征	占比/%	评分者一致性	评分者信度
低头	17	幼儿吃饭的时候把碗摔到了地上，他怕妈妈骂他，就低下了头，害怕得说不出话	低下头	36.17		
看对方	9	幼儿不敢一个人睡觉，妈妈要走的时候，他都会害怕。地抬起头看着妈妈，希望妈妈留下来陪他	抬起头看对方；睁大眼睛看着家长	19.15	0.91	0.92
肢体动作	4	幼儿去奶奶家看到了自己特别害怕的虫子，突然大叫："虫子！"向上举起自己的双手，蹦到了别处	向上举起双手；手脚乱蹬；摸手；抱住头	8.51		

续表

具体动作特征	n	事件描述	典型特征	占比/%	评分者一致性	评分者信度
亲近他人	4	在公园里，有陌生人向幼儿打招呼，幼儿有些害怕，转身躲在妈妈身后	转身找妈妈；找妈妈陪伴；抱着家长不松手；紧紧抓住妈妈的手	8.51		
躲闪	13	在家里看电视，当看到有追杀的片段时，幼儿会显得很害怕，赶忙将脸躲起来，不敢正视画面	不去黑暗处；跑远；向后退甚至跌倒；快跑；蒙眼睛，捂耳朵；躲在妈妈身后；用被子蒙住头	27.66	0.91	0.92

3. 中班幼儿害怕情绪的表情特征

中班幼儿的总人数为 62 人，有效的表情特征指标为 43 个。中班幼儿在害怕情绪发生时的表情外在表现可分为 4 种：流泪、脸红、五官细微动作、带有复杂情绪的表情。本次研究中中班幼儿害怕情绪在表情特征方面的评分者一致性为 0.90，评分者信度为 0.93，如表 9-12 所示。

表 9-12　中班幼儿害怕情绪的表情特征

具体表情特征	n	事件描述	典型特征	占比/%	评分者一致性	评分者信度
流泪	27	幼儿生病了，需要打针，这时候幼儿就表现得极其害怕，会哭	哭泣，一直哭；睁大眼睛，大声哭	62.79		
脸红	5	在幼儿园，幼儿做错事情就会因为害怕而脸红，怕被老师批评	脸红了	11.63		
五官细微动作	1	带幼儿去电影院看电影，他一直说害怕屏幕太黑，妈妈说："没关系，爸爸妈妈陪着你。"他局促不安，不想看，刚开始闭着眼，躲在爸爸的怀里，后来慢慢皱着眉偷偷看	皱眉	2.33	0.90	0.93
带有复杂情绪的表情	10	她非常害怕卫生间，她听到一些事情，看过与卫生间有关的恐怖电影，常常在晚上的时候不敢独自去卫生间，要求妈妈陪同	紧张；惊慌；惊讶；不高兴；脸上表现出害怕；委屈；情绪低落	23.26		

（三）5～6 岁大班幼儿害怕情绪发生的行为特征

1. 大班幼儿害怕情绪的言语特征

大班幼儿的总人数为 54 人，有效的言语特征指标为 32 个。大班幼儿害怕情绪在言语方面的指标包括 7 种：不说话、道歉、喊叫、丰富的语气词、小声说话、直接表达情感、多话。本次研究中大班幼儿的害怕情绪在言语特征方面的评分者一致性为 0.95，评分者信度为 0.97，如表 9-13 所示。

表 9-13　大班幼儿害怕情绪的言语特征

具体言语特征	n	事件描述	典型特征	占比/%	评分者一致性	评分者信度
喊叫	17	幼儿每次做错事，就会大喊大叫，非常害怕	喊叫，大喊大叫，声音很大；说与事件相关的话或者喊妈妈	53.13	0.95	0.97
直接表达情感	5	幼儿最害怕的动物就是狮子和狼。有一天，她自己在客厅看电视，电视里突然出现了一群狼，她吓得跑进卧室，并且说："我好害怕！"吓得不敢出来了	"我好怕""我再也不愿意下楼了"	15.63		
不说话	3	孩子去看 4D 恐怖电影，害怕得捂住脸，不敢说话	默不作声；沉默；不敢说话	9.38		
道歉	2	幼儿因为把杯子打破，吓得赶紧来清扫，爸爸过来，他看到了赶紧道歉，并承认是自己错了，是自己不小心	说"不好意思""对不起，我不是故意的"	6.25		
丰富的语气词	2	一次，幼儿无理取闹，大喊大叫，做有悖常理的事情，一说他，他就说："哼！"	说"哼"等语气词	6.25		
多话	2	幼儿一个人在家看电视，等奶奶回来，天快黑了，他就大哭起来，跑到楼下去找，等到奶奶回来了，他用小双手打奶奶，嘴里还不停地说着："我害怕了。"	不停地说话分散注意力；不停地说"不去那儿"了	6.25		
小声说话	1	在游乐场玩游戏，对于刺激的项目，幼儿不敢玩，说话声音变得特别小，说："害怕。"	说话声音变小	3.13		

由表 9-13 可见，大班幼儿发生害怕情绪时会有不同的语言出现。大班幼儿在害怕时会喊叫，会直接表达情感，说出自己害怕，也有的会不说话。大班幼儿在害怕时也会说复杂的语气词，会有道歉。同时，也有幼儿在害怕时话变多，或者会小声说话。

2. 大班幼儿害怕情绪的动作特征

大班幼儿的总人数为 54 人，有效的动作特征指标为 26 个。大班幼儿害怕情绪在动作方面的指标包括 5 种：躲闪、低头、亲近他人、肢体动作、看对方。本次研究中大班幼儿害怕情绪在动作特征方面的评分者一致性为 0.90，评分者信度为 0.94，如表 9-14 所示。

表 9-14 大班幼儿害怕情绪的动作特征

具体动作特征	n	事件描述	典型特征	占比/%	评分者一致性	评分者信度
躲闪	10	幼儿最害怕的动物就是狮子和狼。有一天，她自己在客厅看电视，电视里突然出现了一群狼，她吓得跑进卧室，不敢出来了	双手抱头，双腿下蹲；赶紧跑开	38.46	0.90	0.94
低头	6	幼儿不小心打碎了鱼缸，当时怕得要命，低下头	低下头	23.08		
亲近他人	4	幼儿做错了事被爸爸批评，事后害怕，抓住旁边的人，并且哭了	抱住妈妈	15.38		
肢体动作	4	一次去乡下老家，幼儿看到狗就想去摸，结果狗突然向她跑来，她被吓得直哭，慌张地举起双手	慌张地举起双手；双手抱住肩膀；跳；手舞足蹈	15.38		
看对方	2	幼儿害怕有坏人，每天休息，她都抬头看着爸爸妈妈，问："关门了吗？"	看向对方	7.69		

3. 大班幼儿害怕情绪的表情特征

大班幼儿的总人数为 54 人，有效的表情特征指标为 41 个。大班幼儿害怕情绪在表情方面的指标可分为 4 种：脸红、流泪、五官细微动作、带有复杂情绪的表情。本次研究中大班幼儿害怕情绪在表情特征方面的评分者一致性为 0.80，评分者信度为 0.85，如表 9-15 所示。

表 9-15 大班幼儿害怕情绪的表情特征

具体表情特征	n	事件描述	典型特征	占比/%	评分者一致性	评分者信度
流泪	19	在跆拳道道馆，幼儿害怕教练教训他，哭了	默默地流下了眼泪	46.34	0.80	0.85
带有复杂情绪的表情	12	幼儿自己在家的时候害怕，主要是晚上没人陪的时候，表情就十分忧伤	眼睛放大，嘴张大；忧伤	29.27		
脸红	6	幼儿把爸爸的手机弄坏了，老老实实地站着，红着脸问妈妈："爸爸以后是不是就不喜欢我了？"	脸红了	14.63		
五官细微动作	4	幼儿害怕有坏人，每天休息，她都问："关门了吗？"同时，还会做个鬼脸	做鬼脸，撇嘴	9.76		

（四）3～6岁幼儿害怕情绪外在表现年龄段差异对比

对 201 份有效问卷进行归类，3～6 岁幼儿害怕情绪的外在表现主要包括三大类：言语、动作、表情。

言语特征具体可以分为9类：直接表达情感、不说话、道歉、解释原因、喊叫、丰富的语气词、小声说话、多话和其他。其中，喊叫、不说话、道歉是小班、中班、大班幼儿共有的在语言方面的表现，小声说话、多话和丰富的语气词为大班幼儿特有的在语言方面的特征表现，如表9-16所示。

表9-16 3～6岁幼儿害怕情绪言语特征的差异性分析

具体言语特征	小班		中班		大班		χ^2	p
	n	占比/%	n	占比/%	n	占比/%		
喊叫	14	37.84	18	43.90	17	53.13	0.53	0.77
直接表达情感	10	27.03			5	15.63		
道歉	4	10.81	3	7.32	2	6.25	2.36	0.31
不说话	4	10.81	4	9.76	3	9.38	1.10	0.58
解释原因			7	17.07				
小声说话					1	3.13		
多话					2	6.25		
丰富的语气词					2	6.25		
其他	5	13.51	9	21.95				

动作具体可以分为5类：低头、看对方、肢体动作、亲近他人、躲闪。其中，低头、看对方、亲近他人和躲闪是小班、中班、大班幼儿共有的在动作方面的表现，肢体动作是中班和大班幼儿共有的在动作方面的特征表现，如表9-17所示。

表9-17 3～6岁幼儿害怕情绪动作特征的差异性分类

具体动作特征	小班		中班		大班		χ^2	p
	n	占比/%	n	占比/%	n	占比/%		
低头	10	20.25	17	36.17	6	23.07	2.65	0.27
躲闪	14	32.56	13	27.66	10	38.46	3.46	0.18
亲近他人	10	20.25	4	8.51	4	15.38	4.00	0.14
看对方	9	20.93	9	19.15	2	7.69	4.90	0.10
肢体动作			4	8.51	4	15.38		

由表9-17可见，3～6岁幼儿在体验到害怕情绪时通常会出现的动作有低头、看对方、亲近他人、肢体动作（如手舞足蹈、向上举起双手等）、躲闪，主要的表现是低头，而且不同年龄段的幼儿不存在差异。另外，躲闪特征会随着幼儿年龄的增长逐渐减少，但是各年龄段之间不存在差异。随着年龄的增长以及幼儿道德情绪的不断发展，他们会出现更复杂的情绪反应，肢体动作逐渐丰富起来。

表情具体可以分为4类：脸红、流泪、五官细微动作、带有复杂情绪的表情。

这4类表情特征在小班、中班、大班都有分布，如表9-18所示。

表9-18 3～6岁幼儿害怕情绪表情特征的差异性分类

具体表情特征	小班		中班		大班		χ^2	p
	n	占比/%	n	占比/%	n	占比/%		
脸红	8	15.69	5	11.63	6	14.63	0.74	0.69
带有复杂情绪的表情	9	17.65	10	23.26	12	29.27	0.45	0.80
流泪	30	58.82	27	62.79	19	46.34	2.55	0.28
五官细微动作	4	7.84	1	2.33	4	9.76	2.00	0.37

二、3～6岁幼儿害怕情绪外在行为特征及差异讨论

害怕情绪是一种基本情绪，是人生来就有的情绪。对3～6岁幼儿来说，害怕情绪产生时，在外在行为方面具有明显特征。从研究结果可以看出，3～6岁幼儿害怕情绪发生时的外在行为特征，可以从言语、动作、表情三方面进行分析。

在言语方面，3～6岁幼儿害怕情绪在言语方面的外在表现主要是喊叫，而且不存在年龄段上的差异。随着年龄的增长，幼儿逐渐出现了多话和小声说话的现象，随着幼儿道德的发展，越来越多的言语方式开始出现。幼儿开始通过多种形式表达自己的害怕情绪，并且会伴随着丰富的语气词。在动作方面，低头、看对方、亲近他人和躲闪是小班、中班、大班幼儿共有的在动作方面的表现，肢体动作是中班和大班幼儿共有的在动作方面的表现。随着年龄的增长，幼儿在中班开始出现了更多的肢体动作表达害怕情绪，学会了通过身体语言来表达情绪。在表情方面，包括脸红、哭泣、五官细微动作、带有复杂情绪的表情，这4类表情特征在小班、中班、大班都有分布。可见，害怕情绪的外在行为特征会随着幼儿年龄的增长而不断丰富。

第四节 3～6岁幼儿害怕情绪与道德的关系

一、3～6岁幼儿害怕情绪与道德的关联程度

对全部访谈对象关于3～6岁幼儿害怕事件的文本资料，运用内容分析法，从中挑选出害怕情绪发生时与道德关联程度的数据，对其进行分类。对开放式问卷进行整理与归类后，对小班、中班、大班幼儿的害怕情绪与道德关联程度进行方差分析，如表9-19所示。

表 9-19 3～6岁幼儿害怕情绪与道德关联程度方差分析

班级	n	$M \pm SD$	F	p
小班	73	1.49±1.27		
中班	74	1.26±1.30	0.76	0.47
大班	54	1.26±1.35		

小班、中班和大班幼儿的害怕情绪与道德之间都存在关联，进一步对3～6岁幼儿体验到的害怕情绪与道德相关程度的年龄段差异进行方差分析，结果显示，3～6岁幼儿害怕情绪与道德的关联程度不存在年龄段上的差异（$p>0.05$）。

二、3～6岁幼儿害怕情绪与道德关联程度的讨论

根据研究结果可以看出，幼儿的害怕情绪与道德存在关联，因为大班、中班和小班幼儿的害怕情绪与道德相关分数均大于1，1代表有一点相关，但是不存在年龄段差异，说明这一情绪与道德的关联程度和幼儿的年龄段无关。年龄是评价害怕情绪的一个重要参数，金星明（1992）的研究指出幼儿的害怕情绪会随着年龄的增长而减少，但这种减少（减少还是相关）并不是呈现线性的，尽管如此，本节中显示幼儿的害怕情绪与道德关联不存在年龄段上的差异，与道德关联的程度并不会随着年龄的增长而变化。

第十章

他人行为对 3～6 岁幼儿道德
情绪的影响研究

第一节　研　究　方　法

一、研究对象

　　本次研究选取吉林省长春市 2 所公立幼儿园的 33 名幼儿教师作为调查对象，以幼儿为主要研究对象。前期准备工作如下：研究者先进入幼儿园，对幼儿教师进行为期 1 个月的培训和指导，一方面，培训内容是向幼儿教师介绍本次研究的目的及意义，让幼儿教师在理解的前提下，有针对性地记录与本书研究的 4 种道德情绪（自豪、内疚、羞耻和尴尬）紧密相关的幼儿道德情绪事件；另一方面，教会教师如何做好观察记录，对言语、动作描述举例，具体培训计划见附录一。在正式记录前，为教师提供幼儿道德情绪事件观察记录表（试测版）并进行指导，观察记录表见附录二。让经过前期培训的幼儿教师对幼儿道德情绪事件进行描述，通过为期 8 周的连续调查，每周收集一次，共回收 240 份关于幼儿情绪事件的问卷，其中有效问卷为 223 份，无效问卷共 17 份。

二、研究工具

　　根据瑞士心理学家谢勒尔的问卷自编半开放式问卷。本次研究采用的问卷为"幼儿道德情绪观察记录表"。该表共分为两部分：第一部分为开放式问题，请教师回忆班级内出现的幼儿曾经体验过的道德情绪事件，该道德情绪可以是自豪、内疚、羞耻和尴尬。具体题目如下：请详细记录和描述，什么时间、地点，在什么情况下发生了什么事情；涉及的对象都有谁，幼儿道德情绪发生时的具体表现有哪些（如动作、言语、表情、神态等），以及幼儿教师对该幼儿的表现有何反应（如言语、动作的反馈）。第二部分为封闭式题目，请被试回答教师行为对于幼儿道德情绪的发生是否产生了影响，影响程度如何。具体题目如下："教师行为对幼儿情绪体验的影响程度有多大？"采用 5 点评分，从"没有"到"完全影响"分别计 0～4 分，用以了解 3～6 岁幼儿道德情绪事件的情况以及教师行为在事件发生时产生的影响。

三、研究程序

本次研究通过向幼儿教师发放问卷，对文本内容进行汇总，主要采用内容分析法进行分析。该方法旨在对记录的幼儿情绪事件进行分析和编码。根据研究目标，将事件中的教师行为分为言语特征和动作特征两个方面进行编码。培训 3 名心理学研究生作为编码员，对教师的行为特征进行分析和分类，将相同类型的描述分为一类，再对编码员的编码结果进行内部一致性信度检验。采用 SPSS 19.0 软件进行数据统计分析，主要采用卡方检验进行统计分析。

第二节 教师行为的言语、动作特征分析

幼儿不同的道德情绪事件发生时，教师的行为，如教师的言语和动作具有不同的特征。针对 4 种不同的道德情绪（自豪、内疚、羞耻、尴尬），笔者对发生相应情绪事件时教师行为的言语和动作特征进行了详细的分类、统计。对言语和动作分类采用的方法是内容分析法，选 3 名经过专业培训的心理学研究生分别对数据进行分类，并且计算评分者一致性和评分者信度，根据分析得出教师评价的言语特征，如表 10-1 所示。

表 10-1 幼儿道德情绪事件发生时教师的言语特征

类别	定义
笼统的表扬言语	对幼儿的行为称赞，但并不涉及具体事件、能力等
针对性表扬言语	针对幼儿的具体事件、能力进行表扬、称赞
鼓励言语	对幼儿即将做的事情或已经做好的事情进行鼓励，给予言语上的肯定
询问言语	对幼儿的行为进行询问，询问其行为产生的原因
积极言语	针对幼儿的行为进行耐心的讲解，并讲道理

续表

类别	定义
批评言语	对幼儿的行为进行教育，严肃地对其进行批评
安慰言语	对幼儿的行为给予安慰，耐心地讲解

由表 10-1 可知，教师行为在幼儿不同道德情绪事件中的言语特征共分为 7 种，分别是笼统的表扬言语、针对性表扬言语、鼓励言语、询问言语、积极言语、批评言语和安慰言语。教师行为在不同道德情绪事件中的动作特征共分为 7 种，分别是奖励动作、亲密动作、鼓励动作、纠正动作、制止动作、帮助动作和验证动作，如表 10-2 所示。

表 10-2 幼儿道德情绪事件发生时教师的动作特征

类别	定义
奖励动作	对于幼儿的行为给予奖励时的动作
亲密动作	通过身体上亲密、亲近的接触与幼儿进行互动时的动作
鼓励动作	对于幼儿的行为给予鼓励和支持时的动作
纠正动作	针对幼儿的具体行为进行纠正时的动作
制止动作	用严厉的方式对幼儿的行为进行批评、制止等时的动作
帮助动作	对于幼儿难以完成或者做错的事情给予帮助时的动作
验证动作	对于幼儿的行为进行验证时的动作

表 10-1 和表 10-2 中的分类不能涵盖在幼儿出现道德情绪事件时教师使用的所有言语、动作，可能还包括其他特殊情况，或者有不同于以上言语、动作特征划分的内容，对以上情况都暂时忽略不计，本次研究主要对言语、动作特征进行重点统计分析。

一、幼儿自豪情绪事件中的教师行为特征分析

笔者通过对教师观察报告中的幼儿自豪情绪事件内容进行分析发现，幼儿自豪情绪事件中的教师行为言语特征分为 3 类：笼统的表扬言语、针对性表扬言语和鼓励言语。三种言语特征的评分者一致性为 0.91，评分者信度为 0.95。动作特征主要分为奖励动作、亲密动作和鼓励动作，评分者一致性为 0.89，评分者信度为 0.92。根据收集的数据进行分析和总结，我们发现由于教师的行为言语、动作特征不同，幼儿会产生不同的反应，如表 10-3 所示。

表 10-3　幼儿自豪情绪事件发生时教师的言语、动作特征及幼儿的反应

教师行为			幼儿反应			幼儿心理品质
特征	分类	具体表现举例	言语	动作	表情	
言语特征	笼统的表扬言语	你真棒！	炫耀自己的能力；我特别棒；我会越来越棒的	搂住老师；抬头挺胸	得意地笑；甜美地笑	增强自信心
	针对性表扬言语	晴晴的积木摆得非常好！	向其他小朋友炫耀；你怎么还不会？看我	抬头挺胸；跳起来；乖巧地坐在座位上	眼睛炯炯有神；看着老师；露出了笑容；害羞	增强利他心理；增强自信
	鼓励言语	老师相信你可以学会跳绳的，加油！	我还能再跳 5 下；我会越来越棒的	抬头	微笑	好胜心；激发探索欲望；自我肯定；增强兴趣
动作特征	奖励动作	给表现好的幼儿一个小粘贴	看我的小粘贴	抬头挺胸	得意；微笑	提升自信心；自我肯定
	亲密动作	摸摸幼儿的头	我真棒	低下了头；跳	不好意思；得意	积极自我肯定
	鼓励动作	给幼儿鼓掌	谢谢你老师，我很开心	抬头挺胸	微笑	提升自信心

　　由表 10-3 可见，幼儿发生自豪情绪事件时，教师无论是在言语还是动作上都会给予幼儿一些积极的引导，在言语上给予表扬和鼓励，在动作上给予亲密、鼓励的反馈。教师行为对幼儿的言语、动作和表情产生了积极的影响，在言语上自我表扬、鼓励、自我肯定，在动作上昂首挺胸、充满自信，在表情上除了少数的害羞，大部分都是开心地笑。

　　同时，本次研究针对自豪情绪事件中教师行为特征的年龄段差异进行了统计分析，如表 10-4 所示。

表 10-4　幼儿自豪情绪事件发生时教师的言语、动作特征的年龄段差异

项目	分类	小班		中班		大班		χ^2	p
		n	占比/%	n	占比/%	n	占比/%		
言语	针对性表扬言语	10	27.78	7	26.92	5	22.73	2.00	0.37
	笼统的表扬言语	16	44.44	13	50.00	11	50.00	4.51	0.11
	鼓励言语	10	27.78	6	23.08	6	27.27	1.46	0.48
动作	亲密动作	7	46.67	4	28.57	5	38.46	0.88	0.65
	奖励动作	4	26.67	5	35.71	3	23.08	0.50	0.78
	鼓励动作	4	26.67	5	35.71	5	38.46	0.14	0.93

　　根据表 10-4 可以看出，经过卡方检验，教师在幼儿出现自豪情绪时表现出来的言语和动作不存在年龄段上的差异（$p>0.05$）。

　　进一步对教师行为对不同年龄段幼儿使用的不同言语、动作进行了差异检验，

如表 10-5 所示。

表 10-5　幼儿自豪情绪事件发生时教师的言语、动作特征差异

项目	班级	针对性表扬言语		笼统的表扬言语		鼓励言语		χ^2	p
		n	占比/%	n	占比/%	n	占比/%		
言语	小班	10	27.80	16	44.40	10	27.80	2.00	0.37
	中班	7	26.90	13	50.00	6	23.10	3.31	0.19
	大班	5	22.70	11	50.00	6	27.30	2.82	0.24

项目	班级	亲密动作		奖励动作		鼓励动作		χ^2	p
		n	占比/%	n	占比/%	n	占比/%		
动作	小班	7	46.70	4	26.70	4	26.70	1.20	0.55
	中班	4	28.60	5	35.70	5	35.70	0.14	0.93
	大班	5	38.50	3	23.10	5	38.50	0.62	0.74

由表 10-5 可以看出，在自豪情绪事件中，教师的不同言语、动作在同一年龄阶段的幼儿之间均不存在差异（$p > 0.05$）。

二、幼儿内疚情绪事件中的教师行为特征分析

通过对幼儿观察报告的内疚情绪事件内容进行分析发现，幼儿内疚情绪事件中的教师行为言语特征分为询问言语、积极言语、批评言语，评分者一致性为 0.91，评分者信度为 0.81。动作特征主要分为制止动作、纠正动作和亲密动作，评分者一致性为 0.82，评分者信度为 0.81，如表 10-6 所示。

表 10-6　幼儿内疚情绪事件发生时教师的言语、动作特征及幼儿的反应

教师行为			幼儿反应			幼儿心理品质
特征	分类	具体表现举例	言语	动作	表情	
言语特征	询问言语	你刚才拽小朋友的衣服对吗？	对不起；我错了	低下头；跑开	哭泣	促进自省
	积极言语	小朋友之间做游戏要懂得分享！	老师，我不是故意的；对不起	握着拳头，原地转圈；默默低下头；低头	紧张；皱眉	提高思维能力；增强责任感；增强同理心
	批评言语	不许打奶奶！这样的行为不好！	我不是故意的；老师，我知道了，我再也不这样了	低头，坐直了身体，咬着自己的手指；低下头，双手时不时地抓着自己的裤子	害怕；紧张；羞怯；瞪大眼睛看着老师	降低自尊心
动作特征	纠正动作	将表现不好的幼儿拉到其他区域自我反省	我不对，我错了；我不这样做了	低头	哭泣；看着老师哭泣	降低自尊心

续表

教师行为			幼儿反应			幼儿心理品质
特征	类型	具体表现举例	言语	动作	表情	
动作特征	制止动作	把犯错误的幼儿的椅子搬到远离其他小朋友的位置	老师我错了，我不是故意的	原地踏步转圈；跑开；低头	皱眉；停止哭泣	降低自尊心；增强羞耻感
	亲密动作	轻轻抚摸幼儿的头	我错了	低头，不好意思地点头	紧张得哭了	学习宽容；提高自尊

　　本次研究针对幼儿内疚情绪事件发生时对教师行为特征的年龄段差异进行了统计分析，如表 10-7 所示。

表 10-7　内疚情绪事件发生时教师的言语、动作特征的年龄段差异

项目	分类	小班		中班		大班		χ^2	p
		n	占比/%	n	占比/%	n	占比/%		
言语	询问言语	16	33.33	8	28.57	8	24.24	4.00	0.14
	积极言语	23	47.92	15	53.57	16	48.48	9.86	0.01
	批评言语	9	18.75	5	17.85	9	27.27	1.39	0.50
动作	纠正动作	12	32.43	5	38.46	6	35.29	3.74	0.15
	制止动作	12	32.43	5	38.46	5	29.42	4.46	0.11
	亲密动作	13	35.14	3	23.08	6	35.29	7.18	0.03

　　根据表 10-7 可以发现，卡方检验结果显示，教师积极言语存在显著的年龄段差异（$p<0.01$），教师在小班使用积极言语比中班和大班多。教师的亲密动作存在年龄段差异（$p<0.05$），教师在小班会做出更多的亲密动作。

　　笔者进一步对幼儿内疚情绪发生时，教师行为对不同年龄段幼儿的不同言语、动作进行了差异检验，如表 10-8 所示。

表 10-8　幼儿内疚情绪事件发生时教师的言语、动作特征差异

项目	班级	询问言语		积极言语		批评言语		χ^2	p
		n	占比/%	n	占比/%	n	占比/%		
言语	小班	16	33.30	23	47.90	9	18.80	6.13	0.05
	中班	8	28.60	15	6.13	0.05	17.90	5.64	0.06
	大班	8	24.20	16	5.64	0.06	27.30	3.46	0.18

项目	班级	纠正动作		制止动作		亲密动作		χ^2	p
		n	占比/%	n	占比/%	n	占比/%		
动作	小班	12	32.40	12	32.40	13	35.10	0.05	0.97
	中班	5	38.50	5	38.50	3	23.10	0.62	0.74
	大班	6	35.30	5	29.40	6	35.30	0.12	0.94

根据表 10-8 可以发现，在内疚情绪中，教师言语特征在小班存在显著差异（$p<0.05$），小班幼儿教师使用询问言语和积极言语多于批评言语。

三、幼儿羞耻情绪事件中的教师行为特征分析

通过对教师观察报告的情绪事件进行内容分析发现，幼儿羞耻情绪事件中的教师行为言语特征分为 3 类：询问言语、安慰言语、批评言语。3 种言语特征的评分者一致性为 0.86，评分者信度为 0.81。动作特征主要分为帮助动作和验证动作，其评分者一致性为 0.82，评分者信度为 0.85，如表 10-9 所示。

表 10-9 幼儿羞耻情绪事件发生时教师的言语、动作特征及幼儿的反应

教师行为			幼儿反应			幼儿心理品质
特征	分类	具体表现举例	言语	动作	表情	
言语特征	询问言语	宝贝，你为什么哭了？	不说话	低头	脸红；哭泣	增强羞耻感
	安慰言语	宝贝，没有关系的，比赛没有成功是正常的，下次努力就好了	承认错误，老师我下次不这样了；嗯，老师我没事的	快速低头	涨红了脸；一脸委屈	提高自省；增强责任感
	批评言语	你快回座位，一会我再叫你过来参与，不要捣乱！	你走开；好	低头	睁一眼闭一眼，观察老师；咬牙哭泣	降低自尊心
动作特征	帮助动作	帮尿裤子的小朋友换好裤子	老师，我不会再这样了	低下头	脸红；哭泣	提高自省
	验证动作	摸小朋友的裤子，看是谁尿裤子了	对不起	低头	脸红；不好意思	增强羞耻感

同时，本节对幼儿羞耻情绪中教师行为特征进行了年龄段差异的分析，如表 10-10 所示。

表 10-10 幼儿羞耻情绪事件发生时教师的言语、动作特征的年龄段差异

类别		小班		中班		大班		χ^2	p
		n	占比/%	n	占比/%	n	占比/%		
言语	询问言语	10	45.45	7	50.00	12	54.54	1.31	0.52
	安慰言语	6	27.27	3	21.42	6	27.27	1.20	0.55
	批评言语	6	27.27	4	28.57	4	18.18	0.57	0.75
动作	帮助动作	10	76.92	3	42.86	5	50.00	4.33	0.12
	验证动作	3	23.08	4	57.14	5	50.00	0.50	0.78

根据表 10-10 可知，教师行为的言语、动作特征不存在年龄段上的差异（$p>0.05$）。

进一步对在幼儿羞耻情绪事件中教师行为的不同言语以及动作在不同年龄段之间的差异进行检验，如表 10-11 所示。

表 10-11　幼儿羞耻情绪事件发生时教师行为的言语、动作特征差异

类别		询问言语		安慰言语		批评言语		χ^2	p
	班级	n	占比/%	n	占比/%	n	占比/%		
言语	小班	10	45.50	6	27.30	6	27.30	1.46	0.48
	中班	7	50.00	3	21.40	4	28.60	1.86	0.40
	大班	12	54.50	6	27.30	4	18.20	4.73	0.09
	班级	帮助动作		验证动作				χ^2	p
		n	占比/%	n	占比/%				
动作	小班	10	76.90	3	23.10			3.77	0.05
	中班	3	42.90	4	57.10			0.14	0.71
	大班	5	50.00	5	50.00			0.00	1.00

由表 10-11 可见，在羞耻情绪事件中，幼儿教师的言语和动作特征在不同年龄段之间不存在差异。

四、幼儿尴尬情绪事件中的教师行为特征分析

通过对教师报告幼儿尴尬情绪事件的内容进行分析发现，幼儿尴尬情绪事件中的教师行为言语特征分为 3 类：询问言语、安慰言语、批评言语。3 种言语特征的评分者一致性为 0.86，评分者信度为 0.88。动作特征主要分为亲密动作和制止动作，评分者一致性为 0.83，评分者信度为 0.86，如表 10-12 所示。

表 10-12　幼儿尴尬情绪发生时教师行为的言语、动作特征及幼儿的反应

教师行为			幼儿反应			心理品质
特征	类型	具体表现举例	言语	动作	表情	
言语特征	安慰言语	不要害羞，也不要紧张，要勇敢大胆地面对	好！谢谢老师！	坐下，双手抱在胸前	脸通红；哭	内隐自尊；感恩
	询问言语	你这样做好吗？	不说话；"没看什么啊"；"记住了"	害羞地低下头；头蒙在被子里；一动不动	眼神闪烁躲避；伸出舌头；看着老师	诱发自我反省
	批评言语	赶快回到自己的位置！	老师，我知道了	摆弄自己的手指；躲避老师的眼睛；低下头	嘴巴撅起，嘟嘴；望着老师；脸通红	降低自尊心
动作特征	亲密动作	将幼儿抱了起来	不说话	害羞地低下头	眼泪在眼圈里打转	学会感恩；提高自省
	制止动作	制止了幼儿错误的行为	我知道了	低下头	无辜、无奈	降低自尊心；增强羞耻感

由表 10-12 可见，当幼儿产生尴尬情绪时，容易低下头、哭泣，当教师对其使用安慰言语时，幼儿可能会在言语上对教师表示感谢，行动上又表现出双手抱在胸前等，但是表情上会脸红和哭泣。当教师使用询问言语和批评言语时，幼儿则会表现得比较收敛，低下头，不说话或者在言语上应和老师，但是表情上会表现出不好意思、目光躲闪，当接受批评时甚至会撅起嘴。当教师对幼儿做出亲密动作时，幼儿会感到害羞，不说话、哭泣。当教师做出制止动作时，幼儿会低下头，感到无辜、无奈。同时，本次研究对幼儿尴尬情绪事件中教师行为的年龄段差异进行了分析，如表 10-13 所示。

表 10-13　幼儿尴尬情绪发生时教师行为的言语、动作特征的年龄段差异

类别		小班		中班		大班		χ^2	p
		n	占比/%	n	占比/%	n	占比/%		
言语	询问言语	8	44.44	4	33.33	4	30.77	2.00	0.37
	安慰言语	5	27.78	4	33.33	6	46.15	0.40	0.82
	批评言语	5	27.78	4	33.30	3	23.08	0.50	0.78
动作	亲密动作	5	45.45	3	37.50	4	57.14	0.50	0.78
	制止动作	6	54.55	5	62.50	3	42.86	1.00	0.61

由表 10-13 可见，在幼儿的尴尬情绪事件中，教师行为的言语特征和动作特征均不存在年龄段差异（$p>0.05$）。

笔者进一步对在尴尬情绪事件中幼儿教师的不同言语以及动作在不同班级之间的差异进行了检验，如表 10-14 所示。

表 10-14　幼儿尴尬情绪事件发生时教师行为的言语、动作特征差异

类别		询问言语		安慰言语		批评言语		χ^2	p
	班级	n	占比/%	n	占比/%	n	占比/%		
言语	小班	8	44.40	5	27.80	5	27.80	1.00	0.61
	中班	4	33.30	4	33.30	4	33.30	0.00	1.00
	大班	4	30.80	6	46.20	3	23.10	1.08	0.58
类别		亲密动作		制止动作				χ^2	p
	班级	n	占比/%	n	占比/%				
动作	小班	5	45.50	6	54.50			0.09	0.76
	中班	3	37.50	5	62.50			0.50	0.48
	大班	4	57.10	3	42.90			0.14	0.71

由表 10-14 可见，幼儿尴尬情绪事件中教师的不同方式的言语、动作在年龄

段之间的差异不显著（*p*>0.05）。

五、幼儿道德情绪事件中教师行为的具体指标分析

教师对于止在体验道德情绪事件的幼儿产生的言语和动作上的反应是教师行为。教师行为会对幼儿的道德情绪产生影响。本次研究运用内容分析法和非参数检验法对教师行为的不同特征进行了具体的分类和数据分析。选取的幼儿教师的教龄均值在 7 年左右，有着丰富的幼儿教育经验，并且在学历分布上本科学历居多，有准确记录情绪事件的能力，并且研究员对其进行了专业的培训，保证了研究结果的准确性。

在不同的幼儿道德情绪事件中，一方面，教师的言语会表现出不同的特征。在自豪情绪事件中，教师倾向于使用表扬、鼓励等积极的言语；在内疚情绪事件中，教师喜欢使用询问、讲解以及批评教育的言语；在羞耻情绪事件中，教师会对幼儿的行为进行提醒、解释和安慰；在尴尬情绪事件中，教师会对幼儿的行为进行提醒和教导。另一方面，在幼儿产生不同道德情绪时，教师行为的动作也不同。在自豪情绪事件中，教师会对幼儿进行鼓励和亲密接触；在内疚情绪事件中，教师会与幼儿进行亲密互动，也会对幼儿进行惩罚，例如，将其手中的东西没收等；在羞耻情绪事件中，教师更多地会帮助幼儿度过感到不好意思的阶段；在尴尬情绪事件中，教师会对幼儿进行安慰，如蹲在其面前或者拉起他的手等。

在特征数据的收集数量上，自豪和内疚情绪的教师行为特征数量较多，羞耻和尴尬情绪的教师行为特征数量较少。首先，由于自豪情绪在幼儿园中比较常见，教师会经常对幼儿的能力、任务完成情况等进行积极的行为反馈，所以幼儿会感到骄傲自豪，而且 3～6 岁幼儿正处于自豪高速发展的时期，所以自豪情绪相对较多。叶平枝（2011）的研究发现，幼儿教师会更多使用积极行为，而积极行为更容易在成功等积极情境中引发幼儿的自豪情绪，所以自豪情绪相对较多，与本次研究结果一致。内疚情绪在幼儿的情绪发展中也扮演着十分重要的角色，但是内疚被认为是消极的道德情绪，伴随着痛苦的感受，不过由于幼儿的内疚情绪通常伴随着教师行为反馈下积极亲社会行为的产生，所以数量也较多。再次是羞耻情绪，相关研究表明，羞耻情绪是一种指向自我的情绪，即幼儿在产生羞耻情绪时，会将自己判断为不好的，而且会产生一种逃避的行为，不愿意让他人发现，相对而言，教师就更难以发现幼儿的羞耻情绪事件，所以对此类事件描述的收集数量较少。最后是尴尬情绪，关于幼儿尴尬情绪的数据也比较少，一方面可能是数据

收集范围较小，另一方面可以推断幼儿出现到的尴尬情绪较少。有研究显示，尴尬情绪产生时，人的脑部激活水平明显高于内疚情绪产生时。由此可见，相对来说，尴尬是一种更高级的道德情绪，其发生的结构更加复杂，与自我意识和记忆发展之间的联系密切，对于情绪产生者的要求也较高。另外，只有个体具备基本的自我认知能力，才能产生尴尬情绪。由于幼儿正处于一个自我认知能力发展的阶段，所以收集的相关数据较少。

（一）3～6岁幼儿自豪情绪事件中的教师行为特征讨论

对于幼儿自豪情绪事件中教师行为的言语特征，笔者主要将其分为表扬言语和鼓励言语。其中，表扬言语又详细划分为笼统的表扬言语和针对表扬言语，这种分类方法与赖斯兰（Reissland，1990）对于表扬的分类相似。他在研究中将表扬分成了整体表扬和具体行为表扬。本次研究中的笼统表扬言语主要是指教师只是笼统地给予幼儿表扬，并不涉及具体事件，例如，当幼儿很好地完成一项作业、很热心地帮助了老师、同学，完美地呈现了自己的一项技能时，教师回应"你真棒""你是最棒的"；针对表扬言语则是指教师能够有针对性地给予幼儿表扬，对幼儿具体的能力进行表扬，例如，当幼儿很好地吃了午饭，没剩饭，教师说"你真棒，你吃饭吃得特别好"；鼓励言语是指教师根据不同的情境对幼儿的行为进行鼓励，例如，当幼儿有些不太敢上台表演时，教师对幼儿说"加油，你可以的，小朋友们都喜欢看你上台表演"。对于动作特征方面，本次研究主要将其划分为3种：奖励动作、亲密动作和鼓励动作。奖励动作主要是指幼儿在成功完成一项任务或者因为其他原因表现得好时，教师给予奖励时产生的动作，例如，当幼儿在学习"字宝宝"时，能够正确地读出字的读音，教师奖励幼儿一个小粘贴，将它贴在幼儿的手上；亲密动作是指当幼儿表现得好时，教师通过身体上的亲密接触对幼儿进行反馈，例如，幼儿帮助老师摆桌子，老师很欣慰，将幼儿抱在怀里或者抚摸幼儿的头；鼓励动作则是指教师对幼儿进行鼓励时的动作，例如，当幼儿在大家面前成功地完成了一道计算题时，教师对幼儿伸出了大拇指。根据分类情况可以看出，在幼儿自豪情绪事件中，教师使用的均为积极的言语和动作。通过幼儿的反应可以看出，教师的这种积极的评价行为有利于幼儿提高自信心，增强幼儿的安全感。张伶（2012）在研究中也提到，亲密相处会更有利于安全感的形成，与本次研究结果相同。教师的针对表扬言语能够增加幼儿的利他心理，由于得到教师的肯定，幼儿愿意努力地帮助其他幼儿。另外，教师的鼓励言语能够促进幼儿的自我探索和自我肯定，促使幼儿努力完成之前难以完成的任务，让幼儿对自己也有了一个重新的认识，相信自己有潜能，进而更加努力地完成任务。

本次研究对以上三种言语、动作特征进行了统计分析，结果显示，教师行为中不同类型的言语、动作不存在年龄段差异。李娜（2008）的研究发现，教师的表扬言语存在年龄段差异，这与本次研究结果不一致，主要是因为本次研究的教师表扬言语是在幼儿自豪情绪事件中出现的，与李娜的研究背景不同。自豪情绪属于一种积极的道德情绪，相关的情绪事件主要是成功情境等积极的情绪事件。自豪情绪事件中教师行为的言语、动作特征的各项分类在大班、中班、小班均有分布，不存在显著的差异。3～6 岁幼儿的自豪情绪是有共性的，不同年龄阶段发生的事件类型也相似，所以对于相似情境的情绪事件，教师给予的行为反应也相似。进一步的研究结果显示，在同一年龄阶段的幼儿之间，教师言语、动作特征也均不存在差异，即教师在对待幼儿的自豪情绪时，使用的言语、动作均衡分布，各种言语、动作方式使用频率的差异不大。

（二）3～6 岁幼儿内疚情绪事件中的教师行为特征讨论

对于幼儿内疚情绪，教师行为的言语特征主要可以分为询问言语、积极言语和批评言语。询问言语主要是指教师对幼儿出现的状况进行询问，例如，当幼儿与其他幼儿发生争执时，教师过去询问事情的来龙去脉，询问做得不对的小朋友为什么要这么做等；积极言语则是指对于幼儿的行为，教师进行耐心的讲解，例如，当幼儿破坏了幼儿园的公共设施而感到内疚时，教师告诉幼儿这么做虽然不是故意的，但是这样做是不好的，下次一定要注意；批评言语是指教师会对做错事的小朋友给予严厉的批评，例如，幼儿不好好吃饭，将米饭弄到地上，教师说"你怎么可以这么做？农民伯伯种粮食多不容易啊！"在动作特征方面，本次研究主要将其划分为 3 种：制止动作、亲密动作和纠正动作。制止动作主要是指教师对幼儿的行为进行叫停、制止时产生的动作，例如，当幼儿进行集体活动时，总是和大家唱反调，不配合老师，教师便将当前的活动停止，制止他的行为；亲密动作是指教师通过身体上的亲密接触对幼儿进行反馈，例如，当幼儿哭泣时，教师走近幼儿，并且蹲下或者将幼儿抱在怀里；纠正动作则是指教师针对幼儿的具体行为进行纠正，例如，当幼儿不好好玩球，用球砸到了其他小朋友时，教师向其示范正确的拍球方式，对其错误的行为进行纠正。通过幼儿的反应可以发现，无论教师使用什么言语、动作，均能够使幼儿对自己的行为产生道歉性言语，但是询问言语能够促进幼儿的自省，使幼儿对自己的行为进行反省；积极言语能够使幼儿懂得更多的道理，同时增强责任感，提高幼儿的自尊水平。刘欢欢（2013）

的研究表明，教师蹲下来与幼儿交流，会让幼儿感到自己与教师之间处于一种平等沟通的状态，有利于幼儿自尊心的发展，与本次研究结果相似。因为教师耐心细心的指导能够使幼儿在做错事后获得成长。批评言语会让幼儿感到害怕和胆怯，不利于幼儿的情绪发展，而且会降低幼儿的自尊心。

本次研究对教师言语、动作特征的年龄段差异进行了分析，结果显示，教师的积极言语存在显著的年龄段差异，教师在小班使用的积极言语比中班和大班多，而且小班幼儿教师使用的询问言语和积极言语多于批评言语。另外，小班幼儿刚刚进入幼儿园，对周围的环境还不了解，再加上其年龄发展特点，需要教师耐心询问，才能使幼儿更好地适应幼儿园生活、更好地表达和了解自己的内疚情绪。小班幼儿对于事件难以有一个清楚的认识，教师要耐心给幼儿进行积极的讲解。教师在小班中更多使用亲密动作。小班幼儿的年龄为3～4岁，相对于中班和大班的幼儿，刚刚离开妈妈，需要教师为其提供更多的关爱，教师的拥抱和适度的亲密动作有利于促进小班幼儿的发展。

（三）3～6岁幼儿羞耻情绪事件中的教师行为特征讨论

对于幼儿的羞耻情绪，教师行为的言语特征主要可以分为询问言语、安慰言语和批评言语。询问言语同前面的定义相同，例如，幼儿尿裤子后很忸怩，教师问其是不是尿裤子了。安慰言语则是指教师对幼儿的行为给予安慰，耐心地讲解，例如，当幼儿午睡时不小心将幼儿园的窗帘弄脏了，教师耐心地跟幼儿讲解："虽然这件事做得不对，但你不是故意的，老师就原谅你，下次注意好不好？"批评言语是指教师对幼儿的行为给予批评、指导、教育，例如，幼儿故意推搡同伴，教师对其进行批评教育，告诉他这样的行为不正确，下次不能这样做了。在动作特征方面，本次研究主要将其划分为两种：帮助动作和验证动作。帮助动作是指教师对幼儿难以完成或者做错的事情给予帮助时产生的动作，例如，当幼儿尿裤子之后，教师帮助幼儿换裤子。验证动作是指对幼儿的行为进行验证时产生的动作，例如，教师发现班级里有异味，可能是幼儿不小心尿裤子了，对班级的幼儿进行检查，确定是哪个小朋友出现了"状况"。通过幼儿的反应可以发现，教师的询问言语会增加幼儿的羞耻感，安慰言语会提高幼儿的自省和责任感，教师耐心地安慰，还能让幼儿在自省的基础之上产生改变的想法，促进幼儿的发展。对幼儿的批评会让幼儿的自尊心受到损伤，并伴随一些消极的反应，例如咬牙等。

本次研究对羞耻情绪事件中教师对幼儿的言语、动作特征进行了分析，结果显示，不同类型的言语、动作特征不存在年龄段差异。进一步的研究显示，教师在小班、中班、大班中的不同言语、动作特征之间不存在差异。本次研究对羞耻情绪的动作特征的分类均为较中性的动作，所以并不存在明显的差异。研究结果表明，当幼儿产生羞耻情绪时，教师不要过于专注幼儿的个性或者其行为。因为幼儿的羞耻往往与事件本身及其情境有关，要想让幼儿能够尽量避免这种消极道德情绪的产生，则需要教师尽量少地关注和责备幼儿，可以通过自身的行动来让幼儿了解自己的行为是正常的，或者通过教师设身处地融入幼儿的活动来帮助其进一步改变自己的想法和行为，从而避免羞耻事件的发生。在羞耻事件发生过程中，教师要给幼儿机会、权利充分地表达自己的情感和需求，不要过多地使用批评言语，让幼儿放松情绪，减少不必要的焦虑。

（四）3～6 岁幼儿尴尬情绪事件中的教师行为特征讨论

在幼儿尴尬情绪事件中，教师行为的言语特征主要可以分为询问言语、安慰言语和批评言语。动作特征主要分为亲密动作和制止动作。这三种言语特征和两种动作特征的定义与前面其他情绪中提到的定义相同，只是情绪事件情境不同。杨丽珠（2015）的研究发现，教师不好的评价更容易导致幼儿尴尬情绪的产生，与本次结果不太一致。在本次研究中，教师的动作除了不好的制止动作，还有积极的亲密动作，而且积极的亲密动作相对更多。这主要是因为本次研究收集到的为幼儿产生尴尬情绪时的情绪事件，事件中教师会针对幼儿的尴尬情绪采取行动。此时尴尬情绪已经发生，随着教师的教育水平和能力的发展，教师能够更加积极地应对幼儿的情绪，会采用更多的积极行为来对待幼儿的消极情绪。通过幼儿的反应可以发现，教师的询问言语会引发幼儿产生自省，安慰言语和亲密动作会帮助幼儿学会感恩，会对幼儿产生良好的示范作用，让幼儿学会如何应对自己的消极情绪。批评言语和制止动作会降低幼儿的自尊心，引发幼儿出现噘嘴等行为，还会增强幼儿的羞耻感。

本次研究对尴尬情绪事件中教师的言语特征、动作特征进行了年龄段差异分析，结果显示，教师行为中不同类型的言语、动作特征不存在年龄段差异。进一步的研究结果显示，小班、中班、大班的教师行为中的不同言语、动作特征之间不存在差异。在面对幼儿尴尬情绪时，教师使用积极的安慰言语、中性的询问言语和消极的批评言语之间不存在差异，动作上的亲密动作和制止动作也不存在差异。幼儿产生尴尬情绪的原因包括两种，可能是需要积极鼓励，也可能是需要严厉批评，所以根据幼儿发生情绪事件的具体情况，教师做出相应的行为正确合理。

第三节 教师行为对幼儿自豪、内疚、羞耻和尴尬情绪的影响

笔者通过对 33 名教师为期 8 周的连续观察，共回收 264 份问卷，有效问卷为 260 份，有效回收率为 98.48%。其中，小班幼儿（3～4 岁）问卷为 115 份，中班幼儿（4～5 岁）问卷为 70 份，大班幼儿（5～6 岁）问卷为 75 份。有关幼儿自豪情绪的问卷为 84 份，有关幼儿内疚情绪的问卷为 83 份，有关幼儿羞耻情绪的问卷为 50 份，有关幼儿尴尬情绪的问卷为 43 份。被试的具体分布如表 10-15 所示，33 名教师的基本信息如表 10-16 所示。

表 10-15　被试数量统计　　　　　　单位：人

类别	自豪	内疚	羞耻	尴尬	总数
小班	34	45	19	17	115
中班	28	17	10	15	70
大班	22	21	21	11	75
总数	84	83	50	43	260

表 10-16　教师基本信息

类别	极小值	极大值	$M \pm SD$
年龄/岁	21	45	29.03±6.66
教龄/年	1	29	7.55±7.43

小班幼儿的自豪和内疚情绪较多，中班、大班幼儿的自豪和内疚情绪相对较少，羞耻情绪是小班和大班多，尴尬情绪是小班和中班较多。填写问卷的教师年龄最大的为 45 岁，最小的为 21 岁，平均年龄为 29 岁；教龄最长的为 29 年，最短的为 1 年，平均教龄为 7.5 年。另外，填写问卷的教师中，具有中专学历的有 6 人，专科学历的有 6 人，本科学历的有 20 人，研究生学历的有 1 人。

一、教师行为对幼儿四种道德情绪的影响的描述统计

教师行为对幼儿 4 种道德情绪的影响程度如表 10-17 所示。

表 10-17　不同道德情绪事件中教师行为对幼儿情绪的影响程度的描述统计

类别	问卷/份	极小值	极大值	$M \pm SD$
自豪	84	0	4	2.86±0.81
内疚	84	0	4	1.94±1.08
羞耻	50	0	3	1.61±1.12
尴尬	43	1	4	2.39±0.85

在问卷的收集上，关于自豪情绪和内疚情绪的问卷较多，均为 84 份，教师行为对两种情绪的影响程度的极小值均为 0（没有影响），极大值均为 4（完全影响）；关于羞耻情绪的问卷共 50 份，其中极小值为 0（没有影响），极大值为 3（很大影响）；关于尴尬情绪的问卷最少，共 43 份，极小值为 1（有一点影响），极大值为 4（完全影响）。同时，内疚和羞耻情绪的均值均在 1 分（有一点影响）以上，自豪和尴尬情绪的均值均在 2（有些影响）以上。

对不同年龄段 4 种道德情绪数据中的教师行为对幼儿道德情绪的影响程度进行统计，结果如表 10-18 所示。

表 10-18　教师行为对不同年龄段幼儿道德情绪的影响程度情况

情绪类别	班级	问卷/份	$M \pm SD$
自豪	小班	34	2.94±0.75
	中班	28	2.83±0.72
	大班	22	2.77±1.01
内疚	小班	45	1.75±1.07
	中班	17	2.10±0.99
	大班	21	2.11±1.27
羞耻	小班	19	0.75±0.96
	中班	10	1.78±0.97
	大班	21	1.80±1.23
尴尬	小班	17	1.33±0.58
	中班	15	2.40±0.55
	大班	11	2.70±0.82

教师行为对 4 种道德情绪（自豪、内疚、羞耻和尴尬）都有一定程度的影响，教师行为对幼儿自豪情绪、内疚情绪和羞耻情绪的影响不存在年龄段差异（$p > 0.05$）。教师行为对幼儿尴尬情绪的影响存在显著的年龄段差异（$p < 0.05$）。进一步对数据进行事后比较分析，结果显示，教师行为对大班幼儿尴尬情绪的影响程度显著大于对小班幼儿尴尬情绪的影响程度。

二、教师行为对 4 种道德情绪影响的差异检验

对 4 种道德情绪的相关数据分别进行差异检验，研究教师行为对幼儿 4 种道德情绪的影响是否存在差异，结果如表 10-19 所示。

表 10-19　教师行为对不同年龄阶段幼儿 4 种情绪的影响

情绪类别	班级	问卷/份	$M \pm SD$	F	p	事后比较
自豪	小班	34	2.94±0.75	0.17	0.849	NS
自豪	中班	28	2.83±0.72	0.17	0.849	NS
自豪	大班	22	2.77±1.01	0.17	0.849	NS
内疚	小班	45	1.75±1.07	0.45	0.640	NS
内疚	中班	17	2.10±0.99	0.45	0.640	NS
内疚	大班	21	2.11±1.27	0.45	0.640	NS
羞耻	小班	19	0.75±0.96	1.50	0.248	
羞耻	中班	10	1.78±0.97	1.50	0.248	
羞耻	大班	21	1.80±1.23	1.50	0.248	
尴尬	小班	17	1.33±0.58	4.06	0.039	大>小
尴尬	中班	15	2.40±0.55	4.06	0.039	大>小
尴尬	大班	11	2.70±0.82	4.06	0.039	大>小

教师行为会对幼儿的自豪情绪体验产生影响，影响的程度介于有一点影响和有些影响之间，影响程度相对较大，但是在幼儿不同年龄段，教师行为对其自豪情绪的影响并没有显著的差异（$p > 0.05$）。

教师行为会对幼儿的内疚情绪体验产生影响，影响程度介于有一点影响和很大影响之间，其中对小班幼儿的影响相对于中班和大班幼儿小，但是经过统计分析发现，在幼儿的不同年龄段，教师行为对其内疚情绪的影响并没有显著的差异（$p > 0.05$）。

教师行为会对幼儿的羞耻情绪体验产生影响，其中对小班和大班幼儿的影响相对于中班较小，但是经过数据的统计分析发现，在幼儿不同年龄段，教师行为对其羞耻情绪的影响并没有显著的差异（$p > 0.05$）。

教师行为会对幼儿的尴尬情绪体验产生影响，在幼儿不同年龄段，教师行为对其尴尬情绪的影响程度存在差异（$p < 0.05$）。进一步对数据进行事后比较分析，结果显示，教师行为对大班幼儿尴尬情绪体验的影响程度大于对小班幼儿尴尬情绪体验的影响程度（$p < 0.05$）。

如表 10-20 所示，教师行为对幼儿 4 种道德情绪的影响程度存在十分显著的

差异（$p<0.001$），即教师行为对自豪、内疚、羞耻和尴尬 4 种道德情绪的影响程度不同。进一步的事后分析显示，教师行为对幼儿内疚情绪和羞耻情绪的影响程度之间的差异不显著；教师行为对幼儿自豪情绪的影响程度显著高于对内疚情绪和羞耻情绪的影响程度；教师行为对幼儿尴尬情绪的影响程度显著高于对内疚情绪和羞耻情绪的影响程度。

表 10-20　教师行为对幼儿 4 种道德情绪的影响情况

情绪类别	问卷/份	$M\pm SD$	F	p	事后比较
自豪	84	2.86±0.81			自豪>内疚；自豪>羞耻；内疚<尴尬；羞耻<尴尬
内疚	83	1.94±1.08	10.31	0.000	
羞耻	50	1.61±1.12			
尴尬	43	2.39±0.85			

三、教师行为对幼儿 4 种道德情绪的影响及差异分析

3～6 岁幼儿正处于自我意识的萌芽阶段，这一阶段他人（包括成人和同伴）尤其是教师在幼儿自我意识的发展中扮演着重要的角色。教师行为（包括言语、动作）向幼儿传递了教师对于幼儿作为一个人的价值行为，教师给予幼儿积极和消极的反馈将影响幼儿对未来学业成功的期望，教师给予幼儿肯定，将会促使幼儿建立更高程度的自我价值感。

对于幼儿园的幼儿来说，道德情绪事件发生时教师的行为就是影响其道德情绪发展的一个十分重要的因素。教师行为会影响幼儿的道德情绪，从本次研究结果也可以看出。本次中教师行为对幼儿道德情绪的影响分数均值均为 1 以上，可见教师行为对幼儿的自豪、内疚、羞耻和尴尬 4 种道德情绪都有影响。数据显示，教师行为对幼儿自豪情绪影响的得分最高，说明教师行为对幼儿自豪情绪的影响相对较大。有学者提出自豪的产生源于个体根据一定的社会性规则，考虑或想象他人是如何对待自己的。因此，自豪这一情绪与他人的行为是密不可分的，这与本次研究结论一致。另外，教师行为对幼儿尴尬情绪的影响程度也高于内疚和羞耻情绪。尴尬情绪是个体遭受非意愿行为时产生的一种不自然、不愉悦的情绪体验，所以他人行为是尴尬情绪产生的一个重要影响因素，因此教师行为对幼儿尴尬情绪的影响程度相对更高。

幼儿入学后，对其产生重要影响的人除了家长，就是幼儿教师，教师开始在幼儿情绪形成以及发展中产生重要影响。本次研究还针对教师行为对不同年龄段幼儿道德情绪的影响差异进行了分析。研究结果显示，除尴尬情绪外，教师行为对不同年龄阶段幼儿的道德情绪的影响均不存在显著差异。教师行为对大班幼儿

尴尬情绪的影响程度大于对小班幼儿尴尬情绪的影响程度，主要是由于尴尬情绪在大班比小班出现得多，教师在对大班幼儿尴尬情绪发生时的应对方式更多样。3～6岁幼儿的自豪、内疚和羞耻情绪的发展是一个连续的阶段，不存在年龄上的差异，即教师行为对幼儿道德情绪的影响不会随着幼儿年龄的增长而产生变化，这与之前的相关研究结果不一致。一方面，可能是由于本次研究收集的被试数据较少，数据结果有偏差；另一方面，可能是由于相关研究针对的是他人，他人包括幼儿的家长、教师和同伴，但是本次主要研究的是教师行为，所以结果有所不同。

第四节　父母评价对3～6岁幼儿道德情绪的影响

一、父母评价对3～6岁幼儿快乐、悲伤情绪的影响

（一）父母评价对3～6岁幼儿快乐情绪的影响

本次研究经过对开放式问卷的整理与归类，对父母评价对不同年龄段幼儿快乐情绪的影响进行了方差分析，结果如表 10-21 所示。在幼儿产生快乐情绪的体验中，大多数情况下都会有父母评价的参与，而且父母评价会对幼儿快乐情绪体验产生影响，平均影响程度介于"有些影响"和"很大影响"之间。但是在幼儿不同年龄段，父母评价对其快乐情绪的影响并没有显著差异（$F=0.81$，$p=0.446>0.05$）。

表 10-21　父母评价对不同年龄段幼儿快乐情绪的影响

班级	n	$M\pm SD$	F	p
小班	43	2.84±1.09		
中班	52	2.56±1.11	0.81	0.446
大班	41	2.63±1.04		

（二）父母评价对3～6岁幼儿悲伤情绪的影响

本次研究经过对开放式问卷的整理与归类，对父母评价对不同年龄段幼儿悲伤情绪的影响进行了方差分析，结果如表 10-22 所示。在幼儿产生悲伤情绪的体验中，大多数情况下都会有父母评价的参与，且父母评价会对幼儿悲伤情绪的体验产生影响，平均影响程度介于"有些影响"和"很大影响"之间。但是在幼儿不同年龄段，

父母评价对幼儿悲伤情绪的影响没有显著差异（$F=0.22$，$p=0.804>0.05$）。

表 10-22　父母评价对不同年龄段幼儿悲伤情绪的影响

班级	n	$M\pm SD$	F	p
小班	36	2.42±0.97		
中班	57	2.32±1.11	0.22	0.804
大班	35	2.26±0.98		

二、父母评价对 3～6 岁幼儿自豪情绪的影响

1. 被试的基本信息

笔者采用幼儿道德情绪问卷家长版作为测量工具对幼儿的自豪情绪进行了研究。被试为来自内蒙古赤峰市和吉林省长春市两所幼儿园的 3～6 岁幼儿，问卷作答者均为被试父母。这是因为父母与幼儿的接触最为频繁，了解幼儿自豪情绪的相关表现。本次研究共收集了 443 名被试的信息，有效人数为 425 人，有效率为 95.94%。内容未作答或与无关论述的问卷被视为无效问卷，某些问卷中涉及多种表现，每一个均被视为单独的表现计算在总数中。被试基本信息如表 10-23 所示。

表 10-23　被试基本信息

类别	小班	中班	大班	总体
有效人数/人	100	154	171	425
平均年龄/岁	3.87	4.92	5.89	5.06
男生/人	47	86	88	221
女生/人	53	68	83	204

2. 幼儿发生积极事件时成人的言语表现与动作表现

通过内容分析方法将问卷中幼儿发生积极事件时成人的言语表现分为 3 类，具体如表 10-24 所示。

表 10-24　幼儿发生积极事件时成人的言语表现汇总

表扬性言语	定义	称赞幼儿某事做得很好，但话语中不涉及具体的事件，即成人在幼儿做成任何事后都可以对幼儿说
	例子	①真棒；②真棒，好样的
	事件	①新年，在幼儿园做手工，幼儿做了一棵梅花树和一串鞭炮，放学回家后给父母看，她会感到自豪 ②爷爷领兰兰去攀爬，兰兰非常勇敢，和朋友们一起攀登，最后终于攀登到顶峰，并大声呼喊："爷爷，我上来了。"高兴得手舞足蹈。爷爷夸她"可真棒"，周围也有很多家长赞扬她，说她勇敢。孩子当时表现出自豪的样子，说："我真棒！"

表扬性言语	幼儿外在表现	动作：挺胸抬头看对方、向上举起双手或玩具、手舞足蹈、做出害羞的小动作
		言语：夸自己"真棒""厉害"，大喊大叫，叙述具体事件
		表情：笑、做鬼脸、脸红
	幼儿内在心理品质	增强自信心，增强探索新事物的愿望
鼓励性言语	定义	在幼儿成功做成某事后夸奖并且鼓励他要更加努力的语言
	例子	①加油；②加油，努力
	事件	①开学，孩子对学习的兴趣更浓了，作业也写得更工整了，得到了老师的帮助和鼓励 ②我觉得我的孩子大部分时候是快乐的、开心的，他常常面带笑容，阳光地面对每一天。在他5岁的时候，我带他参加了"记忆大王"比赛，当时我心里很紧张，因为他只上了几节课，但是很自信，平静地面对初赛、复赛，最后进入了决赛，老师也很意外。孩子表现出来自豪的样子，感谢老师，和老师合影，和我们欢呼，满脸自信、高兴地说："我会继续努力的。"
	幼儿外在表现	动作：挺胸抬头看对方、向上举起双手或玩具、手舞足蹈 言语：夸自己"真棒""厉害"，"哦，太好了"，大喊大叫，叙述具体事件 表情：笑、做鬼脸、脸红
	幼儿内在心理品质	增强自信心，学习、探究未知的兴趣更浓
针对性言语	定义	成人根据幼儿成功做成的具体事件给予其有针对性的夸奖
	例子	①画得真棒；②不错，动作很到位
	事件	①4岁，他自己找出了纸和笔，画了起来。不一会儿，他拿着自己的画走到了爸爸的身边，说："爸爸，好看吗？"爸爸点点头说："画得真棒！"他听到爸爸这么说，脸上有了笑容，并走到其他人的身边说这幅画，高兴得又跑又跳 ②4岁多的幼儿最近一段时间在舞蹈班学习，爸爸妈妈、爷爷奶奶或者家里来的客人（孩子相对熟悉）对幼儿进行详细的描述，定期就会表演横叉、竖叉让大家看，或者让大人拍照发给舞蹈老师，让舞蹈老师点评
	幼儿外在表现	动作：挺胸抬头看对方、向上举起双手或玩具、手舞足蹈 言语：夸自己"真棒""厉害"，"哦，太好了"，大喊大叫，叙述具体事件 表情：笑、做鬼脸、脸红
	幼儿内在心理品质	自信心提升，希望能在众人面前表现自己

将问卷中幼儿发生积极事件时成人的动作表现分为3类，如表10-25所示。

表10-25 幼儿发生积极事件时成人的动作表现汇总

赞赏性动作	定义	对幼儿的表现很认同、支持时做出的动作
	例子	①竖起大拇指；②双手点赞
	事件	①小区里有个爷爷是收废弃物品的，有一次，爷爷收的瓶子被风刮走了，宝宝帮爷爷把瓶子拾了回来，爷爷夸奖了他，他很开心，觉得很自豪，感觉自己长大了，像个小大人 ②自豪的事就是上舞蹈班了，回来碰到我姑姑一家人来我家做客，高兴地给姑姑表演在舞蹈班学的动作（下腰、劈叉），姑姑称赞她，她高兴得蹦蹦跳跳
	幼儿外在表现	动作：挺胸抬头看对方、向上举起双手或玩具、手舞足蹈、做出害羞的小动作 言语：夸自己"真棒""厉害"，"哦，太好了"，大喊大叫，叙述具体事件 表情：笑、做鬼脸、脸红
	幼儿内在心理品质	增加利他想法，增强自信心

续表

亲密性动作	定义	使用与幼儿有亲密身体接触，以达到夸奖和鼓励效果的动作
	例子	①亲吻宝贝；②拍拍头
	事件	①近一个月内，孩子经过一周的轮滑练习，不用家长帮忙，能独立滑行，感觉无比自豪，说："妈妈，我像超人一样坚强。" ②寒假期间，在家里看成语故事，能够大致讲述一个故事，并且录音，讲给上班的妈妈听，特别高兴
	幼儿外在表现	动作：挺胸抬头看对方、向上举起双手或玩具、手舞足蹈 言语：夸自己"真棒""厉害"，"哦，太好了"，大喊大叫，叙述具体事件 表情：笑、做鬼脸、脸红
	幼儿内在心理品质	增强自信，体会到分享的快乐
鼓励性动作	定义	赞扬幼儿的成功，并希望继续努力做得更好而使用的动作
	例子	①鼓掌；②拍手
	事件	在美术区域活动中学习了一幅美术作品《飞屋环游记》，老师很有耐心，带领淼淼用一个多小时的时间完成。整个过程中，她非常专注。第二天，她自己要求画一幅画给老师和全班的小朋友看，淼淼给大家讲述了绘画作品中的故事，受到老师和小朋友的赞扬，很开心
	幼儿外在表现	动作：挺胸抬头看对方、向上举起双手或玩具、手舞足蹈 言语：夸自己"真棒""厉害"，"哦，太好了"，大喊大叫 表情：笑、脸红
	幼儿内在心理品质	增强自信，有耐心

3. 影响 3～6 岁幼儿自豪情绪的成人言语及动作表现

本次研究运用内容分析的方法，分别对成人的言语和动作进行了分类，如表 10-26 所示。

表 10-26　影响 3～6 岁幼儿自豪情绪的成人言语及动作表现分类

类别		小班		中班		大班		χ^2	p
		n	占比/%	n	占比/%	n	占比/%		
言语	表扬性言语	53	80.30	76	72.38	70	71.43	31.00	0.000**
	鼓励性言语	6	9.09	12	11.43	16	16.33	4.47	0.107
	针对性言语	7	10.61	17	16.19	12	12.24	4.17	0.125
动作	赞赏性动作	20	48.78	19	42.22	20	37.04	0.03	0.983
	亲密性动作	14	34.15	18	40.00	24	44.44	2.71	0.257
	鼓励性动作	7	17.07	8	17.78	10	18.52	0.56	0.756

小班回收问卷 104 份，有效问卷为 100 份，有效回收率为 96.15%。在幼儿做出积极事件时，成人往往使用表扬性言语、鼓励性言语和针对性言语来回应幼儿，其中，表扬性语言居多，占小班总体的 80.30%，鼓励性言语占 9.09%，针对性言语占 10.61%。通过统计问卷发现，表扬性言语包括"真棒""你做得很好""很厉害"等不涉及幼儿表现出的具体优点的话，广泛用于所有积极性事件中。在幼儿

做出积极事件时，成人往往采用三种动作类型回应幼儿，包括赞赏性动作、亲密性动作和鼓励性动作，其中赞赏性动作占 48.78%，亲密性动作占 34.15%，鼓励性动作占 17.07%，前两者要比鼓励性动作更常出现。

中班回收问卷 163 份，有效问卷为 154 份，有效回收率为 94.48%。可以看出，成人的表扬性语言比例非常大，占总数的 72.38%，鼓励性言语占 11.43%，针对性言语占 16.19%，绝大多数成人都会使用"真棒"等类似的语言夸奖幼儿。在动作方面，成人的赞赏性动作占 42.22%，亲密性动作占 40.00%，二者的比例差不多，说明幼儿在做出积极事件时，成人多会对幼儿做出赞赏性动作，比如，竖起大拇指等，以及做亲密性动作，如拥抱、亲吻、摸头等。鼓励性动作占 17.78%，相对较少，和小班的比例大体相当。

大班回收问卷 176 份，有效问卷为 171 份，有效回收率为 97.16%。成人表扬性语言比例非常大，占总数的 71.43%，成人多会使用"真棒"等类似的语言夸奖幼儿。另外，鼓励性言语占 16.33%，针对性言语占 12.24%，二者较少的原因可能是由于幼儿言语发展不完善，使用的简单词语较多，成人在与幼儿的朝夕相处中逐渐顺应幼儿的言语，会更多地说他们认为幼儿可以理解的话。在动作方面，成人的赞赏性动作占 37.04%，亲密性动作占 44.44%，鼓励性动作占 18.52%，较小班和中班有稍许提升。

经过分析发现，三个班的幼儿做出积极事件时，成人给予的言语主要分为表扬性言语、鼓励性言语和针对性言语三种。无论在幼儿的哪个年龄阶段，成人均喜欢对幼儿使用表扬性言语，中班和大班之间、中班和小班之间存在差异。鼓励性言语和针对性言语出现的次数均很少，且各个班级之间没有显著差异。或许适当地和幼儿说一些鼓励性和针对性的言语，对幼儿内在心理品质的影响会比表扬性言语大、效果好，鼓励性言语会提升幼儿的自信心，针对性言语会使幼儿明确自己的优点，确定努力的方向。

动作表现主要有 3 种类型，即赞赏性动作、亲密性动作和鼓励性动作，鼓励性动作出现较少，赞赏性动作和亲密性动作出现的比例差不多，不存在较大差异。赞赏性动作和鼓励性动作配合积极的言语会对幼儿自豪情绪的表达产生双重作用，使幼儿获得更深刻的情绪体验，亲密性动作要与幼儿有肢体接触，幼儿不仅能从视觉和听觉上体会表扬和鼓励，还能从触觉上体验到，印象深刻，效果更好。

4. 成人不同言语和动作表现类型引起的幼儿动作、言语和表情表达

对问卷中出现的成人言语和动作表现及其涉及的幼儿对应的动作、言语和表情进行汇总，如表 10-27～表 10-29 所示。

表 10-27 显示，在成人对幼儿说表扬性言语时，幼儿多会挺胸抬头看对方，是一种自信的表现。前面提到，成人多使用表扬性言语夸奖幼儿，而幼儿做出的反应也同样居多，说明这一类型的言语对幼儿自豪情绪的产生有一定的影响。其他类型的成人言语或动作虽然较少，但依然对幼儿自豪情绪的产生起到了作用，数量较少是由于成人较多采用表扬性言语回应幼儿。当成人对幼儿说鼓励性言语时，幼儿通常是信心满满，不会出现害羞的表现。在问卷中，有些内向的幼儿在成功地做成一些事情后，不好意思表达，但在经过成人鼓励后，信心提升，会出现挺胸抬头看对方、向上举起双手或玩具和手舞足蹈等表达自豪情绪的动作，成人的这种言语对幼儿来说无疑是很好的提升自信、增强自我认同感的方法，尤其是家长或教师作为幼儿最初依恋的对象，对幼儿使用鼓励性言语的效果要比其他人好。

表 10-27　道德情绪事件中成人不同类型表现
引起的幼儿动作表达汇总　　　　　　　　　单位：次

类别		幼儿动作			
		挺胸抬头看对方	向上举起双手或玩具	手舞足蹈	害羞的小动作
成人言语	鼓励性言语	7	8	6	
	表扬性言语	49	27	31	3
	针对性言语	8	7	6	
成人动作	赞赏性动作	10	3	9	3
	亲密性动作	15	11	10	
	鼓励性动作	3	6	7	

表 10-28 显示，无论成人做出哪种言语或动作反应，幼儿夸自己"真棒""厉害"或说出"哦，太好了"的次数均最多，叙述具体事件较少。这可能是由于年龄较小，幼儿的词汇、句子表达和思维受限。当成人对幼儿说出表扬性言语或做出赞赏性动作时，幼儿夸自己"真棒""厉害"的居多，说明幼儿成就表现的公开对幼儿自豪感的体验有重要影响，随着反馈的公开性的增强和社会比较的增加，体验到自豪感的程度也随之提升。

表 10-28　道德情绪事件中成人不同类型表现引起的
幼儿言语表达汇总　　　　　　　　　单位：次

类别		幼儿言语			
		夸自己"真棒""厉害"	"哦，太好了"	大喊大叫	叙述具体事件
成人言语	鼓励性言语	10	9	6	6
	表扬性言语	78	54	18	9
	针对性言语	19	16	5	6

续表

类别		幼儿言语			
		夸自己"真棒""厉害"	"哦，太好了"	大喊大叫	叙述具体事件
成人动作	赞赏性动作	24	10	3	5
	亲密性动作	32	19	5	8
	鼓励性动作	8	7	2	0

　　表 10-29 显示，无论成人做出哪种言语或动作反应，幼儿都会有笑的反应。在问卷中，除了个别内向、性情高冷的幼儿，大多数幼儿在经历自豪事件时都会笑。当成人说出表扬性言语时，幼儿产生笑的反应最为显著。当成人说出表扬性言语或做出赞赏性动作时，幼儿出现做鬼脸或脸红的表情相对多一些，说明幼儿出现了害羞的情绪，而当成人说出鼓励性言语时，幼儿很少出现害羞的情绪，由此可以看出成人不同的表现对幼儿自豪情绪产生的影响是不同的。

表 10-29　道德情绪事件中成人不同类型表现引起的
幼儿表情表达汇总　　　　单位：次

类别		幼儿表情		
		笑	做鬼脸	脸红
成人言语	鼓励性言语	25	2	2
	表扬性言语	125	26	11
	针对性言语	27	8	3
成人动作	赞赏性动作	43	11	1
	亲密性动作	37	6	6
	鼓励性动作	13	0	1

　　对 443 名访谈对象关于 3～6 岁幼儿自豪事件的文本资料运用内容分析法进行分析，从中挑选出填写自豪情绪发生时与他人评价相关的数据。他人评价采用 5 点评分，"4"代表"完全影响"，"0"代表"没有"。经过对开放式问卷的整理与归类，对小班、中班、大班幼儿的自豪情绪与他人评价的相关程度进行方差分析，结果如表 10-30 所示。

表 10-30　道德情绪事件中父母评价对不同年龄段幼儿自豪情绪体验的影响

班级	n	$M\pm SD$	F	p
小班	90	2.78±1.025		
中班	142	2.45±1.140	2.81	0.061
大班	148	2.49±1.072		

在幼儿产生自豪情绪的过程中，大多数情况下都会有父母评价的参与，且父母评价会对幼儿自豪情绪体验产生影响，平均影响程度介于有些影响和很大影响之间。在幼儿不同年龄段，父母评价对其自豪情绪影响的差异没有达到显著水平，只有微小的差异。

三、父母评价对 3～6 岁幼儿内疚情绪的影响

（一）父母评价对 3～6 岁幼儿内疚情绪影响的年龄段差异

对父母评价对不同年龄段幼儿内疚情绪的影响进行分析，如表 10-31 所示。

表 10-31　道德情绪事件中父母评价对不同年龄段幼儿内疚情绪的影响

班级	n	$M\pm SD$	F	p
小班	72	2.71±0.71		
中班	109	2.57±0.89	0.97	0.38
大班	116	2.53±0.91		

在幼儿产生内疚情绪的过程中，大多数情况下都会有父母评价的参与，且父母评价会对幼儿内疚情绪体验产生影响，平均影响程度介于有些影响和很大影响之间，但是在不同年龄段，父母评价对其内疚情绪的影响并没有显著的不同。基于父母评价对幼儿内疚情绪的体验有影响这一结果，本次研究进一步探讨了不同性质的父母评价对 3～6 岁幼儿内疚情绪体验的影响是否存在差异。

（二）不同性质的父母评价对 3～6 岁幼儿内疚情绪的影响

为了研究不同性质的父母评价对 3～6 岁幼儿内疚情绪体验的影响是否存在差异，首先对父母评价的不同性质进行分类和定义。

对问卷进行整理和分析发现，本次研究中的父母评价可分为两种：积极的评价、消极的评价。积极的评价是指在幼儿产生内疚情绪时，父母会对幼儿进行安慰、指导或者具有建设性的引导，如安慰幼儿，或者告诉幼儿下次遇到类似的事情时应该怎么做等。消极的评价是指在幼儿产生内疚情绪时，父母会对幼儿进行批评、指责，或者用很凶的语气与幼儿讲话，如训斥或者质问幼儿。

不同性质的父母评价对 3～6 岁幼儿内疚情绪的影响如表 10-32 所示。

表 10-32　不同性质的父母评价对 3～6 岁幼儿的内疚情绪的影响

评价的性质	班级	n	$M \pm SD$	F	p
积极	小班	31	2.58±0.67	0.03	0.97
	中班	56	2.54±0.95		
	大班	44	2.55±0.90		
消极	小班	29	2.79±0.68	0.78	0.46
	中班	45	2.56±0.84		
	大班	49	2.61±0.86		

由表 10-32 可见，积极的评价和消极的评价对 3～6 岁幼儿内疚情绪的整体影响都没有达到显著的差异，虽然显示出消极的评价比积极的评价对幼儿的影响要更大一些，但是在本次研究中并不存在统计学上的差异。

四、父母评价对 3～6 岁幼儿羞耻情绪的影响

为了探讨父母评价对不同年龄段幼儿羞耻情绪的影响程度的差异，笔者对相关数据进行了分析，结果如表 10-33 所示。结果表明，父母评价会对幼儿羞耻情绪存在一定的影响，平均影响水平介于"有些影响"和"很大影响"之间。父母评价对幼儿羞耻情绪的影响在不同年龄段没有显著差异（$p>0.05$）。

表 10-33　父母评价对 3～6 岁幼儿羞耻情绪体验的影响

班级	n	$M \pm SD$	F	p
小班	52	2.42±1.04	0.02	0.983
中班	86	2.42±1.05		
大班	92	2.45±0.99		

五、父母评价对 3～6 岁幼儿道德情绪的影响的讨论

父母是幼儿成长过程中十分重要的权威人物，对幼儿的影响不容小觑。统计分析表明，父母评价对幼儿的快乐、悲伤、羞耻、内疚和自豪情绪都存在一定程度的影响。幼儿道德情绪的发展中涉及关于自我认知的部分，幼儿的自我认知主要就是从父母的反应中获得的，父母对幼儿的各种评价都会对幼儿的情绪体验产生影响。另外，父母评价对幼儿的快乐、悲伤、羞耻、内疚情绪的影响均不存在年龄段上的差异，父母对不同年龄阶段幼儿的评价方式的变化可能不大。因为父母毕竟不是专业的教育人员，对幼儿的教育并不具备系统性、专业性，所以不会根据幼儿的年龄进行较大的调整。虽然 3～6 岁幼儿的自我意识在不断发展，但是

并没有明显的质的飞跃，所以在相似的父母评价方式下，幼儿道德情绪的发展并没有随着年龄的增长而发生变化。但是，父母评价对自豪情绪的影响研究结果却不相同，存在微小的年龄段差异。这可能是因为自豪是几种情绪中唯一比较明确的积极道德情绪，积极道德情绪的发展容易受到父母评价的影响，所以更容易产生差异。进一步分析发现，父母评价对小班幼儿道德情绪的影响更大，因为小班幼儿的自我意识刚刚开始发展，对幼儿产生的自豪情绪事件，父母会表现得很明显，所以幼儿开始产生明显的自豪情绪。但是随着年龄的增长，幼儿自豪情绪的体验增多，所以相同的评价方式不能够同等程度地激起幼儿的自豪情绪。

第十一章

3～6岁幼儿道德情绪研究
对教育的启示

第一节 道德情绪研究对幼儿教育的启示

一、道德情绪研究对教师教学行为的启示

3～6岁是个体各方面发展的一个重要阶段，也是其掌握各种技能、完善身心发展的重要时期。在这个阶段，帮助幼儿正确表达情绪，对幼儿以后的发展有着特殊的意义和价值。在幼儿情绪发展的重要阶段，教师对幼儿的情绪表达方式会对幼儿情绪能力的发展产生重要影响。教师作为幼儿成长过程中的陪伴者，对幼儿羞耻情绪的积极关注可以促进其产生积极的情绪体验，用更恰当的方式来表达情绪，形成较好的心理品质。教师为与幼儿接触较为密切的人，多数教师能够与幼儿建立安全型的依恋关系。教师对幼儿情绪表达的反应方式更加具有教育性，所以教师应用正确的态度去对待幼儿的情绪，促进幼儿羞耻情绪水平的提升。

在教育不同年龄段的幼儿时，教师应该注意使用不同的方法和措施。小班幼儿和中班幼儿的羞耻情绪多是由生理型事件和自我意识型事件引发的，羞耻情绪产生时还伴随着明显的动作、言语和行为，且中班幼儿的羞耻情绪也可由能力型事件引发。教师应积极关注幼儿的行为，在羞耻情绪产生时及时进行干预，或告诉他们这是一种生理现象，或让他们认识到产生这种情绪是正常的，从而让幼儿学会正确地处理自己产生的羞耻情绪。大班幼儿的羞耻情绪多是由自我意识型事件引发的，在面对大班幼儿的羞耻情绪时，教师更应该进行科学的教导。幼儿产生这种情绪表明他们在不断地成长，只有进行科学的教育和合理的引导才能使幼

儿的自我意识得到不断完善与发展。

教师需要用更加积极和专业的态度去对待幼儿产生的羞耻情绪，通过自身的专业技能给予幼儿科学、合理的教导，帮助幼儿更合理地理解自己的情绪，更好地控制和管理自己的情绪，从而完善自身，促进其心理健康发展。

根据幼儿教师对情绪事件的描述，幼儿的尴尬情绪主要是因幼儿没有完成自己应该完成的任务而引起的，这时教师就需要对自己制定的任务进行反思和总结：这个任务的难度对于幼儿来说是不是太大了？幼儿是否详细地了解了游戏的规则？

对于幼儿来说，简单、具体的规则是他们最喜欢的。因为幼儿的思维、能力等处于不断发展的阶段，理解能力没有那么强，自我控制能力也不强，所以给幼儿树立的规则一定要简单易懂、容易遵守。在平时的生活中，教师要直接向幼儿表达规则，不要用严厉的话语，例如，可以用"请把你的玩具放在架子上"代替"看你的玩具放得多乱"。另外，教师要制定具体的规则，而不是进行笼统的语言指导，例如，可以用"把阅读后的图书摆放在图书馆的架子上"代替"保持图书馆干净整洁"。这样具体明确的规则，幼儿更容易理解和遵守，能够有效地避免尴尬情绪事件的发生，进而避免尴尬情绪的产生。

二、道德情绪研究对教师教学方法的启示

（一）积极评价与自豪

适当的积极评价性语言可以促进幼儿自豪情绪的发展，结合适宜的动作，给予幼儿鼓励，可能会产生更好的效果，这也是幼儿教师进行有效班级管理的重要手段之一。赞赏性动作和鼓励性动作配合积极言语会使幼儿产生更深刻的自豪体验，比如，竖起大拇指、鼓掌。言语方面的赞扬，能让幼儿充满自信，有助于促进幼儿积极人格的发展。

（二）教授幼儿调节情绪的方法

心理健康的幼儿情绪稳定而愉快，能协调、控制自己的情绪，保持心境良好，愉快、乐观、满意的情绪状态占优势。情绪具有一定的冲动性和易变性。随着年龄的增长，幼儿的自我调节能力不断增强，情绪稳定性日益提高。根据研究可知，内疚情绪事件发生时，幼儿可能会有流泪、打人、漠然等消极的情绪反应，因此教师要教给幼儿调节情绪的方法，引导幼儿通过反思法、自我说服法、角色扮演

法、游戏活动来调节自己的情绪。

首先，教师要及时发现幼儿的情绪变化，让幼儿反思一下自己的情绪表现是否合适。教师可以让幼儿采取自我说服法，例如，当幼儿因为内疚而伤心哭泣时，可以告诉他"好孩子不哭"，或者告诉他事情可能没有他想象得那么严重，他人或许已经原谅幼儿了。另外，还可以采取想象法，例如，当幼儿伤心时，可以告诉幼儿想象他/她自己是个"大姐姐""大哥哥""男子汉"，这样能让幼儿勇敢起来。为了帮助幼儿认识内疚情绪、觉察自身情绪的变化，教师可以采用角色扮演的方法让幼儿感知情绪，从熟悉情绪的用语与解读面部表情、肢体动作开始，比如，通过角色扮演让幼儿观察不同的面部表情、身体姿态，请他们说出是什么表情动作，并且在什么样的情景下自己或他人会出现这样的表情。教师还可以创设某些情境，让幼儿明确感知自己的情绪状态，并做出相应的反应，帮助幼儿认识那些没有显露出来的、正在感受的情绪。游戏在幼儿生活中占据着重要的地位，在解决各种矛盾的过程中，其具有治疗和自我教育的作用。因此，教师可以通过"生气袋""放飞心情"等游戏让幼儿来分享快乐或发泄自己的情绪，从而保持一种良好的状态。

（三）关注幼儿尴尬情绪事件及其产生原因

通过分析结果可知，当幼儿产生尴尬情绪事件时，教师的言语中包括询问言语，教师在小班使用的询问言语明显多于中班和大班。这说明对于中班和大班的幼儿来说，教师更加关注的是情绪事件导致的结果，与小班幼儿相比，对事件的原因缺乏关注。从对尴尬情绪事件的描述来看，当教师询问幼儿事件产生的原因，或者对事件的正确与否进行询问时，能够激发幼儿的自我反省，促使幼儿对自己的行为以及事件的来龙去脉进行简单的梳理，在教师的激发下进行探索。由此可见，教师的询问言语对幼儿是会产生积极影响的，中班和大班的教师更应该关注幼儿的尴尬情绪事件及其产生原因。

如果想进一步培养幼儿的健康情绪，可以给幼儿设定一个真实情境，使幼儿将正确的情绪表达出来。在平时的幼儿园生活中，当有小朋友表现得好、情绪表达得当时，教师应该及时进行总结，告诉其他小朋友在遇到相似情景时应该怎么做，如何向他人学习。不仅是现实中实际发生的情境，教师还可以安排类似的动画视频观赏课，让幼儿在观看动画片的同时，不仅是在娱乐，更要学习动画人物对于事件的情绪处理方式。在进行了充分的学习之后，给予幼儿实践的机会，例如，可以组织话剧表演比赛，教师帮助其设置情境，让幼儿通过实践锻炼能力、提高道德水平。

三、道德情绪研究对教师言语的启示

（一）教师要从不同角度赞扬幼儿

"评价"对于幼儿的发展有十分重要的影响。相关研究表明，幼儿父母的评价对于幼儿自豪情绪的产生没有影响，但是父母的表扬却对幼儿的自豪情绪有一定的作用。表扬是一种具有动机性的反馈方式，不仅对于父母有重要的意义，对于教师来说，其作为教师管理的一种重要策略，同样能够激发幼儿产生良好的情绪和养成良好的品质。幼儿像是一棵小树苗，需要雨水的浇灌、适宜的温度和光照才能够茁壮成长，在幼儿园中，教师则扮演着幼儿成长的"雨水""温度""光照"等多重角色，可见教师对幼儿进行正确的、合理的指导是十分重要的。

积极情绪的产生离不开表扬，幼儿通过在社会中取得社会性成就而获得表扬，进而体验自豪。当幼儿出现自豪情绪时，教师要多使用针对性表扬言语，针对引起幼儿自豪情绪的事件进行具体表扬。例如，幼儿吃饭的时候表现得好，把饭吃得很干净，而且吃饭时保持安静，那么教师就可以表扬他："饭吃得真好，吃饭也是一种良好的行为表现，大家要向你学习。"这样不仅可以提高幼儿的自信心，还能够促使幼儿更好、更健康地成长。当幼儿做事情表现得好时，教师还可以从其他方面对其进行表扬，例如，当幼儿成功搭好积木很自豪时，教师除了表扬幼儿的积木搭建得非常好之外，还可以表扬幼儿做事情喜欢动脑筋，思维很有创新性。

（二）教师恰当的言语表现对幼儿发展有重要作用

幼儿自豪情绪的发展对于完善健康心理品质有着重要作用，童年期的心理健康对幼儿以后的健康和幸福有很大影响，因而教师要想方设法发展幼儿的自豪情绪，当幼儿做出积极事件时，言语鼓励必不可少。在研究中，我们将成人的言语表现分为三类：鼓励性言语会提升幼儿的自信心；针对性言语会使幼儿明确自己的优点，确定努力的方向；表扬性言语能提升幼儿的自信心，并增强自我认同感。教师作为幼儿心目中最权威的形象，他们对幼儿使用这些言语的效果会比他人更好。但在使用这些言语提升幼儿的自豪感时，也需要注意要适度地表达，因为积极情绪可能会阻碍对情感冲突的处理，教师要恰当培养幼儿的积极情绪，尤其是自豪情绪。

（三）耐心对待幼儿的错误行为

幼儿的内疚情绪大部分是由其无意而产生的行为导致的。本次研究结果显示，在幼儿产生内疚情绪时，教师的言语表现主要包括询问式言语、讲解式言语和批评式言语。询问式言语是一种中性的言语评价，即对幼儿的内疚事件进行询问，用于了解情况，并且能够使幼儿进一步反思自己的行为。讲解式言语是一种积极的评价方式，这种方式优于批评式言语。批评虽然会使幼儿为了避免批评而努力，但往往会伤害幼儿的自尊，并且部分幼儿不能够理解惩罚背后的目的，从而会适得其反。讲解式言语是指教师在幼儿产生内疚情绪时，能够积极地向幼儿解释他所做的事情哪里不对、哪里需要改正，耐心、细心地站在幼儿的角度思考问题。例如，幼儿由于尿床而感到内疚时，教师可以选择不责备和批评幼儿，而是真诚地告诉幼儿，在这个年龄的孩子不小心尿了床是正常的现象，但是如果宝宝能够在有感觉到想小便的时候告诉老师，就能够避免这样的事情发生。像这样耐心地给幼儿讲解，就算幼儿年龄小、发展水平较低，也会对成人的语言有自己的理解。因此，教师要能够站在幼儿的角度思考问题，并且给幼儿进行相应的解释。如果教师只是站在教师的角度，以权威人物的角色批评幼儿，会令幼儿感到厌烦，并且会影响其自尊心的发展。这一点与人本主义心理学的理论是相同的，即教师要站在幼儿的立场想问题，向他们解释问题，这样才能够获得身临其境的体验，进而使幼儿更加开心，从而促进其发展。

四、道德情绪研究对教师动作的启示

（一）进行积极的师幼互动

在幼儿产生自豪情绪时，教师的非言语评价主要有亲密性动作、鼓励性动作和奖励性动作。为了鼓励幼儿产生更多的自豪情绪，教师可以更多地使用这些动作，如可以拍拍幼儿的肩膀、抱抱幼儿、抚摸幼儿的头、走近幼儿、亲吻幼儿（亲密性动作）；当幼儿有了进步时，可以给幼儿鼓掌、对幼儿竖起大拇指（鼓励性动作）；可以给幼儿小粘贴、奖励幼儿小食品（奖励性动作）。这三种积极的动作评价都能够促进幼儿自豪情绪的产生和发展。

幼儿正处于身心迅速发展的时期，教师的一举一动都会对其产生深刻的影响，幼儿喜欢与亲近的人产生亲密的身体接触，例如，被抱抱和亲亲，所以教师的亲密性动作会使幼儿产生愉快的体验，进而促进自豪情绪事件的发生。幼儿虽小，但其自尊心和自信心也在逐渐的发展中，教师的鼓励和奖励会对幼儿的自尊和自信产生很大影响。

非言语评价即手势表扬，也是一种十分积极而且有效的评价方式，对于幼儿的自豪情绪发展有着十分重要的作用。其中，比较典型的就是我们十分熟悉的

"击掌"，即双方举手相互击掌，用于打招呼或者庆祝。手势有额外的意义，会促进幼儿对自己的积极评价。大多数情况下，成人将击掌运用于出色的工作上，而不是运用在普通工作上，幼儿会将击掌与出色的工作联系起来。因此，在日常教学中，如果教师能够较多地使用手势表扬，与幼儿建立良好的互动关系，有助于促进幼儿更好地发展。

另外，教师还可以尽可能地在班级其他小朋友面前鼓励幼儿，鼓励小朋友一起给他人鼓掌，鼓励其他小朋友也加入评价的过程中。本次研究结果表明，幼儿出现情绪事件时，周围的小朋友也会对其进行夸奖或者批评的评价，甚至有时幼儿之间的评论比教师对幼儿的评价的影响更大。当一个同伴对幼儿的情绪给予评价时，周围的小朋友也会参与其中，这都会幼儿幼小的心灵产生很大的影响。

（二）适度纠正和制止幼儿的不当行为

当幼儿出现内疚情绪事件时，教师行为对于其情绪的发展会有很大的影响。数据显示，当幼儿体验到内疚情绪事件时，教师给予理解，并且使用亲密动作如抱抱幼儿、抚摸幼儿的头部等，幼儿能更好地意识到自己的错误，并且学会待人待事需要宽容，这样有助于对幼儿良好的心理品质的培养。因为当教师使用亲密动作对待幼儿时，幼儿能够在感受到安全的前提下，反省自己的行为，并且保护了幼儿的自尊。幼儿既然能产生内疚的情绪体验，说明他有想要改善自己行为的愿望，即产生纠正自己错误的补偿行为，所以内疚虽然是一种消极的道德情绪，但它更容易产生积极的意义。

相反，如果教师使用纠正或制止动作对待幼儿，幼儿体验到的更多是不知所措，进而导致盲目地认错，希望获得老师和小朋友的原谅。这样可能会产生两种截然不同的结果：一方面，幼儿可能会学会如何更好地处理事情；另一方面，会影响幼儿的自尊心的建立。例如，当幼儿不小心碰倒了其他小朋友，教师对其行为进行纠正，让他不要撞到其他小朋友、小心点。这种纠正动作在幼儿园中是时常发生的，大部分教师认为这种行为是合乎情理的。其实教师的这种行为会让幼儿体会到更强的内疚感，开始哭泣甚至更加自责，并且会伤害幼儿的自尊心。但是某种情况下，教师又不得不采取这种行为，所以结合情境及幼儿自身的因素对幼儿采取适当的行为是很重要的，并且应该尽量避免严厉的惩罚动作。

当幼儿出现不同种类的道德情绪时，教师应多说安慰性言语和做出亲密性动作。当幼儿感到羞耻、尴尬时，抱一抱幼儿，给他一些温暖，当幼儿表现得好时，摸摸他的头、与他击掌，这样都有助于建立教师和幼儿之间的友好的感情，从而有助于幼儿更多地表现出积极的道德情绪。教师评价的目的是希望幼儿能够在生活中进行思考、调整自己的情绪，而不只是改变当下的某种情绪

第二节　道德情绪研究对家庭教育的启示

一、促进幼儿情绪的健康发展

成人可以根据幼儿快乐和悲伤情绪发生频次较高的事件类型分辨幼儿情绪的发生情境，并进行适当引导，探索缓解幼儿悲伤情绪的方法。例如，在事情发生之后，适当地给予安慰和开导，更有利于促进幼儿身心的健康发展，促进幼儿情绪理解能力及情绪表达能力的提升。随着年龄的增长，幼儿开始逐渐减少关于游戏的活动，更喜欢具有成就感的活动，所以成人应在幼儿 5 岁左右就开始注重让其参与成就性活动，有利于促进幼儿自我意识的提高；幼儿正处于社会化的重要阶段，如果在此阶段不重视促进其情绪能力的发展，比如，共情，则会使得幼儿在以后的生活中出现自我中心、人际交往障碍等问题。幼儿在 3 岁左右容易因为分离性焦虑而产生悲伤情绪，随着年龄的增长，这种情绪逐渐减少，所以在幼儿 3 岁面对分离型事件的时，成人应给予更多的关注，适当地安慰或者激励幼儿。

二、培养幼儿的积极心理品质

快乐与爱、希望、好奇、热情等特质存在较高的相关性，另外还有一些研究证实快乐与好奇心、乐观性、宜人性等人格特质存在较高的相关性，这些品质都是在幼儿成长过程中逐渐形成的。在日常生活中，成人应指导幼儿体验各种情绪，培养其创新能力，对于幼儿的好奇心应积极回应，使得幼儿对生活产生热情，促使幼儿养成乐观的心理，不惧怕生活中的挫折。自豪感有助于幼儿自信心的建立，成人要提供机会让幼儿在日常生活中感受到自豪，并且要让幼儿表达自己的自豪情绪，这能有效地增强幼儿的自我存在感。羞愧看似是一种消极的自我意识情绪，但在现实生活中，感受和体验一定的羞愧情绪对个体发展能起到积极的促进作用。"知耻，而后勇"，说的就是这个道理。幼儿期正是儿童自我概念和自我意识发展的阶段，这一阶段的幼儿开始判断事物的对与错、好与坏，对社会规则的认知刚刚开始建立，开始体验一些羞愧事件。例如，3 岁男孩洋洋不排队，还把水洒到了小朋友身上，因老师批评他而感到羞愧，这对儿童的成长来说是一件好事。可以

想象一个没有羞耻之心的儿童，那将会成为一个什么样的人呢？从这个意义上来讲，羞愧是一种对于驱动人类社会行为的有意义情绪。此外，儿童体验到羞愧的同时，要注意不要伤害儿童的自尊，要做到恰到好处地批评，针对幼儿所犯的错误或者存在的缺点，向儿童指明什么是正确的行为，不要过多地进行指责，避免儿童产生更多消极的自我评价。

三、改进父母的教养行为

父母应对幼儿出现的情绪进行正确的指引，特别是当幼儿出现悲伤情绪时。5岁的幼儿已经能够清楚地知道自己的情绪并能很好地进行情绪体验，当和喜欢的人分开的时候，他会体会到难过。不过，幼儿的情绪变化很快，刚刚才因父母不答应他的要求而大哭，可过一会儿就会因为得到好吃的东西开怀大笑。但是，对于幼儿而言，他们还不具备良好的情绪调节能力，家长应做出积极的教育指导，适当地给予鼓励或安慰，并且等幼儿情绪稳定之后再进行适当的教育，这样更有利于促进幼儿身心的发展。

家庭作为幼儿产生情感体验的启蒙地，对于促进幼儿情绪表达能力的提升有重要的影响。家庭环境是除幼儿园外，影响其身心发展的重要组织系统。研究发现，积极的家庭环境可以减少幼儿情绪行为问题的出现。首先，家长需要转变固有的教育观念，采用民主教养方式，尊重和理解幼儿，给幼儿提供自由发展的空间，不迁就和溺爱幼儿，与幼儿建立良好的亲子关系。其次，父母之间要建立和谐融洽的关系，相互关爱，学会控制自己的情绪，并多向幼儿传递积极的情绪，为幼儿树立良好的榜样，让幼儿在心理上感到安全和愉快。最后，家长与幼儿园之间要展开密切合作，家长要了解幼儿在幼儿园的情况，与教师商讨教育对策，家园协调一致，共同促进幼儿的发展。这样能给幼儿创造一个民主、接纳、温暖、和谐、愉悦和积极的环境，帮助幼儿形成健全的个性和健康的心理。

四、注重培养幼儿的人际关系

3～4岁幼儿依恋同伴的程度有明显的提高，与同伴建立友谊的数量有明显的增长。人际关系对幼儿的社会化发展起着非常重要的作用，3岁以后，大部分幼儿开始进入幼儿园，与父母相处的时间逐渐减少，与同伴相处的时间逐渐增多，很多情绪发生转变也是来自同伴的影响。父母要在幼儿活动的空间范围内，创设更多的机会让幼儿之间互动，增加同伴互动与交往。在家庭教育中，父母要注重促使孩子与周围的他人建立人际关系，首先，父母要与幼儿建立合理、有效的依恋关系，尤其是安全型依恋的建立尤为重要，有助于促进幼儿的成长；其次，父母要给幼儿提供更多的与其他幼儿交往、游戏的机会；最后，父母要帮助幼儿与他人进行正常交流，这都有助于促进幼儿道德情绪的健康发展。

五、注重引导幼儿自豪情绪的发展

本次研究发现，成人的行为的确会对幼儿情绪发展产生重要影响。情绪健康是心理健康的基础，情绪健康是以幼儿对自己的情绪有一定的认识为前提的，而幼儿对情绪的认识恰恰需要家长的引导，所以成人可以通过对幼儿自豪情绪产生时的反馈，如言语评价、动作、表情等对幼儿的自豪情绪进行反馈。当幼儿因做事情成功或者取得一定的进步产生自豪情绪时，家长适当的言语或动作、鼓励和表扬对于增强幼儿的自豪感、自信心，以及探索未知的兴趣，具有不可或缺的作用。自豪情绪需要在日常生活中，从细微之处进行培养。在成人世界中看似很简单的一件事情，3～6岁幼儿可能会对其有不一样的感受。因此，无论是在幼儿园还是在家庭环境中，教育者或者幼儿身边的重要他人都要善于捕捉有助于培养幼儿自信的契机，正面的言语肯定与评价甚至成人的动作、眼神在幼儿眼里都具有一定的威力，主动培养幼儿的自豪情绪，将会使幼儿收获自信、自尊。

研究表明，不同年龄段的幼儿自豪情绪的产生原因略有差异，所以对于不同年龄段的幼儿，应选择不同的方法培养其自豪情绪。对于3～4岁幼儿，成人可以使用鼓励性言语和表扬性言语去说一些与他自身相关的事件，最主要的是要认同他的想法和做法。此时正是幼儿乐于探索的时期，成人应该提供相应的条件，只要不偏离正常轨道就可以。对于4～5岁幼儿，成人可以多做亲密性动作，在幼儿与别人互动时适时地给予支持，当出现有益于他人的行为时及时鼓励与赞赏。5～6岁幼儿即将步入小学，需要适应集体生活，成人要帮助他们建立良好的人际关系，给予其足够的安全感，让幼儿因具备与人和谐相处的能力而感到自豪，这对于促进幼儿社会性的发展很重要。

六、引导幼儿适当表达内疚情绪

幼儿也有喜怒哀乐，健康的幼儿以积极的情绪表现为主，也会出现短时的消极情绪，例如，哭闹、委屈、喊叫等，这些情绪表现有助于他们发泄不满情绪，提高心理健康水平。因此，当幼儿产生内疚情绪时，成人不能以强制的手段制止、阻碍幼儿情绪的表达，要引导幼儿说出自己的感受。面对幼儿因为内疚而流泪或低头时，成人要用言语或动作安慰他，在幼儿稍微冷静之后耐心地询问原因，尽可能详细地了解事情的经过，了解事情的真正原因，然后对症下药，引导幼儿转移、缓解与控制不适当的消极情绪，这也是促使幼儿情绪健康发展的重要方面。例如，移情法，即站在别人的角度观察，了解对方的观点，体验对方的情感，可以经常向幼儿倾诉情感，引导幼儿体会别人的情感，多让幼儿换位思考。比如，可以问幼儿：当你的小伙伴不小心打了你一下或者弄坏你的玩具时，你的心情是什么样的？你希望对方怎么做？另外，可以引导幼儿寻求他人的安慰与帮助，例如，向老师和家长寻求帮助，向他们说出自己的困惑。通过针对性的教导，让幼儿学会正确地表达和调控内疚情绪，从而让幼儿保持积极的情绪状态，感受到被尊重和接纳。

　　对于3～6岁幼儿内疚情绪发生时的外在行为特征，可以主要从言语、动作、表情三方面进行分析。言语主要分为8类，包括不说话、道歉、喊叫、叹气、询问、解释原因、小声自言自语、绕开话题。当幼儿有这些言语表现时，家长要予以重视，认真地听幼儿倾诉，引导幼儿学会用言语适当地表达自己的情绪，例如，要认真地道歉，让对方感受到自己的诚意，从而原谅自己，同时可以做一些事情来进行弥补。当幼儿不说话时，家长要鼓励幼儿说出自己的心里话，缓解内疚情绪，从而有效地解决问题、舒缓心情。内疚情绪发生时，幼儿的动作分为10类，包括低头、看对方、手部动作、笑、拥抱、躲闪、打人、什么也不做、捂脸、伸舌头。虽然不同年龄阶段幼儿的外在动作特征不同，但是差异不大，只是动作特征会随着年龄发展而增多、表现方式更多样。当幼儿打人时，家长要及时制止幼儿的行为，让幼儿冷静下来，与其他幼儿进行沟通，促使幼儿表达内疚情绪。不同年龄阶段的幼儿表情特征不同，相比动作与言语特征，表情能很好地反映幼儿的内疚情绪。内疚情绪发生时，幼儿的表情可分为7类，包括流泪、脸红、做鬼脸、皱眉、嘟嘴、漠然、带有复杂情绪的表情。拥抱和微笑对于幼儿的内疚情绪有很好的疏导作用，家长要让幼儿多运用这两种方式，促进幼儿内疚情绪的表达。做鬼脸是一种有效的表达情绪、调节气氛的方法，家长要引导幼儿学会适当运用这种方法，促进幼儿道德情绪的健康发展。

七、帮助幼儿及时修复受损的人际关系

　　心理健康的幼儿人际交往和谐，能与人友好相处，可以说人际关系和谐是心理健康的一个重要标志。根据埃里克森的人格发展阶段理论，3～6岁属于学前期，这个阶段幼儿发展的任务是获得主动感，克服愧疚感。在这一阶段，幼儿会产生强烈的好奇心，同时需要得到父母的鼓励，从而使幼儿获得更多的主动自我效能

感。因此，家长要帮助幼儿及时修复受损的人际关系。例如，在言语方面，可以采取道歉、解释原因、询问的方式来表达自己内心的内疚，并说明原因；在动作方面，可以采取真诚地看着对方、微笑、拥抱等具有积极意义的方式缓解气氛；在表情方面，可以采取做鬼脸的方式寻求原谅。家长要告诉幼儿做错事不要害怕，要主动想办法弥补，勇于承担责任，寻求对方的原谅。

　　3～6岁幼儿发生内疚情绪的事件类型有很多共同之处，但也有差异。随着年龄的增长，幼儿言语能力的发展、社会性的发展、道德水平的提高，幼儿发生的事件类型多样化，不同年龄阶段幼儿内疚情绪发生的事件类型也有与这个年龄相对应的类型，可见不同年龄阶段幼儿内疚情绪的发展有规律可循。家长可以根据不同年龄阶段幼儿内疚情绪发生频次较高的事件类型分辨幼儿内疚情绪的发生情境，并进行适当的引导，教授幼儿缓解内疚情绪的方法。从研究结果可以看出，内疚情绪发生的事件类型主要有 8 种：损坏型事件、伤害型事件、违反规则型事件、自立型事件、亲社会型事件、学习型事件、他人评价型事件、影响型事件。对于不同的事件，有不同的解决措施，发生损坏型事件时，家长要帮助幼儿寻求他人的原谅，采取一些弥补措施。发生违反规则型事件时，幼儿可能会与其他幼儿产生一些冲突，这时就需要家长教育幼儿要遵守规则。幼儿对社会规则的遵从，需要经历一个从他律向自律发展的过程，从小培养幼儿的自律更为重要。自律（即内在的自我控制和调节能力）是一种自觉自主负责的行为，体现了一种主体性。发生亲社会型事件时，可能是幼儿想帮忙却没帮到或帮了倒忙，这时家长要鼓励幼儿下次再帮忙，不要让幼儿丧失信心。发生学习型事件时，家长要鼓励幼儿，不要一味地批评他们，要对幼儿有信心。发生影响型事件时，家长应教给幼儿一些弥补的方法。发生自立型事件时，家长可以通过练习和让幼儿做好预防来减少此类事件的发生，并吸取教训。

八、有意识地培养幼儿的责任感

　　心理健康的幼儿应该是意志品质良好，意志健全与行为协调，性格与自我意识良好，人格健全，有责任感。在日常生活中，当内疚情绪事件发生时，家长要有意识地培养幼儿的责任感。根据埃里克森的人格发展阶段理论，他认为3～6岁幼儿在这个年龄阶段面临主动对内疚的个体发展冲突。如果幼儿表现出的主动探究行为受到鼓励，就会形成主动性，这为其将来成为一个有责任感、有创造力的人奠定了基础。幼儿在这一阶段形成的主动性和责任感的发展有关。当幼儿出现主动探究的行为时，家长应该鼓励幼儿，不要打断幼儿的思路，给幼儿提供一定的思考空间。在日常生活中，家长要让幼儿多做一些充满创造力和想象力的游戏或活动，让幼儿在自己的世界里自由想象，对幼儿有目的的想象给予鼓励，从而增强幼儿的主动感与责任感。

当幼儿产生内疚情绪时，家长也要有意识地培养幼儿的责任感。内疚情绪事件发生是因为幼儿做了错事，或者因违反规则而产生负性情感体验。当发生损坏型事件、伤害型事件、违反规则型事件时，主要是由于幼儿损坏了物品、不小心或者故意伤害了他人、违反了家长制定的规则，当幼儿主动承认自己的错误时，家长需要引导幼儿向对方道歉，真诚地说明原因，承担责任。当幼儿不小心把别人的物品弄坏时，不仅要道歉，还要询问他人需不需要赔偿，或者可以采取其他方式来弥补。例如，当幼儿不小心把家里的花瓶打碎时，妈妈应该引导幼儿帮助自己收拾碎花瓶，但要注意安全；当不小心打碰到别的小朋友时，要道歉并询问小朋友的伤势，告诉对方自己不是故意的，请求小朋友的原谅；当违反家长和老师制定的规则时，要说明自己为什么违反规则，并保证下次不再犯。当发生上述几种事件时，家长要引导幼儿承认错误，主动承担责任，做一个有责任感的孩子。

九、肯定幼儿的亲社会行为

心理健康的幼儿人际交往和谐，乐于与人交往，善于与他人合作、共享，待人慷慨友善。本次研究发现，亲社会型事件会引发幼儿的内疚情绪，中班和大班幼儿都有亲社会行为的发生，家长要对幼儿的亲社会行为给予肯定和鼓励。亲社会型事件在本次研究中的定义为本意是帮助他人，结果自己却没有做好。可见，幼儿有帮助他人的意愿，但是由于自身能力不足不能帮助到他人，甚至帮了倒忙。亲社会型事件在中班、大班幼儿身上发生的频率比较高，例如，帮妈妈刷碗时不小心把盘子打碎了，幼儿的本意是帮助妈妈做家务，没想到却帮了倒忙，因此幼儿会比较内疚。另外，幼儿会因为其他突发事情而没办法答应同伴的要求，或者违背了两人的约定而产生内疚情绪，例如，小伙伴让幼儿帮一个小忙，可是幼儿帮不了，会感到非常内疚。对于幼儿的这些亲社会行为，家长应该给予肯定，为幼儿提供支持，给予其积极的情绪反应。

内疚能够促进依恋关系的建立，当幼儿主动要求帮助父母承担一些家务或者做一些事时，家长不应该打击幼儿的积极性，要教给他们怎么做，交代一些需要注意的事项，然后放手让幼儿自己去做。当幼儿成功地做成了一件事时，哪怕是一件很小的事，作为家长也应该及时鼓励，就算是帮了倒忙，也不应该打击幼儿的积极性，要鼓励幼儿下次肯定会做得更好或提醒他下次注意。内疚的产生会使双方在没有自我利益回报的情况下相互关心，并积极地相处。因此，当幼儿产生内疚情绪时，家长要及时发现幼儿行为中的亲社会因素，并及时给予鼓励，可以通过一些修复行为来帮助幼儿解决问题，弥补自己不能帮助他人的缺憾，促进幼儿亲社会行为的发展，增加幼儿亲社会行为发生的频率，从而让幼儿和同伴或家长之间的关系越来越好，促进其社会交往。

第三节 道德情绪的教育策略

3～6岁是儿童心理发展的关键阶段，道德品质的养成要从小抓起。在儿童早期教育中，道德情绪如自豪、羞耻、内疚、尴尬等可以帮助儿童面对真实的情绪事件和自身感受，以此为基础进一步理解与掌握道德原则。因此，早期的儿童德育教育，可以从培养良好的道德情绪入手，不仅能促使儿童朝着"人性本善"的方向发展，还能够引导儿童健康地成长。根据道德情绪的定义与功能可知，从以下三个方面开展学前儿童道德情绪的教育，有助于促进学前儿童道德行为的养成。

第一，认知策略——认识自我，学会自我评价，是道德情绪发生的前提。3～6岁幼儿处于对自我的认识启蒙阶段，道德情绪是在自我的不断发展与成熟的基础上产生的高级情绪。自我也称自我意识，是儿童社会化的重要组成部分，儿童社会化的目标就是形成完整的自我，是衡量个体成熟水平的标准，是整合各部分的核心力量，是推动个体发展的内部动因。在早期儿童教育过程中，教育者要引导儿童认识自我，学会恰当地评价自我。心理学家阿姆斯特丹（Amerserdam，1972）的"点红"实验证明，24个月大的幼儿已经有了自我意识，这时幼儿能明确意识到自己鼻子上的红点并立刻用手去摸，这是个体意识到自我存在的表现。自豪、羞耻、内疚、尴尬等道德情绪需要有自我的卷入，是个体对自我的认识的一种情绪反应。帮助幼儿认识自我，如能够进行自我介绍，知道自己的喜好、爱憎与愿望，并能够对此做出一定的自我评价，是幼儿道德情绪发展的基础。

第二，行为策略——规则意识与责任意识的教育，是塑造良好道德行为的基础。没有规矩，不成方圆，3～6岁儿童幼儿处于学习和掌握规则、逐步形成规则意识的阶段。低龄儿童处于道德情绪体验阶段，遵守规则会受到他人的尊重和得到积极的评价，违反规则则会受到外界的负面评价与批评，前者相应地会使幼儿产生积极的自豪情绪，后者则会使幼儿产生内疚、羞耻、尴尬的消极情绪。无论何种情绪，对于儿童道德行为的建立都具有一定的积极意义。自豪有助于儿童建立自信与自尊，而适当的内疚、羞耻、尴尬也是儿童在成长过程中必不可缺少的情绪体验，这些看似消极的道德情绪有助于儿童对自身的行为进行反思，产生补偿行为，以弥补自身的过失。例如，内疚是一种有益的负性情绪，会在许多方面对个体的动机或行为产生有益的影响。内疚不仅能够促进幼儿道德品格和行为的发展，还能阻止不道德行为的产生，增加亲社会行为。可见，学前儿童对规则和责任意识的理解是产生道德情绪的主要来源，是个体建立道德行为的基础。

第三，情感策略——学会体验与表达情感，是道德情绪发展与完善的必要条件。《3～6岁儿童学习与发展指南》中提出，幼儿教育的重要目标之一"帮助幼儿学会恰当表达和调控情绪"。学前儿童的情绪体验随着年龄的增长不断丰富，儿童能够感受到自豪、羞愧、内疚等道德情绪，是个体情绪水平良好发展的一种表现。随着情绪社会化的发展，学会合理地表达自身的情绪感受，如快乐、悲伤、自豪、羞愧等，是个体有效进行社会交往的一种方式，它可以促进人际互动与交流，有助于儿童认识自我，调节自身的情绪状态。低龄儿童通过道德情绪的体验，学会处理与他人的关系，尤其是与他人的互动，理解他人的感受，尊重他人的意见，以及与同伴建立、维持友爱关系的能力，是学前儿童社会化的主要方面。

给幼儿营造一种安全、温馨、和平以及完全被接纳的心理情境氛围，充分利用情感因素的积极影响，通过情感交流增强幼儿的情感体验，让幼儿不仅对自身的情绪状态有所认识，同时能够对同伴及成人的情感世界有初步了解，在成人的帮助下，理解自豪、羞愧、内疚、尴尬等情绪感受的起因和结果。情绪情感是个体在满足客观事物需求时产生的主观体验，是人对客观事物的一种特殊反应形式。3～6岁幼儿情感的丰富性、深刻性、稳定性和自控性有限，总体来说其情感是单一而且不稳定的。幼儿有时是冲动的，有时带有积极或消极的情绪，需要教育者充分考虑幼儿的情感特征，坚持以人为本的教育理念，将幼儿视为主体，在尊重其所有的想法、理解其情绪的基础上，开展道德情绪教育。

总之，新时代呼唤具有中国特色的道德教育，德育教育要从娃娃抓起。根据学前儿童心理发展特点，家长可以从认知策略、行为策略和情感策略三个方面开展学前儿童道德情绪教育，在儿童初步建立合理的自我认识与自我评价的基础上，使其正确理解行为规则，形成责任意识，准确感知自身的情绪情感并学会合理表达，促进儿童道德情绪不断发展与成熟，最终将道德准则内化为自身的行为标准，在道德情绪的驱动下产生良好道德行为，这将有益于儿童成长为新时代合格的社会主义接班人。

参 考 文 献

埃里克森.（2015）. *同一性：青少年与危机*. 孙名之，译. 北京：中央编译出版社.

埃利希·弗洛姆.（1995）. *精神分析与宗教*. 贾辉军，译. 北京：中国对外翻译出版公司.

艾森克，基恩.（2004）. *认知心理学*. 高定国，等译. 上海：华东师范大学出版社.

蔡曙山.（2016）. *人类的心智与认知——当代认知科学重大理论与应用研究*. 北京：人民出版社.

陈帼眉.（1999）. *幼儿心理学*. 北京：北京师范大学出版社.

陈玲.（2017）. 幼儿情绪发展与情绪教育策略之研究. *教育现代化*, 4（3），318-319.

陈婉仪，郝凯灵，周守珍.（2017）. 情绪体验测量方法研究综述. *荆楚学术*,（7），289-293.

陈英和，白柳，李龙凤.（2015）. 道德情绪的特点、发展及其对行为的影响. *心理与行为研究*,
　　（5），627-636.

陈玉云.（2014）. *尴尬情绪对助人行为的影响*. 金华：浙江师范大学.

程胜，郑金洲.（2002）. 课堂教学交往中的虚假与真实. *教育科学研究*,（6），10-13.

崔红芳.（2015）. 使用 SPSS 软件进行非参数检验. *科技创新与应用*,（33），96.

崔欣欣.（2017）. *天津市 4～6 岁幼儿同伴交往能力与其自信心的关系研究*. 天津：天津师范
　　大学.

崔以泰，黄天中.（1992）. *临终关怀学理论与实践*. 北京：中国医药科技出版社.

但菲，梁美玉，薛瞧瞧.（2014）. 教师对幼儿情绪表达事件的态度及其意义. *学前教育研究*,（12），
　　3-7.

丁芳，范李敏.（2014）. 尴尬情绪：回顾与展望. *苏州教育学院学报*,（2），86-90.

丁晓攀.（2006）. *儿童基于不同信念的生气和伤心情绪理解*. 杭州：浙江大学.

董傲然.（2014）. *幼儿内疚发展及其与气质、父母教养方式的相关研究*. 大连：辽宁师范大学.

樊召锋，俞国良.（2008）. 自尊、归因方式与内疚和羞耻的关系研究. *心理学探新*, 28（4），57-
　　61，79.

樊召锋.（2017）. *中学生内疚与羞耻关系的实证研究*. 兰州：西北师范大学.

范李敏.（2013）. 小学儿童尴尬情绪理解能力的发展及尴尬情绪对其合作行为的影响. 苏州：苏
　　州大学.

范文翼.（2012）. *婴儿尴尬情绪的发生研究*. 大连：辽宁师范大学.

范文翼，杨丽珠.（2015）．尴尬与羞耻的差异比较述评. *中国临床心理学杂志*，23（2），288，298-301.

冯晓杭.（2009）．*中美大学生自我意识情绪跨文化研究*. 长春：东北师范大学.

冯晓杭.（2012）．*文化与自我意识情绪*. 长春：东北师范大学出版社.

冯晓杭.（2020）．促进学前儿童道德情绪发展. *中国社会科学报*，（5），8-220.

冯晓杭，杨晓丽.（2020）．3～6 岁幼儿内疚情绪发展特征及其教育启示. *现代中小学教育*，36（9），77-82.

冯晓杭，张向葵.（2007）．自我意识情绪：人类高级情绪. *心理科学进展*，15（6），878-884.

弗洛伊德.（2015）．*性学三论*. 徐胤，译. 杭州：浙江文艺出版社.

傅宏.（2002）．*学前儿童心理健康*. 南京：南京师范大学出版社.

高隽，钱铭怡.（2009）．羞耻情绪的两面性：功能与病理作用. *中国心理卫生杂志*，23（6），451-456.

高学德.（2013）．羞耻研究：概念、结构及其评定. *心理科学进展*，21（8），1450-1456.

高震.（2014）．*内疚与羞耻情绪对初中生道德判断能力的影响*. 呼和浩特：内蒙古师范大学.

韩进之，杨丽珠.（1986）．我国学前期儿童自我意识发展初探. *心理发展与教育*，（3），3，2-13.

韩蕊.（2015）．*5 岁幼儿情绪理解能力与其同伴关系的相关研究*. 大连：辽宁师范大学.

何华容，丁道群.（2016）．内疚：一种有益的负性情绪. *心理研究*，9（1），3-8.

何洁.（2006）．*幼儿生气和伤心情绪倾向及其与同伴接受性的关系*. 杭州：浙江大学.

何洁.（2009）．*婴儿生气情绪及其对行为发展的作用*. 杭州：浙江大学.

何洁，徐琴美.（2009）．幼儿生气和伤心情绪情景理解. *心理学报*，41（1），62-68.

何洁，徐琴美，王珏瑜.（2007）．幼儿对生气和伤心情绪倾向同伴的接受性比较. *心理科学*，30（5），1229-1232.

洪秀敏.（2015）．*儿童发展理论与应用*. 北京：北京师范大学出版社.

侯璐璐，江琦，王焕贞.（2016）．真实自豪对人际信任的影响：一个有调节的中介模型. *心理发展与教育*，32（4），435-443.

胡萍萍.（2016）．*小学四至六年级学生积极心理品质与心理健康关系研究*. 福州：福建师范大学.

黄芳.（2005）．发展性幼儿评价的实践与反思. *学前教育研究*，（10），43-45.

黄娟娟.（2011）．*成为会沟通的教师——积极有效师幼互动促进教育行为优化的探索*. 上海：少年儿童出版社，上海教育出版社.

霍妍妍.（2016）．*3～6 岁幼儿评价教师特点的研究*. 沈阳：沈阳师范大学.

姜泓伯.（2016）．*幼儿园语言教学活动中师幼对话的问题与对策研究——以哈尔滨市城区幼儿园为例*. 哈尔滨：哈尔滨师范大学.

姜媛，林崇德.（2010）．情绪测量的自我报告法述评. *首都师范大学学报（社会科学版）*，（6），135-139.

姜月.（2012）．*幼儿自豪识别发展特点及其相关影响因素的研究*. 大连：辽宁师范大学.

蒋长好, 赵仑. (2006). 悲伤及其应对的研究进展. *首都师范大学学报（社会科学版）*, (2), 108-114.

竭婧 (2008). *幼儿羞耻感发展特点及其相关影响因素研究*. 大连: 辽宁师范大学.

竭婧, 杨丽珠. (2006). 10~12岁儿童羞愧感理解的特点. *辽宁师范大学学报*, (4), 53-56.

竭婧, 杨丽珠. (2009). 三种羞耻感发展理论述评. *辽宁师范大学学报（社会科学版）*, (1), 46-50.

堀丿内敏. (1980). *儿童心理学*. 谢艾群, 译. 长沙: 湖南人民出版社.

冷冰冰, 王香玲, 高贺明, 等. (2015). 内疚的认知和情绪活动及其脑区调控. *心理科学进展*, *23*（12）, 2064-2071.

黎俊良. (2018). *内疚情绪对大学生道德决策的影响*. 烟台: 鲁东大学.

李季湄, 冯晓霞. (2013). *《3~6岁儿童学习与发展指南》解读（培训版）*. 北京: 人民教育出版社.

李玲. (2009). *羞耻与内疚的认知评价过程研究*. 宁波: 宁波大学.

李娜. (2013). *大学生心理弹性与认知评价、压力困扰的关系研究*. 哈尔滨: 哈尔滨工程大学.

李娜. (2008). *幼儿园师幼互动中教师言语的研究*. 大连: 辽宁师范大学.

李瑞玲. (1993). *以生物-心理-社会模式探讨生气历程对血压心理生理机制之影响*. 台北: 台湾大学.

李湘兰, 陈传锋. (2010). 自我意识情绪的概念、特征与模型. *心理研究*, (2), 27-32.

李晓巍, 杨青青, 邹泓. (2017). 父母对幼儿消极情绪的反应方式与幼儿情绪调节能力的关系. *心理发展与教育*, *33*（4）, 385-393.

李占星, 曹贤才, 庞维国, 等. (2014). 6~10岁儿童对损人情境下行为者的道德情绪判断与归因. *心理发展与教育*, *30*（3）, 252-258.

梁丹. (2012). *婴儿羞耻情绪的发生研究*. 大连: 辽宁师范大学.

林崇德 (2009). *发展心理学*. 北京: 人民教育出版社.

林崇德, 杨治良, 黄希庭. (2003). *心理学大辞典*. 上海: 上海教育出版社.

林菁. (2014). *天津市青少年心理健康教育现状调查*. 长春: 吉林大学.

林正范, 徐丽华. (2006). 对教师行为研究的认识. *教师教育研究*, *18*（2）, 23-26.

刘爱楼. (2006). *近二十年我国情绪心理学研究的解析与思考*. 南京: 南京师范大学.

刘伯兴. (2011). *青少年自豪感的事件类型、影响因素及其认知的ERP研究*. 广州: 广州大学.

刘国雄, 方富熹, Keller M. (2003). 幼儿对条件许诺的理解. *心理学报*, *35*（5）, 656-661.

刘欢欢. (2013). *师幼互动过程中幼儿教师身势语及其行为模式研究*. 开封: 河南大学.

刘金花. (2013). *儿童发展心理学*. 上海: 华东师范大学出版社.

刘金梅. (2009). *不同虚拟内疚类型下青少年亲社会行为选择研究*. 兰州: 西北师范大学.

刘文, 杨丽珠, 邹萍. (2004). 3~9岁儿童气质类型研究. *心理与行为研究*, (4), 603-609.

刘艳. (2015). 幼儿心理健康问题及其影响因素分析与应对. *学前教育研究*, (3), 70-72.

刘洋, 李珊. (2009). 浅析丧失与哀伤辅导. *社会心理科学*, (6), 115-117.

刘烛烛.(2016). 听障儿童与正常儿童内疚情绪理解能力发展的比较研究. 杭州：杭州师范大学.

罗诚诚.(2016). 大学生内疚、羞耻与道德取向的关系研究. 长沙：湖南师范大学.

罗洛·梅.(2008). 存在之发现. 方红，郭本禹，译. 北京：中国人民大学出版社.

罗伟，魏勇刚.(2017). 儿童积极心理品质研究述评. 早期教育（教科研版），(1)，7-11.

吕福松.(2005). 对学前儿童羞愧感的实验研究. 上饶师范学院学报（社会科学版），(5)，98-101.

马婷婷.(2011).3～6岁儿童道德情绪判断、社会性与心理理论关系研究. 哈尔滨：哈尔滨师范大学.

孟昭兰.(1989). 人类情绪. 上海：上海人民出版社.

孟昭兰.(1997). 婴儿心理学. 北京：北京大学出版社.

苗利娟.(2012). 私立幼儿园中班幼儿情绪健康的教育干预. 沈阳：沈阳师范大学.

彭聃龄，杨旻，杨丽珠.(1985). 情境线索与面部线索在表情判断中的作用. 心理科学通讯，(2)，28-32.

彭欢.(2014).4～6岁幼儿情绪表达及其与同伴接纳的关系研究. 重庆：西南大学.

彭则翔.(1996). 幼师口语教学中非言语因素的训练. 学前教育研究，(1)，43-45.

亓圣华，张彤，李繁荣，等.(2008). 中学生羞耻感量表的编制. 中国临床心理学杂志，16，599-601，604.

齐建芳.(2009). 儿童发展心理学. 北京：中国人民大学出版社.

钱蕾.(2002). 父母评价与幼儿自我意识发展. 家庭教育，(6)，42.

钱铭怡，戚健俐.(2002). 大学生羞耻和内疚差异的对比研究. 心理学报，(6)，626-633.

钱铭怡，Bernice A，朱荣春，等.(2000). 大学生羞耻量表的修订. 中国心理卫生杂志，14，217-221.

任国华.(2003). 自我图式、他人评价与人格发展的关系. 心理科学，(5)，910-911.

任俊，高肖肖.(2011). 道德情绪：道德行为的中介调节. 心理科学进展，(8)，1224-1232.

沈晓敏.(2005). 对话教学的意义和策略——公民教育的新视点. 上海：华东师范大学.

施承孙，钱铭怡.(1999). 羞耻和内疚的差异. 心理学动态，(1)，35-38.

史忠植.(2008). 认知科学. 合肥：中国科学技术大学出版社.

斯托曼.(2006). 情绪心理学——从日常生活到理论. 王力，译. 北京：中国轻工业出版社.

宋锐，颜红菊.(2015). 论教师语言的基本原则. 当代教育理论与实践，(7)，13-16.

苏连琴.(1995). 重视非言语信息的正确传递. 幼儿教育，(10)，18.

孙贺娟.(2016). 教师评价语言对初中生情绪状态及学习状态的影响. 石家庄：河北师范大学.

孙艳华，马伟娜.(2009). 尴尬情绪的研究述评. 健康研究，(6)，484-488，491.

孙源泉.(2010). 羞怯大学生面孔认知特点的眼动研究. 济南：山东师范大学.

谭文娇，王志艳，孟维杰.(2012). 道德情绪研究十年：回顾与展望. 心理研究，5(6)，3-7.

唐松林.(2002). 教师行为研究. 长沙：湖南师范大学出版社.

王海英，周洁.(2005). 幼儿自我评价：问题与策略. 幼儿教育，(9)，10-11.

王辉.（2005）. *羞耻感的理论问题及其德育价值探讨*. 南京：南京师范大学.

王吉玉（2013）. *幼儿尴尬发展特点及其与气质关系的研究*. 大连：辽宁师范大学.

王吉玉，王淑华，王海鹰.（2012）. 尴尬情绪的概念及功能. *社会心理科学*，（11），13-16.

王娇.（2013）. *论教师语言的语用失误问题*. 长春：吉林大学.

王军利，王玲，吴东女，等.（2012）. 生气、高兴和伤心情境中幼儿情绪表达策略差异. *应用心理学*，*18*（4），332-340.

王林，李伟强.（2011）. 内疚的界定和测量以及研究方法述评. *宁波教育学院学报*，*13*（4），54-57.

王巧婧，冯晓杭.（2013）. 幼儿积极情绪的培养及其教育意义. *长春教育学院学报*，*29*（24），60-61.

王璇，赵静，赵娥.（2017）. 幼儿园心理健康教育的途径及实施中存在的问题. *陕西学前师范学院学报*，*33*（7），22-25.

王昱文，王振宏，刘建君.（2011）. 小学儿童自我意识情绪理解发展及其与亲社会行为、同伴接纳的关系. *心理发展与教育*，*10*（1），65-70.

王云强.（2016）. 情感主义伦理学的心理学印证——道德情绪的表征及其对道德行为的影响机理. *南京师大学报*（社会科学版），（6），128-135.

王枬.（2002）. 语言：师生心灵之约. *教育研究*，（2），58-62.

卫萍.（2013）. 中小学生积极心理品质的调查分析与教育对策. *中国特殊教育*，*12*，90-96.

吴鹏，范晶，刘华山.（2017）. 道德情绪对网络助人行为的影响——道德推理的中介作用. *心理学报*，*49*（12），1559-1569.

吴鹏，刘华山.（2014）. 道德推理与道德行为关系的元分析. *心理学报*，*46*（8），1192-1207.

西格蒙德·弗洛伊德.（2016）. *精神分析导论*. 张艳华，译. 北京：清华大学出版社.

肖倩.（2014）. *自大自豪与真正自豪对他人评价的不同影响*. 重庆：西南大学.

熊莲君.（2017）. *父母教养方式对3～6岁幼儿情绪理解能力发展的影响*. 武汉：湖北师范大学.

徐红燕.（2015）. *道德情绪启动对正负情境人际冷漠的影响因素研究——以人际信任为中介变量*. 昆明：云南师范大学.

徐琴美，翟春艳.（2004）. 羞愧研究综述. *心理科学*，*27*（1），179-181.

徐琴美，张晓贤.（2003）.5～9岁儿童内疚情绪理解的特点. *心理发展与教育*，（3），29-34.

许海英.（2014）. *幼儿心理健康教育的家园合作研究*. 济南：山东师范大学.

许仲红.（2007）.*2～4岁幼儿的内疚及其气质、母亲控制方式的关系*. 杭州：浙江大学.

严瑜，吴霞.（2016）. 从信任违背到信任修复：道德情绪的作用机制. *心理科学进展*，*24*（4），633-642.

杨丽珠，姜月，淘沙.（2014）. *早期儿童自我意识情绪发生发展研究*. 北京：北京师范大学出版社.

杨丽珠，姜月，张丽华.（2012）. 幼儿自豪的非言语行为表达编码系统编制. *心理发展与教育*，*28*（3），231-238.

杨溪. (2002). *8～10岁儿童道德情绪归因与亲社会行为的关系*. 长春：东北师范大学.

叶平枝, 容喜, 温嘉贤. (2011). 幼儿教师日常教学非言语评价行为的现状与问题. *广州大学学报（社会科学版）, 10*（3）, 49-53.

叶奕乾. (1997). *普通心理学*. 上海：华东师范大学出版社.

应虎. (2014). *尴尬对亲社会行为影响的实验研究*. 重庆：西南大学.

于瑛琦. (2013). *婴儿内疚的发生研究*. 大连：辽宁师范大学.

俞国良, 赵军燕. (2009). 自我意识情绪：聚焦于自我的道德情绪研究. *心理发展与教育, 25*（2）, 116-120.

张琛琛. (2010). *小学儿童羞耻情绪理解能力的发展及羞耻情绪对其合作行为的影响*. 苏州：苏州大学.

张春兴. (1992). *张氏心理学词典*. 上海：上海辞书出版社.

张春兴. (1993). 教育心理学的困境与出路——全人教育取向教育心理学的构想. *心理发展与教育*,（2）, 32-38.

张富花. (2011). *情绪调节策略对生气情绪的调节作用——内部诱发生气情绪*. 曲阜：曲阜师范大学.

张捷. (2015). 不同程度尴尬情绪对亲社会倾向的影响. *兰州教育学院学报*,（1）, 147-148.

张琨, 方平, 姜媛, 等. (2014). 道德视野下的内疚. *心理科学进展*,（10）, 1628-1636.

张琨. (2014). *内疚与羞愧的产生及其与行为倾向之间的关系*. 北京：首都师范大学.

张伶. (2012). 依恋理论对婴幼儿依恋关系建立的启示. *内蒙古师范大学学报（教育科学版）*,（12）, 33-37.

张文娟. (2013). *武汉市幼儿情绪调控能力的研究*. 武汉：华中师范大学.

张献英. (2013). *幼儿羞耻发展及其与气质、父母教养方式的相关研究*. 沈阳：辽宁师范大学.

张向葵, 桑标 (2012). *发展心理学*. 北京：教育科学出版社.

张向葵, 冯晓杭, Matsumoto D. (2009). 自豪感的概念、功能及其影响因素. *心理科学, 32*（6）, 1398-1340.

张晓贤 (2012). *儿童内疚情绪与初级情绪的发展差异*. 上海：华东师范大学.

张晓贤, 桑标. (2012a). 儿童内疚情绪对其亲社会行为的影响. *心理科学*,（2）, 314-320.

张晓贤, 桑标. (2012b). 小学生内疚情绪理解能力的发展. *心理发展与教育, 28*（1）, 9-15.

张晓贤, 桑标, 洪芳 (2010). 9～11岁儿童对社会性害怕和内疚情绪的理解. *应用心理学, 16*（4）, 349-355.

张晓贤, 徐琴美. (2010). 人际因素促进5～9岁儿童内疚情绪理解的研究. *心理科学, 33*（4）, 942-945.

张妍. (2012). *婴儿自豪情绪的发生研究*. 大连：辽宁师范大学.

张英琴. (2012). 婴幼儿快乐性格的培养探索. *和田师范专科学校学报, 31*（5）, 26-28.

张紫屏. (2015). *课堂有效教学的师生互动行为研究*. 上海：上海师范大学.

赵建芳, 张守臣, 孟庆新, 等. (2016). 大学生完美主义与尴尬的关系：自尊的中介作用. *中国*

临床心理学杂志, 24（4），647，710-713.

郑雪.（2014）. *积极心理学.* 北京：北京师范大学出版社.

中国社会科学院语言研究所词典编辑室.（2019）. *现代汉语词典.* 7版. 北京：商务印书馆.

周详，杨治良，郝雁丽.（2007）. 理性学习的局限：道德情绪理论对道德养成的启示. *道德与文明*，（3），57-60.

周晓林，于宏波.（2015）. 社会情绪与社会行为的脑机制. *苏州大学学报（教育科学版），1*，37-47.

朱海英.（2002）. *儿童自我概念与重要他人评价的相关研究.* 广州：华南师范大学.

朱虹.（2012）. 早期家庭教育应重视幼儿积极情绪的培养. *学理论*，（17），235-236.

Kalat，J. W.，& Shiota，M. N.（2009）. 情绪. 周仁来，等译. 北京：中国轻工业出版社.

Amsterdam，B.（1972）. Mirror self-image reactions before age two. *Developmental Psychobiology*，5（4），297-305.

Averill，B.（1982）. A student HMO—A model of financing a comprehensive student health program. *Journal of American College Health*，30，301-304.

Babcock，M. K.（1988）. Embarrassment：A window on the self. *Journal for the Theory of Social Behaviour*，18（4），459-483.

Barrett，K. C.（1995）. A functionalist approach to shame and guilt. In J. P. Tangney，& K. W. Fischer（Eds.），*Self-conscious Emotions：The Psychology of Shame，Guilt，Embarrassment，and Pride*（pp. 25-63）. New York：Guilford Press.

Bennett，D. S.，Bendersky，M.，& Lewis，M.（2002）. Facial expressivity at 4 months：A context by expression analysis. *Infancy*，3（1），97-113.

Bennett，D. S.，Bendersky，M.，& Lewis，M.（2005）. Does the organization of emotional expression change over time？ Facial expressivity from 4 to 12 months. *Infancy*，8（2），167-187.

Bennett，M.（1989）. Children's self-attribution of embarrassment. *British Journal of Developmental Psychology*，7（3），207-217.

Braungart-Rieker，J. M.，& Stifter，C. A.（1996）. Infants' responses to frustrating situations：Continuity and change in reactivity and regulation. *Child Development*，67（4），1767-1779.

Bridges，K. M. B.（1932）. Emotional development in early infancy. *Child Development*，3，324-334.

Brown，B. R.（1970）. Face-saving following experimentally induced embarrassment. *Journal of Experimental Social Psychology*，6（3），255-271.

Brülde，B.（2007）. Happiness theories of the good life. *Journal of Happiness Studies*，8（1），15-49.

Buss，D. M.（2000）. The evolution of happiness. *American Psychologist*，55（3），15-23.

Calkins，S. D.，Dedmon，S. E.，& Gill，K. L，et al.（2002）. Frustration in infancy：Implications for emotion regulation，physiological processes，and temperament. *Infancy*，3（2），175-197.

Campos, J. J., Campos, R. G., & Barrett, K. C. (1989). Emergent themes in the study of emotional development and emotion regulation. *Developmental Psychology*, *25* (3), 394-402.

Camras, L. A. (1992). Expressive development and basic emotions. *Cognition and Emotion*, *6*, 269-283.

Chapman, M., Zahn-Waxler, C., Cooperman, G., et al. (1987). Empathy and responsibility in the motivation of children's helping. *Developmental Psychology*, *23* (1), 140-145.

Chekola, M. (2007). Happiness, rationality, autonomy and the good life. *Journal of Happiness Studies*, *8* (1), 51-78.

Colonnesi, C., Engelhard, I. M., Bögels, S. M. (2010). Development in children's attribution of embarrassment and the relationship with theory of mind and shyness. *Cognition & Emotion*, *24* (3), 514-521.

Cooley, C. H. (2017). *Human Nature and the Social Order*. New York: Routledge Press.

Czub, T. (2013). Shame as a self-conscious emotion and its role in identity formation. *Polish Psychological Bulletin*, *44* (3), 245-253.

Dardy, R. S., Harris, C. R. (2010). Embarrassment's effect on facial processing. *Cognition & Emotion*, *24* (7): 1250-1258

Darwin, C. (1872). *The Expression of the Emotions in Man and Animals*. Chicago: University of Illinois Press.

DiBiase, R., & Lewis, M. (1997). The relation between temperament and embarrassment. *Cognition & Emotion*, *11* (3), 259-271.

Dodge, K. A., Coie, J. D., Pettit, G. S., et al. (1990). Peer status and aggression in boys' groups: Developmental and contextual analyses. *Child Development*, *61* (5), 1289-1309.

Edelmann, R. J., Asendorpf, J., Contarello, A., et al. (1987). Self-reported verbal and non-verbal strategies for coping with embarrassment in five European cultures. *Social Science Information*, *26* (4), 869-883

Eisenberg, N. (2000). Emotion, regulation and moral development. *Annual Review of Psychology*, *51* (1), 665-697.

Ekman, P. (1993). Facial expression and emotion. *American Psychologist*, *48* (4), 384-392.

Ekman, P. (1998). *Charles Darwin: The Expression of the Emotion in Man and Animals*. New York: Oxford University Press.

Ellsworth, P. C., & Smith, C. A. (1988). From appraisal to emotion: Differences among unpleasant feelings. *Motivation and Emotion*, *12* (3), 271-302.

Erikson, E. H. (1968). *Identity: Youth and Crisis.* New York: W. W. Norton & Company Press.

Feinberg, M., Willer, R., & Keltner, D. (2012). Flustered and faithful: Embarrassment as a signal of prosociality. *Journal of Personality and Social Psychology*, *102* (1), 81-97.

Ferguson, E., & Patterson, F. (1998). The five factor model of personality: Openness a distinct but related construct. *Personality and Individual Differences*, *24*（6），789-796.

Fox，N. A.（1991）. If it's not left，it's right：Electroencephalograph asymmetry and the development of emotion. *American Psychologist*, *46*（8），863-872.

Fox，N. A.，& Calkins，S. D.（2000）. Multiple measure approaches to the study of infant emotion. In M. Lewis & M. Jeannette（Eds.），*Haviland，Handbook of Emotion*（pp. 203-219）. London：Guilford Press.

Freud，S.（1977）. *On Sexuality Three Essays on the Theory of Sexuality*. London：Penguin Press.

Freud，S.（2008）. *The Interpretation of Dreams*. Oxford：Oxford University Press.

Goffman，E.（1956）. Embarrassment and social organization. *American Journal of Sociology*, *62*（3），264-271.

Goffman，E.（1959）. *The Presentation of Self in Everyday Life*. New York：Routledge.

Gray，J. A.（1987）. Perspectives on anxiety and impulsivity：A commentary. *Journal of Research in Personality*, *21*（4），493-509.

Gross J. J.（2002）. Emotion regulation Affective cognitive and social consequences. *Psychophysiology*, *39*（3）：281-291.

Gross，C. A，& Hansen，N. E.（2000）. Clarifying the experience of shame：The role of attachment style，gender，and investment in relatedness. *Personality and Individual Differences*, *28*，897-907.

Gummerum，M.，Hanoch，Y.，Keller，M.，et al.（2010）. Preschoolers' allocations in the dictator game：The role of moral emotions. *Journal of Economic Psychology*, *31*（1），25-34.

Haidt，J.（2003）. The moral emotions. In R. J. Davidson，K. Scherer，& H. H. Goldsmith（Eds.），*Handbook of Affective Sciences*（pp. 852-870）. Oxford：Oxford University Press.

Hall，J. A.（2011）. Is it something I said？Sense of humor and partner embarrassment. *Journal of Social and Personal Relationships*, *28*（3），383-405.

Hashimoto，E.，& Shimizu，T.（1988）. A cross-cultural study of the emotion of shame/embarassment：Iranian and Japanese children. *Psychologia：An International Journal of Psychology in the Orient*, *31*（1），1-6.

Hobson，P. R.，Chidambi，G.，& Lee，A.，et al.（2006）. Manifesting pride，guilt and embarrassment/coyness. *Monographs of the Society for Research in Child Development*, *71*（2），94-112.

Hoffman，M. L.（1982）. Development of prosocial motivation：Empathy and guilt. In N. Eisenberg（Ed.），*The Development of Prosocial Behavior*（pp. 281-313）. New York：Academic Press.

Hubbard，J. A.（2001）. Emotion expression processes in children's peer interaction：The role of peer rejection，aggression，and gender. *Child Development*, *72*（5），1426-1438.

Huebner，H.，Dwyer，S.，& Hauser，M.（2009）. The role of emotion in moral psychology. *Trends in Cognitive Sciences*, *13*（1），1-6.

Izard，C. E.（1977）. *Human Emotions*. New York：Plenum Press.

Izard，C. E.（1991）. *The Psychology of Emotion*. New York：Plenum Press.

Izard，C. E.，Fantauzzo，C. A.，Castle，J. M.，et al.（1995）. The ontogeny and significance of infants' facial expressions in the first 9 months of life. *Developmental Psychology*，*31*（6），997-1013.

Kaufman，G.（1989）. *The Psychology of Shame*：*Theory and Treatment of Shame-based Syndromes*. New York：Springer.

Kelley，S.，Brownell，C. A.，& Campbell，S. B.（2000）. Mastery motivation and self-evaluative affect in toddlers：Longitudinal relations with maternal behavior. *Child Development*，*71*（4），1061-1071.

Kitayama，S.，Markus，H. R.，& Kurokawa，M.（2000）. Culture，emotion，and well-being：Good feelings in Japan and the United States. *Cognition and Emotion*，*14*（1），93-124.

Kochanska，G.，Gross，J. N.，Lin，M. H.，et al.（2002）. Guilt in young children：Development，determinants，and relations with a broader system of standards. *Child Development*，*73*（2），461-482.

Krebs，D. L.（2008）. Morality：An evolutionary account. *Perspectives on Psychological Science*，*3*（3），149-172.

Lagattuta，K. H.，Nucci，L，& Bosacki，S. L.（2010）. Bridging theory of mind and the personal domain：Children's reasoning about resistance to parental control. *Child Development*，*81*（2），616-635.

Lazarus，R. S.（1982）. Thoughts on the relation between emotion and cognition. *American Psychologist*，*37*（9），1019-1024.

Lemerise，E. A.，& Dodge，K. A.（1993）. The development of anger and hostile interactions. In M. Lewis & J. M. Haviland（Eds.），*Handbook of Emotions*（pp. 537-549）. New York：Guilford Press.

Levenson，R. W.（2003）. Autonomic specificity and emotion. In R. J. Davidson，K. R. Scherer，& H. H. Goldsmith（Eds.），*Handbook of Affective Sciences*（pp. 212-224）. New York：Oxford University Press.

Lewis，H. B.（1971）. Shame and guilt in neurosis. *Psychoanalytic Review*，*58*（3），419-438.

Lewis，M.（1997）. The self in self-conscious emotions. *Annals of the New York Academy of Sciences*，*818*，119-142.

Lewis，M.，& Ramsay，D. S.（2005）. Infant emotional and cortisol responses to goal blockage. *Child Development*，*76*（2），518-530.

Lewis，M.，Alessandri，S. M.，& Sullivan，M. W.（1992a）. Differences in shame and pride as a function of children's gender and task difficulty. *Child Development*，*63*（3），630-638.

Lewis，M.，Sullivan，M. W.，Ramsay，D. S.，et al.（1992b）. Individual differences in anger and sad expressions during extinction： Antecedents and consequences. *Infant Behavior & Development*，*15*（4），443-452.

Malti，T.，& Ongley，S. F.（2014）. The development of moral emotions and moral reasoning. *Handbook of Moral Development*，163-183.

Malti，T.，Ongley，S. F，Peplak，J.，et al.（2016）. Children's sympathy，guilt，and moral reasoning in helping，cooperation，and sharing： A 6-year longitudinal study. *Child Development*，*87*（6），1783-1795.

Manstead，A. S. R.，& Semin，G. R. （1981）. Social transgressions，social perspectives，and social emotionality. *Motivation & Emotion*，*5*（3），249-261.

Mascolo，M. F. & Fischer，K. W.（2002）. Beyond the conduit： Prompting reflective learning about human development. *Contemporary Psychology*，（5），563-567.

Miller，A. L.，& Olson，S. L.（2000）. Emotional expressiveness during peer conflicts： A predictor of social maladjustment among high-risk preschoolers. *Journal of Abnormal Child Psychology*，*28*（4），339-352.

Miller，R. S.（2001）. On the primacy of embarrassment in social life. *Psychological Inquiry*，*12*（1），30-33.

Modigliani，A.（1968）. Embarrassment and embarrassability. *Sociometry*，*31*（3），313-326.

Moscardino，U.，& Axia，G.（2006）. Infants' responses to arm restraint at 2 and 6 months：A longitudinal study. *Infant Behavior and Development*，*29*（1），59-69.

Nabi，R. L.（1999）. Reasoning through emotion： An explication and test of a cognitive-functional model for the effects of discrete negative emotions on information processing，attitude change，and recall. Philadelphia： University of Pennsylvania.

Nathanson，D. L.（1987）. *A Timetable for Shame*. New York： Guilford Press.

Nathanson，D. L.（1992）. *Shame and Pride： Affect，Sex，and the Birth of the Self.* New York： Norton，W. W. & Company.

Olthof，T.（2012）. Anticipated feelings of guilt and shame as predictors of early adolescents' antisocial and prosocial interpersonal behaviour. *European Journal of Developmental Psychology*，*9*（3），371-388.

Parrott，W. G.（1999）. Function of emotion： Introduction. *Cognition and Emotion*，*13*（5），465-466.

Parrott，W. G.，Sabini，J.，& Silver，M.（1998）. The roles of self-esteem and social interaction in embarrassment. *Personality and Social Psychology Bulletin*，*14*（1），191-202.

Piaget，J（1953）. How Children Form Mathematical Concepts. *Scientific Americans*，*189*（5），74-79.

Reissland，N.（1990）. Parental frameworks of pleasure and pride. *Infant Behavior and Development*，

13（2），249-256.

Robbins，D. B.，& Parlavecchio，H.（2006）. The unwanted exposure of the self: A phenomenological study of embarrassment. *The Humanistic Psychologist*，*34*（4），321-345.

Roos，S.，Salmivalli，C.，& Hodges，V. E.（2011）. Person context effects on anticipated moral emotions following aggression. *Social Development*，*20*（4），685-702.

Rotella，K. N.，& Richeson，J. A.（2013）. Body of guilt: Using embodied cognition to mitigate backlash to reminders of personal & ingroup wrongdoing. *Journal of Experimental Social Psychology*，*49*（4），643-650.

Rothart，M.（2001）. *Investigation of Tempreament at Three to Seven Years: In Childhood Development*. New York: Wiley.

Rudolph，K. D.，Troop-Gordon，W.，& Llewellyn，N.（2013）. Interactive contributions of self-regulation deficits and social motivation to psychopathology: Unraveling divergent pathways to aggressive behavior and depressive symptoms. *Development and Psychopathology*，*25*（2），407-418.

Rudolph，U.，& Tscharaktschiew，N.（2014）. An attributional analysis of moral emotions: Naive scientist and everyday judges. *Emotion Review*，*6*（4），344-352.

Sabini，J.，Siepmann，M.，& Stein，J.，et al.（2000）. Who is embarrassed by what? *Cognition and Emotion*，*14*（2），213-240.

Schachter S.，& Singer，J. E.（1962）. Cognitive，social，and physiological determinants of emotional state. *Psychological Review*，*69*，379-399.

Schore，A. N.（1991）. Early superego development: The emergence of shame and narcissistic affect regulation in the practicing period. *Psychoanalysis and Contemporary Thought*，*14*（2），187-250.

Schore，A. N.（1996）. The experience-dependent maturation of a regulatory system in the orbital prefrontal cortex and the origin of developmental psychopathology. *Development and Psychopathology*，*8*（1），59-87.

Sebastian，C. L，Fontaine，N. M. G.，& Bird，G.，et al.（2012）. Neural processing associated with cognitive and affective theory of mind in adolescents and adults. *Social Cognitive and Affective Neuroscience*，*7*（1），53-63.

Sebastian，K.，& Zoran，N.（2012）. The choice between MapMan and gene ontology for automated gene function prediction in plant science. *Frontiers in Genetics*，*3*（115），115-129.

Seidner，L. B.，Stipek，D. J.，Feshbach，N. D. A.（1988）. A developmental analysis of elementary school-aged children's concepts of pride and embarrassment. *Child Development*，*59*（2），367-377.

Shariff，A. F.，& Tracy，J. L.（2009）. Knowing who's boss: Implicit perceptions of status from the nonverbal expression of pride. *Emotion*，*9*（5），631-639.

Sharkey，W. F.，Kim，M. S.，& Diggs，R. C.（2001）. Intentional embarrassment a look at embarrassors' and targets' perspectives. *Personality and Individual Differences*，*31*（8），1261-1272.

Sharkey，W. F.（1992）. Use and responses to intentional embarrassment. *Communication Studies*，（43），257-275.

Shimoni，E.，Asbe，M.，Eyal，T.，et al.（2016）. Too proud to regulate：The differential effect of pride versus joy on children's ability to delay gratification. *Journal of Experimental Child Psychology*，*141*（28），275-282.

Silver，M.，Sabini J.，& Parrott，W. G.，et al.（1987）. Embarrassment：A dramaturgic account. *Journal for the Theory of Social Behaviour*，*17*（1），47-61.

Smith，C. E.，& Rizzo，M. T.（2017）. Children's confession- and lying-related emotion expectancies：Developmental differences and connections to parent-reported confession behavior. *Journal of Experimental Child Psychology*，*156*，113-128.

Smith，C. E.，Chen，D. Y.，& Harris，P. L.（2010）. When the happy victimizer says sorry：Children's understanding of apology and emotion. *British Journal of Developmental Psychology*，*28*（4），727-746.

Smits，D. J. M.，& de Boeck，P.（2003）. A componential IRT model for guilt. *Multivariate Behavioral Research*，*38*（2），161-188.

Stenberg，C. R，& Campos，J. J，（1990）. The development of anger expressions in infancy. In N. L. Stein，B. Leventhal & T. Trabasso（Eds.），*Psychological and Biological Approaches to Emotion*（pp. 247-282）. Hillsdale：Lawrence Erlbaum Associates，Publishers.

Stroebe，M，& Stroebe，W.（1991）. Does "Grief Work" work？*Journal of Consulting and Clinical Psychology*，*59*（3），479-482.

Tangney，J. P.（1995）. Recent advances in the empirical study of shame and guilt. *American Behavioral Scientist*，*38*（8），1132-1145.

Tangney，J. P.，Stuewig，J.，& Mashek，D. J.（2007）. Moral emotions and moral behavior. *Annual Review of Psychology*，*58*，345-372.

Tännsjö，T.（2007）. Narrow hedonism. *Journal of Happiness Studies*，*8*（1），79-98.

Thomaes，S.，Bushman，B. J.，& Stegge，H.，et al.（2008）. Trumping shame by blasts of noise：Narcissism，self-esteem，shame，and aggression in young adolescents. *Child Development*，*79*（6），1792-1801.

Tignor，S. M.，& Colvin，C. R.（2017）. The interpersonal adaptiveness of dispositional guilt and shame：A meta-analytic investigation. *Journal of Personality*，*85*（3），341-363.

Tracy，J. L.，& Robins，R. W.（2004）. Putting the self into self-conscious emotions：A theoretical model. *Psychological Inquiry*，*15*（2），103-125.

Tracy，J. L.，& Robins，R. W.（2007）. The psychological structure of pride：A tale of two facets. *Journal of Personality and Social Psychology*，*92*（3），506-525.

Tracy，J. L.，Robins，R. W.，& Schriber，R. A.（2009）. Development of a FACS-Verified set of basic and self-conscious emotion expressions. *Emotion*，*9*（4），554-559.

Tracy，J. L.，Shariff，A. F.，& Cheng，J. T.（2010）. A naturalist's view of pride. *Emotion Review*，*2*（2），163-177.

Vangelisti，A. L.，& Sprague，R. J.（1998）. Guilt and hurt: Similarities，distinctions，and conversational strategies. In P. A. Andersen & L. K. Guerrero（Eds.），*Handbook of Communication and Emotion: Research，Theory，Applications，and Contexts*（pp. 123-154）. Manhattan: Academic Press.

Walter，J. L.，& Burnaford，S. M.（2006）. Developmental Changes in Adolescents' Guilt and Shame: The Role of Family Climate and Gender. *North American Journal of Psychology*，*8*（2），321-338.

Weiner，B.（1985）. An attributional theory of achievement motivation and emotion. *Psychological Review*，*92*（4），548-573.

Zahn-Waxler，C.，Robinson，J.，& Emde，R.（1992）. The development of empathy in twins. *Developmental Psychology*，*28*（6），1038-1047.

Zinck，A.（2008）. Self-referential emotions. *Consciousness and Cognition*，*17*（2），496-505.

附　　录

一、幼儿基本信息

幼儿出生日期：____年__月__日　　性别：_____年龄（周岁）：_____

幼儿所在班级：_____

二、您的宝宝常见的情绪有哪些？（可以多选）直接在题号上画√

①快乐（高兴、愉快、兴奋）　　②悲伤（伤心）

③情绪低落（不开心）　　④愤怒（生气）

⑤骄傲（自豪）　　⑥恐惧（害怕）

⑦内疚　　⑧羞耻（羞愧）

⑨担心　　⑩焦虑

⑪烦躁不安　　⑫尴尬（困窘）

如果您观察到的宝宝的情绪，上面没有列出，请写出宝宝体验到情绪的名称：

_____

附录一　幼儿情绪发展问卷（家长版）

请仔细回忆并详细描述幼儿近期（半年之内）体验到快乐（悲伤、内疚、羞耻、尴尬）的一件事情

（请详细写出幼儿在多大的时候，具体什么时间、地点发生了什么事，该情绪发生时有哪些相关的人或物，并详细记录和描述幼儿在情绪发生时的动作、言语、表情等，即详细描述该情绪事件的起因、经过和结果。）

1. 体验到快乐（悲伤、内疚、羞耻、尴尬）情绪持续了多长时间？请在相应的时间上画√

几秒钟　　几分钟　　几个小时　　几天　　几周

2. 快乐（悲伤、内疚、羞耻、尴尬）情绪发生时的具体反应表现（请认真、详细填写）

动作（如向上举起双手、低下头、大笑、微笑、抬起头看对方、吃手）

_____

言语（如大喊大叫，说"哦，太好了""真棒！"）：_____

_____

表情（如流泪、脸红了、做个鬼脸）：_____

_____

其他反应：_____

_____

3. 根据上面快乐（悲伤、内疚、羞耻、尴尬）情绪事件的情境，请您回答下面三个问题

1）您认为孩子体验到的快乐（悲伤、内疚、羞耻、尴尬）事件与道德相关的程度有多大？

①不相关　　　　　　　　②有一点相关

③有些相关　　　　　　　④很大相关

⑤完全相关

2）幼儿体验到该快乐（悲伤、内疚、羞耻、尴尬）情绪时是否有他人的评价？（这里的"他人"可能是父母、亲属或小朋友等）

是_____　　否_____

（如果选择"是"，请写出具体他人评价的标志性内容，如语言、动作、其他方面）

3）如果您选择"是"，那么他人评价对幼儿快乐（悲伤、内疚、羞耻、尴尬）情绪体验的影响程度有多大？

①没有　　　　　　　　②有一点影响

③有些影响　　　　　　④很大影响

⑤完全影响

附录二 幼儿道德情绪事件观察记录表

记录教师姓名： 时间： 年 月 日 时间（上午/下午）： 电话：

幼儿园名称：			幼儿园性质：		
观察地点：			班级：		
幼儿姓名：	性别：	出生年月：	年龄（周岁）：		班级总人数：

1. 填写您观察到的道德情绪名称（如自豪）：（　　　　　）

2. 道德情绪事件描述（辅助照片或者视频等资料）：老师，您好！请详细记录和描述，什么时间、地点，在什么情况下发生了什么事情；涉及的对象都有谁，幼儿道德情绪发生时具体表现有哪些（如动作、言语、表情、神态等），以及教师对该幼儿表现有何反应（如语言、动作的反馈）（请您如实记录）

3. 上面道德情绪事件发生时幼儿的具体反应或表现（请认真、详细填写）

动作（如向上举起双手；低下头；大笑；微笑；抬起头看对方；吃手）：

言语（如大喊大叫，说"哦，太好了""真棒！"等）：

表情（流泪；脸红了；做个鬼脸，具体描述当时的表情变化）：

其他反应：

4. 根据上面情绪事件的情境，请您回答下面三个问题（打 √ 或填写）：

1) 您认为该事件与道德相关的程度有多大？
①无　　②有一点相关　　③有些相关　　④很大相关　　⑤完全相关

2) 幼儿体验到该道德情绪时是否有教师参与？
①是　　②否
（如果选择"是"，请写出具体教师行为的标志性内容，如语言、动作、其他方面）

3) 如果选择"是"，教师行为对幼儿情绪体验的影响程度有多大？
①没有　　②有一点影响　　③有些影响　　④很大影响　　⑤完全影响

5. 作为教师，您对该幼儿的情绪事件有怎样的反思、评价或者其他的想法？

备注：
请认真如实记录，您的观察至关重要，感谢您的支持和配合！

附录三 编码过程说明

一、问卷举例

幼儿情绪问卷

班级：大班　　　　　　幼儿情绪名称：内疚

情绪事件描述：过年的时候，妈妈带幼儿到阿姨家玩。阿姨家有一个比他小1岁的小妹妹，他们俩一起玩，在床上蹦来蹦去。小女孩不小心掉地上了，妈妈和阿姨一起进屋，小女孩哇哇大哭，这时候幼儿脸红了，低下头，说是他把妹妹碰倒了，妈妈对幼儿说怎么这么不小心，这时幼儿也比较内疚，哭了，结果妈妈和阿姨一起把他们哄好了，告诉他们玩的时候要注意安全，要照顾好妹妹。

内疚情绪事件发生时的具体反应表现如下：

动作：（如向上举起双手；低下头；大笑；微笑；抬起头看对方；吃手）

本案例中幼儿的表现为：低头、哭

言语：（如大喊大叫，说"哦，太好了""真棒！"等）

本案例中幼儿的表现为：不怎么说话，只是点头

表情：（如流泪；脸红了；做个鬼脸，具体描述当时的表情变化）

本案例中幼儿的表现为：脸红

其他反应：

二、编码过程

1）编写编码手册，包含研究者选择和确定要研究的变量或维度。以内疚情绪为例，对内疚情绪事件中的外在行为特征（言语、动作、表情特征）进行编码。根据家长或教师的描述进行提取，按照出现的频率提取出言语、动作、表情三方面的指标，如用不说话（沉默）、道歉（如说对不起）作为言语指标；用目光回避（低头向下看/偷偷瞄对方）、身体紧张（紧张的手指活动/四肢僵硬）、弥补行为、消极的情绪状态（哭、情绪低落、局促不安）作为动作指标；用I脸红（害羞）、眼神回避、做鬼脸、流泪作为表情指标。

2）编码前对两名心理学专业的研究生进行专业培训，说明规范，通读幼儿内疚故事。先进行前测，两名编码员背对背对幼儿内疚事件进行编码，检验两者的

差异是否显著，然后对差异部分再次核对，最终达成一致，统一确定编码。

3）编码员一起练习编码，对于编码的具体细节达成一致意见。

4）修订编码手册。

5）按照编码手册培训编码员。

6）编码员根据编码手册进行编码。编码手册的指导语如下："编码员，在编码过程中，无论你认为是何种原因引起被试体验到的内疚，请记住你是在对被试自我报告的情绪事件进行评定。我们想知道的是被试自己的想法是什么，你应该尽力去体会被试自己的体验。"

对被试的情绪事件和行为特征进行编码，编码的程序如下：首先，请三位不熟悉本实验研究目的和研究程序的心理学专业学生对被试的回答进行分类，通过背对背的方式区分出不同的类别，并列出不同类别的分类标准，然后请三位心理学专业的学生根据这些分类标准对被试的回答进行编码，经过编码训练后，三人编码的一致性达到80%～85%。

后　记

　　道德是什么，如何培养幼儿的道德，一直以来都是研究者在不断探讨的主题。道德情绪研究的出现，似乎为幼儿道德意识和道德行为的培养提供了一种可能。

　　关于道德情绪的研究，从 2009 年博士毕业论文《中美大学生自我意识情绪跨文化研究》开始，到 2012 年第一部学术专著《文化与自我意识情绪》的出版，以及 2013 年、2016 年和 2019 年先后获得省级和国家级课题的立项资助，我一直在该研究领域不断地思考和探索。《3～6 岁幼儿道德情绪发展特征及教育启示》既是道德情绪研究理论的深入，也是对本土实践的检验。2020 年之前，我每周带领课题组的研究生、本科生和志愿者到实验幼儿园进行观察、访谈，发放问卷，开展情绪理解实验研究。2020 年之后，因为疫情等原因，只能利用网络平台开展对幼儿教师、家长的线上培训。尽管本书研究仍显稚嫩，存在一些不足，但幸运的是我一直在前进的路上。

　　幼儿阶段是人生的启蒙阶段，幼儿良好的道德教育不仅关系到个体健康的发展，更是关系到一个国家、一个民族的未来，因此可以说幼儿道德情绪研究为幼儿道德行为与道德意识的形成提供了一种路径。本书的研究仅仅是一种尝试、一个开端，也是一种有意义的探索。感谢恩师东北师范大学心理学院张向葵教授的亲自指点；感谢北京大学心理学院苏彦捷教授给予的细致指导；感谢长春师范大学文学院邹德文教授的谆谆教诲。

　　我相信，未来，在道德情绪研究领域，会有更多的同人贡献出智慧。因为热爱，所以执着；因为珍惜人的生命，所以关注人的发展。作为一名心理学工作者，我渴望用心理学的知识服务社会，在促进人类发展的历程中，贡献一点微薄之力！

最后，感谢国家留学基金管理委员会的资助，使我能够有机会于 2019 年末赴美国访学。在访学期间，开阔了视野，学习到了更多、更新的情绪研究领域的前沿内容。同时，本书能够顺利出版，由衷地感谢长春师范大学学术著作出版基金的资助。感谢科学出版社编辑的耐心、细致审阅，以及提出的宝贵意见！

感谢生命中的每一个人！

冯晓杭

2022 年 8 月 18 日于长春